가죽 공예 베이직

Leather
Craft
Basic

가죽 공예 베이직

김세준 지음

중앙books

Prologue

　가벼운 마음으로 시작한 가죽 공예 책이 출간되기까지 어느덧 3년 반이나 지났다. 짧지 않은 시간 동안 하나의 콘텐츠를 손보는 작업은 스스로의 작업을, 그리고 나 자신을 돌아볼 수 있는 흥미로운 시간이었다.

　생각해보면 나는 운이 좋은 편에 속했다. 대학 시절 사진이 좋아 중앙일보의 대학생 인턴 사진 기자로 활동할 만큼 학창 시절의 대부분을 사진에 몰두했고 그렇게 시작된 카메라에 대한 애정이 카메라에 손수 만든 케이스를 입히겠다는 생각으로 이어져 가죽 공예에 관심을 두었다. 이 과정에서 운 좋게도 우리나라 유럽식 가죽 공예의 시작을 함께할 수 있었고 주변의 만류에도 불구하고 오로지 하고 싶은 일을 하며 살고 싶다는 생각으로 시작한 개인 브랜드가 이제는 팀을 이룬 공방이 되어 11년째 이어져 오고 있다. 흥미로 시작한 두 가지 취미의 접점에서 시작된 작업은 어느새 업이 되었고 좋아하는 일들을 하며 행복한 삶을 살아가고 있음에 항상 감사하고 있다.

　가죽 공방 JnK는 수업 중심의 일반적인 가죽 공방과는 달리 커스텀을 포함한 제작물을 전문으로 하는 제작 전문 가죽 공방이다. 시작부터 지금까지 일체의 수업 등은 진행하지 않고 오로지 제작에 관한 열정으로 기법을 연구하고 완성도를 높이는 일에 치중해왔다. 품질 관리를 위해 일체의 외주 작업 없이 오로지 공방 내에서 디자인부터 상품 포장까지 모든 과정을 완료하는 것을 원칙으로 했다. 다행히 완성품의 품질을 중시하는 우리의 작업 방향은 좋은 피드백을 받아 카메라와 관련한 하이엔드 액세서리 브랜드로 세계 시장에서도 어느 정도 자리를 잡게 되었다.

　나는 누군가에게 가죽 공예를 배운 적은 없지만, 도전적인 커스텀 오더와 공방을 운영하며 만

나게 된 수많은 인연들이 함께 수학하는 동료이자 스승이었다. 물론 아직까지 제작자로서, 팀을 꾸리는 리더로서 수많은 과제를 남겨두고 있지만 많은 사람들로부터 도움을 받은 운 좋은 1세대 가죽 공예가로서의 역할에 대해 진지하게 고민하게 되었다. 이 책 역시 이 고민의 연장선상에 있다.

내가 받은 혜택을 나눌 수 있는 방법은 두 가지로 접근할 수 있었다. 첫째, 지식의 나눔이다. 배움을 통해 얻은 지식이나 경험을 바탕으로 하지 않기에 수많은 시행착오와 지식의 혼동 속에서 가죽 공예를 시작했고 이를 해소하고자 많은 노력을 했다. 이 책은 크게 정보와 레슨으로 구성되었다. 정보 부분에서는 시장과 국내외 업계에서 얻은 객관성 있는 자료들과 경험을 토대로 혼재된 자료들을 정리했고, 잘못된 지식들을 배제하고 올바른 지식을 소개하는 것을 목표로 한다. 가죽 공예를 시작하는 분들이 내가 경험했던 수많은 시행착오와 물리적인 시간을 줄이는 데 어느 정도 도움이 되리라 생각한다. 레슨편에서는 명확한 근거를 가진 깊이 있는 내용을 바탕으로 기술의 기본 원리와 방법을 제시하여 가죽 공예를 시작하는 입문자들이 단계별로 기법을 익히고 나아가 직접 디자인하여 창의적인 디자인을 진행할 수 있도록 커리큘럼을 잡았다. 이 책을 통해 취미든 업이든 가죽 공예를 시작하는 분들이 더 나은 출발선에서 시작할 수 있기를 바라며 책을 썼다.

둘째는 좀 더 근원적인 의미의 나눔이다. 이 책의 출간을 위해 오랜 시간을 들였지만 그 시작 시점부터 수익 창출은 목적이 아니었다. 지식의 나눔에 관한 의미가 크고 또한 스스로의 작업에 관한 한 차례의 정리이기도 하다. 나아가 이 책을 통해 얻게 되는 수익에 대해서도 많이 고민했고 이 고민은 아직도 현재진행형이다. 구체적인 사용처를 결정한 것은 아니지만 이 책으로 얻는 수익은 사회에 도움이 될 수 있는 형태로 환원하고자 한다.

지금의 한국 가죽 공예계는 한 차례의 호화로운 팽창기를 거치고 과도기에 서 있다. 한국에서 유럽식 가죽 공예가 시작된 이후 짧은 시간 동안 수많은 가죽 공방들이 출현했고 다른 한편에서는 그만큼의 공방들이 사라져 간다. 한국에서의 유럽식 가죽 공예는 그 역사가 길지 않은 만큼 인증 받은 교육기관이나 올바른 검정을 갖춘 자격시험이 존재하지 않기 때문에 창업자의 입장에서는 진입장벽이 없지만 소비자의 입장에서는 가죽 공예 분야의 교육이나 서비스의 질을 가늠하기가 어렵다. 가죽 공예를 사랑하는 한 사람의 제작자로서 바람이 있다면 산업과 공예 혹은 교육 서비스의 어딘가에 걸쳐진 어중간한 입지가 보다 분명해지거나 구분되고 객관적인 지식을 기반으로 올곧은 서비스와 브랜드들이 출현하기를 바라고 있다. 교육학을 전공했고 가죽 공예 교육에 대한 많은 요청이 있었지만 고사한 것은 교육에 대한 진지한 접근 때문이었다. 내가 생각하는 교육은 검증된 정보와 명확한 커리큘럼을 바탕으로 일정 수준 이상의 교육적 성과를 기대할 수 있는 것이다. 쉬운 일은 아니지만 언젠가는 정규 교육기관에 가죽 공예 분야가 편입될 수 있기를 바라는 것 역시 그런 바람의 일환이다. 아직 가죽 공예 교육에 대한 구체적인 계획은 없지만 이 책은 가죽 공예 분야에 대한 애정과 바람을 담은 작은 결과물로 봐주었으면 한다. 충분히 공을 들였지만 이 책이 가죽 공예의 내용을 완벽하게 담았다고 생각하지 않는다. 관련 서적에서 아쉬운 부분을 담고 현장에서의 경험과 고민을 담은 만큼 양질의 정보서 혹은 실용서가 등장할 수 있는 징검다리 역할은 할 수 있을 것이라 기대한다. 운 좋았던 우리 1세대 가죽 공예인들이 해낼 수 있는 가장 긍정적인 역할이 아닐까 싶다.

마지막으로, 이 책이 나오기까지 또 많은 도움을 받았다. 출간에 필요한 도움을 준 우리 JnK의 식구들, 대근, 치승, 건, 혜진 씨와 일러스트를 그려준 효정 씨, 집필 기간을 거쳐 간 성재, 은비 씨, 수린 씨, 성진 씨에게도 깊은 감사를 전한다. 가죽 부분의 검수를 맡아준 친구이자 파트너 에쩨르 레더의 이희섭 대표, 특수피혁 부분의 검수를 맡아주신 RK무역 한석천 대표님, 영감 어린 수공구를 제작해주신 ECHOHANDS의 김동규 대표님, 태너리 관련 사진을 제공해주신 라니엘 아틀리에 김란경 대표님, 태너리와 가죽 태닝 관련한 자문과 방문에 협조해준 이탈리아 태너리 Conceria WALPIER s.r.l의 Ciampalini Michele와 Rocado s.r.l의 Maxim Bobrikov, 출간을 결심하게 해준 대학 후배 소은이, 늘 배움의 끝없음과 새로운 영감을 선사해주는 홍익대 대학원의 교수님들과 동기들에게도 감사의 인사를 전하고 싶다.

무엇보다도 오랜 시간 동안 시간을 쏟고 집중할 수 있도록 곁에서 물심양면으로 도와준 사랑하는 나의 아내와 아이들에게 가장 큰 고마움을 전한다.

이 첨단의 시대에 무언가를 진지하게 고민해서 본인의 손으로 만들어낸다는 것은 매우 흥미로울 뿐 아니라 즐거운 일이다. 그 목표가 취미이든 직업이든 이 흥미로운 즐거움에 동참해보기로 결정한 당신의 용기를 진심으로 응원한다.

2018년 10월,
가죽 공예가 김세준

가죽 공예를 시작하기 전에

핸드메이드의 진정한 가치

지금 핸드메이드라는 표현은 마치 유행과도 같이 가죽을 다루는 기성 제품에도 붙는 수식어로 사용되고 있다. 어떻게 보면 거칠고 투박한 제작물이 핸드메이드라는 표현에 더욱 알맞게 보이기도 한다. 모두 틀린 말은 아니다. 모든 작업은 결국 사람의 손을 빼놓고는 상상할 수 없는 것이기 때문이다.

그렇지만 핸드메이드를 주제로 가죽을 다루는 제작자의 한사람으로서 단어가 품고 있는 넓은 의미를 그대로 납득하기에는 마음이 편치 않다. 이것은 핸드메이드의 경계에 관한 모호함에서 비롯된다. 단순히 그 경계가 작업 과정에서 손을 이용한다는 자체로 구분된다면, 이 시대에 만들어지는 대부분의 전자제품과 전구 하나까지도 결국 핸드메이드에 속할 것이다. 핸드메이드를 표방하고 있다면 좀 더 명확한 고민이 필요하다.

핸드메이드에 대해 가지는 가장 큰 오해 중 하나는 바로 투박스러움에 관한 것이다. 이런 이미지는 핸드메이드라는 장르에 투영되는데, 사실상 '손맛'이라는 단어로 용납되어버리는 제작물의 불충분한 마무리에 대한 관용으로도 사용된다. 이 역시 진정한 핸드메이드 제작물이 가질 수 있는 가치와는 거리가 있다.

굳이 오랜 시간을 들여 사람의 손을 이용한다는 것은 기계가 할 수 없는 어떤 것을 이루어내기 위해서다. 그것이 추상적인 작품성을 내보이는 순수한 예술의 분야가 아니라면 더 나은 무언가를 만들고자 함이 목적이다. 기계가 아닌 사람의 '숙련된 손'은 기계화된 일련의 프로세스보다 더 높은 단계에 다다를 수 있는 여지가 있다.

핸드메이드라는 공정의 가치는 단순히 긴 제작 시간이라든가 그로 인한 희소성에서 나오는 것이 아니다. 작업 과정에서 필연적으로 발생하는 불리함일 뿐, 핸드메이드의 진정한 가치는 제작자로서의 책임감과 작업 과정에서의 인내를 바탕으로 하는 양산품과는 차별화된, 압도적인 퀄리티에 있다.

손으로 무언가를 만든다는 것은 느리지만 매력적인 일이다. 지금부터 손을 이용해 가죽으로 무언가를 만드는 방법과 이에 필요한 지식들을 함께 알아보고자 한다. 하지만 이것과는 별개로 적어도 이 책을 통해 가죽 공예를 시작한다면 오랜 시간을 들이는 작업인 만큼 제대로 된 기법과 단계를 익혀 자신이 가진 역량에서 최선의 것을 만들어내고자 하는 의지를 마음에 품었으면 한다. 이것이 조금이라도 더 일찍 가죽 공예를 시작한 선배로서 후학들에게 바라는 마음가짐이며, 스스로에게도 늘 다짐하는 마음가짐으로 내가 가진 장인정신의 토대다.

어쩌면 적당한 이미지를 보여주고 이렇게 따라 하면 금방 이런 것을 만들 수 있다고 설명할 수도 있다. 물론 이 책에 소개하는 것들 역시 간단한 소품들이지만, 수고를 들여 올바르게 제작된 결과물을 예시로 들고 기본과 원리를 제시함으로써, 차근차근 책에 소개된 내용을 익히고 최선을 다한다면 곧 스스로의 힘으로 이를 응용해 무언가를 만들 수 있도록 내용을 구성했다.

당신의 손이 핸드메이드에 관한 잘못된 편견을 바로잡고 진정한 의미의 핸드메이드를 함께 즐길 수 있기를 바란다.

구상에서 완성까지

한눈에 보는 전체 제작 공정

전체 제작 공정도는 각 공정에서의 필요한 기술을 염두에 둔 일종의 단순화된 개략도다. 제작물이 제작되는 실제의 공정은 비슷한 제작물이라 하더라도 설계된 구조나 선택된 제작 기법, 소재 등에 따라 저마다 각기 다른 제작 패턴과 레시피를 가진다. 하지만 개략도 상의 대부분의 공정은 그 순서나 횟수는 달라지더라도 하나의 가죽 제작물을 완성하는 데 있어 제외되기 어려운 공정들이다. 머릿속에 구상한 제작물에 대해 아래에 나열된 각각의 공정을 해결해낼 수 있다면 그 제작물은 실제로 구현이 가능하다. 이것은 또한 이 책에서 배울 각각의 단계별 기술이 아래의 공정도에 대부분 속해 있다는 말이기도 하다.

    물론 이것은 외워야 할 정보는 아니다. 머릿속에서만 존재하던 새로운 디자인이 실제 제작물로 완성되어 가는 일련의 과정을 한눈에 보는 것은 단계마다 상당한 시간을 쏟게 되는 가죽 공예에서는 시행착오를 줄여나갈 수 있는 현명한 방법임을 명심하자. 제작에 앞선 구상의 단계에서 각 제작 공정의 순서를 정하고 각 단계에 대한 검토를 해나가는 연습을 꾸준히 하도록 하자.

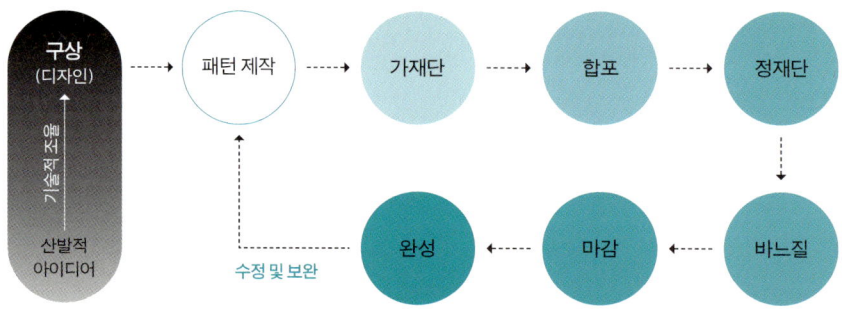

전체적인 제작 과정의 흐름

1 구상 (디자인)

대부분의 가죽 제작물은 어떠한 용도를 가지고 제작된다. 심미적인 부분은 개인적인 선호와 취향의 영역이지만 제작물을 구상하고 구조를 정하는 일은 용도에 맞추어 정하는 것이 일반적이다. 가령 가방이라면 용도에 맞추어 가방의 종류나 형태가 결정되며 무엇을 얼마나 넣을 것인지에 따라 전체적인 크기와 잠금 방식, 파티션, 내외부 포켓의 유무, 포켓의 형태 등이 결정된다. 또한 이렇게 결정한 요소들은 실물의 외형에도 영향을 미치므로 각 단계의 선택은 심미적인 부분이든 실용적인 부분이든 각자의 우선순위에 따라 결정하면 된다. 구상의 단계에서는 제작물의 종류와 형태, 구조, 각 파트의 결합 방식, 사용할 내외부 소재, 부자재 등을 함께 결정해야 한다.

2 패턴(형지) 제작

계획한 크기와 구조, 결합 방식에 따라 필요한 각 파트의 패턴을 패턴지로 제작한다. 패턴은 실물 크기로 제작함을 원칙으로 하며 실제 제작에서 중요하게 사용된다. 패턴 제작에서의 실수는 곧 실제 제작 과정에서의 실수를 의미하므로, 오차가 발생하지 않도록 신중하게 제작한다.

3 가재단

제작하려는 제작물의 실제 패턴보다 여유 있게 재단하는 작업으로, 작업 환경상 가죽 원장을 바로 정재단하기 어렵거나 두 장 이상의 가죽을 합포해야 하는 경우 제작물의 품질을 높이기 위해 사용한다. 작업 환경이나 목표하는 품질에 따라 생략되기도 하지만, 일반적으로 제작물의 품질에 상당한 영향을 미치므로 따로 가재단을 위한 형지를 제작하기도 한다. 번거롭더라도 기본 공정에 포함시키는 것이 좋다.

4 합포

두 장 이상의 가죽이 사용되는 대부분의 제작물에서 필요한 공정으로 일반적으로 본딩을 이용한 접착을 의미한다.

5 정재단

일반적으로 합포 이후에 진행되는 재단을 의미하며 현장에서는 '닷지 재단'이라고도 한다. 최종적인 의미의 재단으로 정재단을 통해 원하는 형태와 깔끔한 단면을 얻을 수 있다.

6 바느질

가죽 제작물에 있어서 각 파트의 결합을 위한 가장 튼튼하고 핵심적인 고정 기술로 간혹 금속 장식이나 본딩만으로 제작되는 제작물도 있으나 일반적으로 대부분의 접합면을 고정하는 역할을 한다. 이 책에서 소개하는 가죽 공예에서는 새들 스티치 Saddle Stitch 라는 손바느질 기법을 사용한다.

7 마감

가죽 공예에서의 마감은 곧 단면의 마감을 의미한다. 단면의 처리 방법에는 제작 방식에 따라 수많은 기법이 존재하지만, 가죽 공예에서 가장 멋스러운 것은 이 책에 소개될 단면 마감재를 이용한 마감 기법이다. 결과물의 품질과 직결되며 목표하는 품질에 따라서는 바느질과 함께, 전체 공정 중 가장 많은 시간적 비중을 차지하는 공정이기도 하다.

8 완성

각 단계에서 발생할 수 있는 오류를 점검하고 노출된 면의 본드나 작업 과정에서 발생한 여러 가지 흔적을 정리한다. 비로소 모든 공정을 거쳐 하나의 '완성된 제작물'을 볼 수 있다. 필요한 경우 수정 및 보완하도록 한다.

Contents

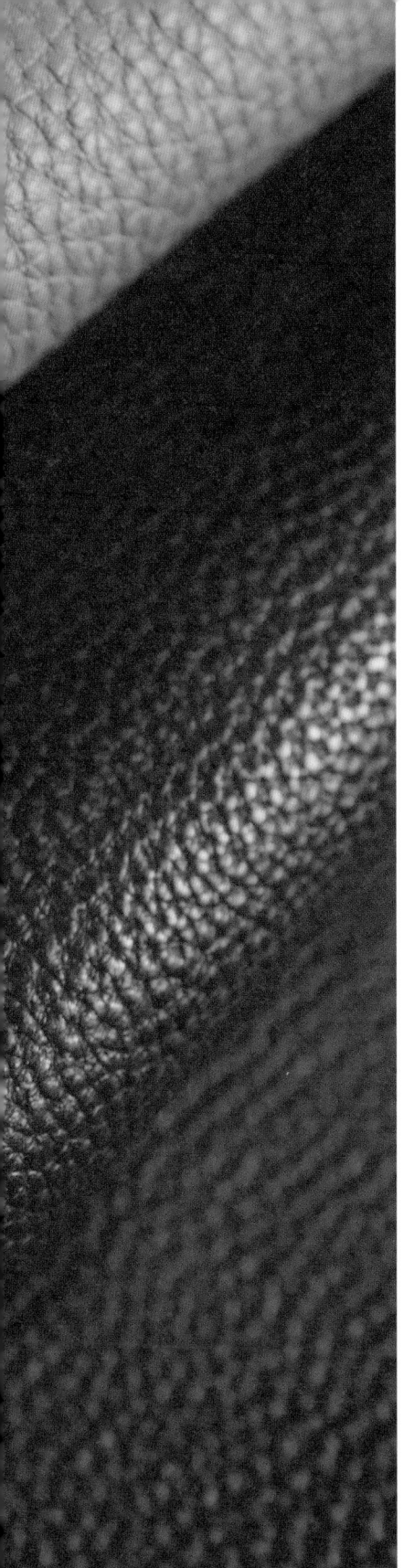

Prologue ...5
가죽 공예를 시작하기 전에 ...8
구상에서 완성까지 ...10

chapter.1 Material

가죽의 선택	...20
가죽의 명칭	...22
가죽의 분류	...23
가죽에 무늬를 만드는 공정들	...34
가죽의 부위와 커팅	...37
소가죽 외의 가죽	...39
특수피혁	...41
베지터블 가죽의 특성과 관리법	...48
현재 유통되는 트렌디한 가죽들	...49
직접 가죽 구매하기	...51
악어가죽	...55
실과 본드	...63
금속 장식	...65
기타 부자재	...69

chapter.2 Tools & Working Room

각 공정별 필요 공구	...76
작업 환경	...86

chapter.3 How to work

- 패턴의 제작 방법 ...92
- 2분법 패턴 제작 방법 ...93
- 4분법 패턴 제작 방법 ...94
- 재단 ...96
- 재단 부위의 선정 ...97
- 패턴 그리기 ...99
- 칼 쥐는 방법 ...99
- 직선 및 곡선 재단법 ...100
- 가재단과 정재단 ...102
- 합포 ...104
- 손바느질 기법 ...109
- 새들 스티치의 유래와 방법 ...111
- 손바느질의 특징 ...120
- 마감 ...124
- 가죽의 두께 조정 ...130
- 금속 장식 달기 ...133

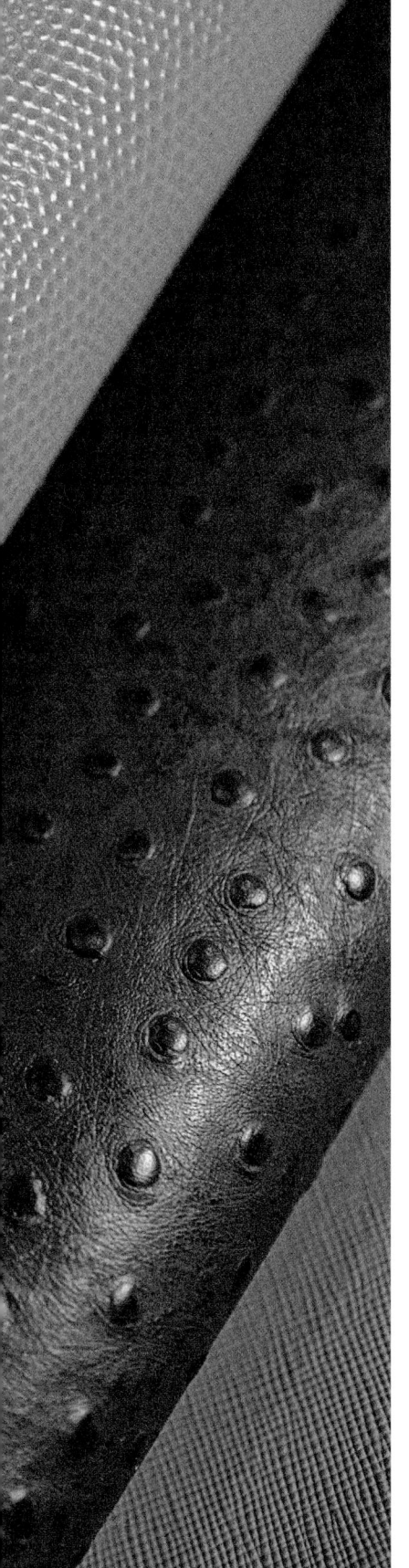

chapter.4 Lesson

Lesson 1	가죽 코스터 만들기 : 사각·원형	...150
+ Detail lecture 크리징		
Lesson 2	마우스패드 만들기	...158
+ Detail lecture 스트랩 커터 사용 방법		
Lesson 3	스터드 장식을 이용한 팔찌	...163
Lesson 4	콘웨이 장식의 팔찌	...168
Lesson 5	벨트 만들기	...172
+ Detail lecture 헤라를 이용한 본드칠하기		
Lesson 6	휴대폰 슬리브 파우치	...179
+ Detail lecture 손바느질 시 주의해야 할 사항들		
Lesson 7	명함 지갑 만들기	...186
+ Detail lecture 부분 피할		
Lesson 8	카드홀더 만들기	...194
Lesson 9	키홀더 만들기	...199
Lesson 10	두루마리 필통 만들기	...206
Lesson 11	지퍼 필통 만들기	...210
Lesson 12	파우치 필통 만들기	...215
Lesson 13	노트 커버 만들기	...220
Lesson 14	장지갑 만들기	...223
Lesson 15	사각 연필꽂이 만들기	...226
Lesson 16	포트폴리오백 만들기	...229
Lesson 17	쇼퍼백 만들기	...234
Lesson 18	새들백 만들기	...240

책을 마치며	...249
당부의 말	...251
가죽 공예 관련 정보	...252

chapter.1
Material

· LEATHER CRAFT BASIC ·

가죽에 대하여

가죽은 소재이기 이전에 하나의 생명체에서 시작되었으며 생명체를 감싸고 그 생애를 함께 이루어 온 한 부분이다. 생명체의 생애와 자라난 환경에 따라 상처가 남기도 하고 구멍이 나기도 하고 세세하게는 땀구멍의 크기 하나까지도 영향을 받게 된다. 당연하게도 어느 하나 같은 것은 없다. 그렇게 한 생애가 끝나면 그 부분은 껍데기로 남게 된다. 생의 흔적을 고스란히 간직한, 이전에는 하나의 생명체였던 껍데기는 짧지 않은 시간 동안 여러 가지 공정을 거쳐 우리가 하나의 질긴 천쯤으로 생각하는 가죽으로 탈바꿈한다. 있는 힘껏 열심히 살아온 녀석은 오히려 고르지 않고 어린 생을 마감한 것이 부드럽고 가죽으로 우수하다. 가죽을 사용할 수밖에 없는 입장이지만 때로는 씁쓸해하며, 하지만 더욱 감사하며 가죽을 대하고 있다.

지나치게 감상적인 생각일 수도 있고 우습다고 생각할 수도 있다. 하지만 가죽 공예가 혹은 가죽을 소재로 사용하는 제작자는 이 매력적인 소재가 생겨나기까지의 과정을 이해하지 않으면 안 된다. 이왕 생을 벗어난 가죽이 여러 손을 통해 다양한 모습으로 바뀐다면, 내 손을 통해 인간과 더불어 오래도록 함께할 수 있는, 가치 있는 것으로 다시 태어나기를 바라면서 한 번의 칼질에도, 한 땀의 바느질에도 정성을 들이고 있다.

가죽을 다루려는 사람이라면 사명 의식까지는 아니더라도 소재를 존중하는 마음으로 소재의 특성, 소재를 다루는 방법, 소재를 잘 사용하는 방법을 하나씩 알아가도록 하자. 이 책으로 가죽 공예를 접한 당신의 손에서 하나의 생명이었던 가죽이 또 다른 가치 있는 것으로 태어나기를 바란다.

가죽의 선택

가죽 공예 결과물의 품질은 가죽의 품질에 따라 크게 달라진다. 그렇기에 대량 생산을 목적으로 하는 가죽 산업이 아닌 가죽 공예는 오랜 시간과 수고를 들이는 만큼 좋은 소재를 쓰는 쪽이 더 생산적이다. 같은 정도의 수고와 기술이 들어갔다면 좋은 재료로 만들어야 더 좋은 결과물을 얻는 것은 당연한 이치다. 무조건 '비싼 가죽=좋은 가죽'의 공식이 성립하는 것은 아니다. 만들고자 하는 제작물의 특성에 따라 적합하고 좋은 품질의 가죽을 선택하면 된다.

가죽은 동물의 원피原皮를 태닝Tanning(무두질)이라는 가공을 통해 사용 가능한 형태로 변형시킨 것이다. 이 태닝 또는 무두질은 매우 복잡하고 다양한 단계의 공정을 거치며 각각의 단계는 가죽 자체, 나아가 제작물의 품질과 특성에도 큰 영향을 미친다.

가죽은 부위, 종류, 가공 방식 등 일정한 분류 기준에 따라 구분하며 각 분류에 속하는 가죽은 각각 다른 특성(물성)을 가진다. 일종의 화학 작용인 태닝을 거치기 때문에 부위나 생애 주기에 따른 특성은 가공 방식에 따라 전혀 다른 물성으로 바뀌기도 한다. 반대로 같은 가공 방식을 거쳐도 부위나 생애 주기에 따라 전혀 다른 물성을 지니기도 한다. 결국 사용하는 가죽의 명확한 특성을 알기 위해서는 어떤 가죽의 어느 부위인지 아는 것을 넘어서, 어떤 가공 방식을 거쳐 어떤 염색 방법을 사용했는지 등의 정보를 알고 있는 것이 도움이 된다.

가죽에 대한 지식이 늘어나고 경험이 쌓이면 가죽을 보고 만져보는 것만으로도 파악할 수 있는 정보들이 있다. 하지만 가죽의 트렌드는 매년 바뀌고, 가공 방식 또한 다양해지고 있기 때문에 태너리Tannery[1] 나 수입 업체를 통해 보다 명확한 정보를 얻으면 가죽의 특성을 이해하는 데 도움이 된다. 가죽을 선택하는 것은 원하는 이미지를 제작하기 위한 하나의 과정이다. 그리고 가죽의 다양한 특성을 아는 것은 만들고자 하는 제작물에 어떤 가죽이 적합한지를 고르는 좋은 가이드가 될 수 있다. 끊임없는 공부와 경험으로 자신만의 노하우를 길러 보자.

---

1 **태너리**Tannery 가죽 생산 업체

작업실에 정리된 다양한 가죽들.

다양한 색상과 특성을 부여하기 위해 준비된 크러스트 가죽들.
이탈리아 태너리 콘체리아 발피에르의 작업장.

가죽의 명칭

가죽을 처음 접할 때부터 몇 년 동안은 가죽의 명칭에 관해 늘 의문을 가졌다. 같은 가죽을 숄더Shoulder, 베지터블Vegetable, 밀링 타입Milling type, 미네르바 복스Minerva box라고 다 다르게 부르기 때문이다. 왜 그런 것일까? 당시에는 가죽에 관해 한국어로 잘 정리된 자료도 없었고 자료가 있어도 검증 없이 정리된 자료다 보니 용어도 설명도 다 달라서 혼동을 유발했다. 물론 지금도 그런 자료를 바탕으로 쓰인 것들이 많으니 주의해야 한다. 이러한 혼동을 정리하기 위해 가죽 업체와 직원들을 무척 괴롭혔다. 하지만 가죽 업체도 잘못된 정보를 가진 경우가 꽤 있어서 더 혼란스러웠고 결국 시장에서 얻은 정보와 해외의 콘텐츠, 서적 등을 찾아보거나 해외의 태너리와 직접 이야기를 나누며 얻은 정보를 취합해 하나씩 의문을 해결해 나갔다.

미네르바 복스 가죽.

하나의 예로 가죽에 관한 정보가 곧 명칭이 된 경우가 있다. 바달라시 카를로Badalassi Carlo라는 이탈리아 태너리에서 생산한 가죽 하나는 미네르바 복스Minerva Box라는 아티클Article[1]을 가지고 있다. 태닝은 베지터블 태닝Vegetable tanning 방식으로 진행했고 가죽의 부위는 소가죽 중 숄더Shoulder 부분이다. 표면의 자연스러운 주름은 밀링Milling 공정을 통해 만들어졌고 침투 염색한 가죽이다.

이처럼 하나의 가죽의 특성을 표현하는 다양한 단어가 있기 때문에 보통 이 단어 중 하나가 가죽의 유통 명칭으로 사용된다. 일부 가죽 유통 업체에서는 태너리를 밝히고 태너리에서 지정한 아티클을 그대로 사용하기도 하지만, 유통상의 이유로 태너리를 밝히지 않는 경우도 많고, 자체적으로 구분하기 위한 다양한 명칭을 새로이 만들기도 한다. 이렇게 시장에서 통용되는 가죽의 명칭은 가죽의 분류와 더 밀접하게 연관되어 있다. 가령 베지터블Vegetable 가죽, 크롬Chrome 가죽, 밀링Milling 가죽, 슈렁큰Shrunken 가죽, 그리고 가죽 공예에서는 별로 접할 일은 없지만 시장에서 자주 사용하는 F/G, BBG 등의 다양한 분류가 곧 가죽의 명칭이 된다.

---

1 **아티클**Article 생산 업체에서 붙인 가죽의 명칭

가죽의 분류

일반적으로 가죽에 붙이는 명칭은 가죽을 구분하는 다양한 기준에 따르는 경우가 많고 이를 통해 가죽의 특성을 추측할 수 있다. 지금부터 설명할 부분은 다소 광범위한 분류로 지금은 가볍게 읽고 지나가도 좋지만 앞으로 다양한 가죽을 접하고 그 특성을 이해해 나가기 위해서 분명 도움이 될 것이기에 시간을 가지고 두고두고 읽기를 권한다. 지금까지 가죽을 접하며 이해한 지식을 토대로 올바른 정보를 취합하고 잘못된 정보를 제외하며 재구성한 정보들이다.

우선, 우리가 앞으로 다루게 될 가장 일반적인 소재인 소가죽을 중심으로 각각의 분류를 알아보고 그에 따른 가죽의 특성을 이해해보자.

생애 주기 · 무게에 따른 분류

1 카프 스킨 Calf skin

생후 6개월 미만의 송아지(15 lbs 이하). 모공이 작고 조직이 치밀하며 탄성이 좋다. 촉감이 부드럽기 때문에 고급 가죽으로 알려져 있고 브랜드에서 많이 사용한다.

2 킵 스킨 Kip skin

생후 6개월~2년 미만의 중소(15-30 lbs). 카프 스킨에 비해 유연성은 떨어지지만 감촉이 세밀하고 표면이 매끄럽다.

3 카우 하이드 Cow hide

생후 2년 이상의 성우成牛(30 lbs 이상). 출산 경험이 있는 암소. 두께가 얇고 부드러워 의류용 가죽이나 부드러운 가방 등에 주로 활용한다.

4 스티어 하이드 Steer hide

생후 3~6개월 사이에 거세한 수소. 적당한 두께에 단단하고 탄력이 있어 일반적으로 사용된다. 육가공품의 소비와 밀접하게 관련되어 있어 유통량이 가장 많다.

5 불 하이드 Bull hide

생후 3년 이상의 거세하지 않은 번식용 수소. 가장 거칠고 두껍다. 인장력引張力이 좋아 일반적인 가죽 제품뿐 아니라 구두창이나 공업용 목적으로도 사용된다.

하이드의 또 다른 의미

- 생후 1년 이후에 거세된 수소를 스태그 하이드 Stag hide, 출산하지 않은 어린 암소를 헤이퍼 Heifer 등으로 분류하기도 하나, 보통 가죽 유통 단계에서 스태그 하이드는 스티어 하이드로, 헤이퍼는 카프 스킨이나 킵 스킨 등의 명칭으로 구분한다.

- 소가죽뿐 아니라 일반적으로 악어나 도마뱀과 같은 작은 동물의 가죽은 스킨 Skin으로, 낙타나 말과 같은 큰 동물의 가죽은 하이드 Hide로 구분한다. 엄밀히 말하면 스킨 또는 하이드라는 용어는 태닝 공정 이전의 털 Fur이 붙어 있는 상태에서의 원피를 나타내는 표현이고 털이 제모된 것은 펠트 Pelt, 태닝 이후의 것은 레더 Leather라고 부르는 것이 맞다. 다만, 원피의 분류 또한 가죽을 구분하는 하나의 기준이라, 그 자체로 가죽을 지칭하는 용어가 될 수 있기 때문에 태닝 이후의 가죽에도 스킨이나 하이드라는 용어를 사용하는 경우가 많다. 이때는 태닝 이전의 가죽을 로 스킨 Raw skin 혹은 로 하이드 Raw hide로 구분하여 부르기도 한다.

태닝 기법에 따른 분류

가공되지 않은 원피는 쉽게 부패한다. 그래서 가죽의 특성을 유지하면서 부패를 막고 오랫동안 사용하기 위한 화학적 공정이 꼭 필요하다. 이 공정을 '태닝' 혹은 '무두질', '유성'이라고 부른다. 사용하는 유제鞣劑의 종류에 따라 크게 식물성 태닝과 광물성 태닝으로 구분한다.

1 식물성 태닝

식물의 뿌리나 잎, 줄기, 열매 등에서 추출한 타닌Tannin을 유제로 사용하는 태닝 방법이다. 타닌은 식물이 스스로를 보호하기 위해 만드는 화합물로 우리에게는 와인에서 떫은맛을 내는 성분으로 익숙하다. 천연 성분인 타닌은 방부제 역할도 한다. 가죽 태닝 과정에서는 콜라겐 성분을 굳히고 단백질 섬유를 코팅하여 가죽의 흡습성을 낮추고 미생물의 번식을 막아 부패를 방지하는 역할을 한다. 타닌을 이용한 태닝은 가장 전통적인 방법이며 광물성 태닝에 비해 친환경적인 공정이다.

식물성 태닝을 거친 가죽은 자연스러운 색상을 표현하기 좋고 경년經年의 변화가 쉽게 일어나 제품으로 만들면 시간이 지나면서 자연스러운 사용감을 가지게 된다. 또한 조직의 밀도가 치밀하고 좀 더 단단하기 때문에 형태를 유지해야 하는 제작물에도 적합하다. 다만 표면이 흠집에 약하고, 크롬 가죽에 비해 무게가 무겁기 때문에 크기가 큰 제작물을 만든다면 무게에 대한 고민이 필요하다. 광물성 태닝에 비해 시간이 더 오래 걸리기 때문에 보다 고가인 경우가 많다. 이 책을 통해 다룰 다양한 가죽은 거의 식물성 태닝을 거친 가죽이다.

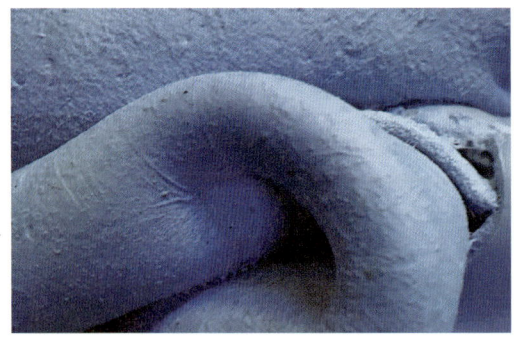

크롬 무두질로 전처리 가공한 가죽은 파란색을 띠어 웨트 블루(Wet blue)라고도 한다.

2 광물성 태닝

크롬이나 알루미늄 같은 광물을 유제로 사용하여 태닝하는 방법으로, 크롬 태닝으로 대표된다. 1880년대 크롬 태닝 기법의 발전 이후로 공정 과정에서의 시간적, 비용적 측면의 장점과 크롬 가죽이 가진 장점 때문에 오늘날 생산되는 가죽의 90% 이상은 크롬 태닝 가죽일 만큼 보편적인 태닝 방법이다. 식물성 태닝에 비해 원색을 표현하기에 좋고 가볍고 표면을 유지하기가 편리하다. 앞서 말한 장점들 덕에 작업하기에 편해서 대량 생산의 브랜드 제품에 주로 사용된다. 다만 표면이 손상되면 복구가 어렵고 경년에 따른 자연스러운 변화는 기대하기 어렵다. 또한 크롬 태닝은 환경에 미치는 악영향이 크기 때문에 환경을 고려한 지속적인 기술 개발이 필요하다.

태닝과 콤비네이션 태닝

- 태닝 자체가 가죽을 만드는 가장 중요한 공정이기 때문에, 가죽을 만드는 일련의 과정을 통틀어 태닝이라고 부르기도 한다. 제혁기술자는 태너Tanner, 제혁 공장은 태너리Tannery라고 부른다.

- 각 태닝 기법의 장단점을 상호보완하기 위해 콤비네이션 태닝Combination tanning 기법도 사용된다. 이 경우는 태닝 기법의 약품 비율이나 공정 비중에 따라 식물성 태닝, 콤비네이션 태닝, 광물성 태닝으로 나눈다.

가죽을 생산할 때 반드시 필요한 기계인 태고를 작동시키고 있다.

베지터블 태닝 공정 중의 가죽.

사용하는 층에 따른 가죽의 분류

가죽은 태닝의 전처리 공정 이전과 이후의 표면 상태에 따라 그레이딩Grading 작업을 진행한다. 은면銀面[1]의 상태가 좋은 것은 표면을 그대로 살려 가공하고, 은면의 상태가 좋지 않은 것은 표면을 살짝 갈아내거나 안료를 두껍게 올려 상처를 가린다. 당연한 이야기지만, 가죽의 표면을 그대로 살려서 가공하는 쪽이 보다 자연스럽고 질기며 내구성도 더 좋다.

1 풀 그레인 가죽 FG : Full grain leather

가죽의 은면층에 물리적인 가공을 최소화하여 본래의 은면층을 살린 가죽을 의미한다. 정상적으로 태닝한 대부분의 가죽을 지칭하는 말이기도 하다. 내구성이 좋고 통기성이 있어서 오랜 시간 사용하기에 좋다. 에이징Aging[2]을 통해 시간이 지날수록 낡지 않고 윤기가 더해진다. 표면이 드러나는 아닐린 염색[3]이나 세미 아닐린 염색[4]으로 가공하는 경우가 많다.

2 탑 그레인 가죽 Top grain leather

은면층을 얇게 제거한 후의 은면에 가까운 첫 번째 층이다. 보통 풀 그레인보다 얇고 유연하도록 피할해서 사용한다. 표면을 샌딩하여 마감제를 올려서 균일하게 코팅하여 흠집을 가리고 사용하며 이로 인해 가죽의 통기성이 감소하고 사용에 따른 자연스러운 변화는 없다. 풀 그레인에 비해 저렴하지만 얼룩에 강하다.

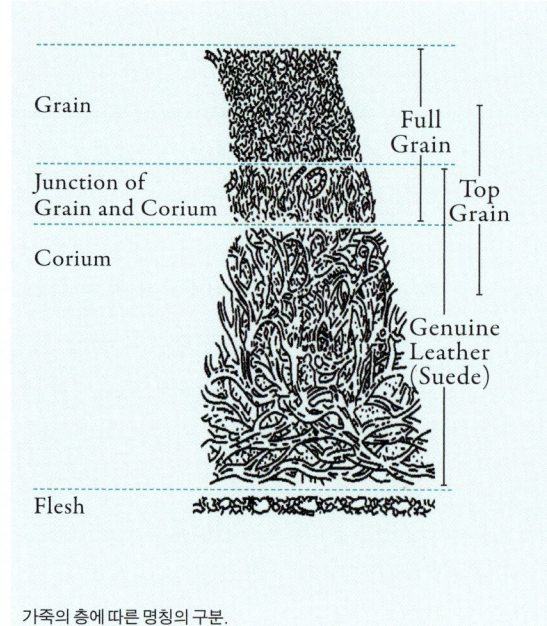

가죽의 층에 따른 명칭의 구분.

---

1 **은면** 표피를 화학적으로 제거한 진피층의 겉표면으로 그레인 사이드라고도 한다. 일반적으로 가죽의 표면이 되는 겉면을 말한다.
2 **에이징** Aging 사용에 따른 변화로 사용감이 자연스럽게 남는 것을 의미한다. 혼용되는 용어로 태닝이 있는데, 무두질을 뜻하는 태닝이 아닌 빛에 반응하여 짙어지는 가죽의 특성을 의미하는 것으로 사용에 따라 변화하는 에이징과는 다소 구별된다.
3 **아닐린 염색** 가죽의 표면 질감을 유지한 채 반투명하게 염색하는 방법.
4 **세미 아닐린 염색** 아닐린 염색 후 안료를 살짝 올리는 염색 방법.

3 코렉티드 그레인 가죽 CG : Corrected grain leather

은면층에 버핑Buffing[5]이나 샌딩 후에, 에폭시나 수지[6] 등을 이용해 표면의 상처를 덮어 매끈하게 보이도록 가공한 가죽이다. 표면에 물리적 가공을 한 가죽을 지칭하는 넓은 범위의 명칭이다. 세미 아닐린이나 피그먼트[7] 타입으로 염색한다.

4 스플릿 가죽 Split leather

가죽을 피할[8] 했을 때, 그레인Grain[9] 쪽이 아닌 뒷면을 스플릿Split이라고 부르며 상가죽, 도꼬[10]라고도 한다. 스플릿은 그 상태에서 인조 표면을 올려 일반적인 가죽의 형태로 가공하기도 하고 스웨이드Suede[11]로 가공하기도 한다.

---

5 **버핑**Buffing 연마용 걸레나 철솔 등으로 만든 버프를 고속으로 회전시켜 발생하는 압력과 마찰을 이용해 표면을 일으켜 정리하는 가공 방법.
6 **에폭시·수지** 에폭시는 수지의 일종이며 넓은 범위의 화학적 원료를 뜻하지만 가죽의 가공 과정에서 에폭시나 수지는 표면의 코팅제를 의미한다.
7 **피그먼트 염색** 안료를 두껍게 올려 불투명하게 염색하는 염색 방법.
8 **피할**(스플리팅) 두께 조정 혹은 면 정리를 위해 가죽의 층을 나누는 가공법.
9 **그레인**Grain 가죽의 면이 되는 밀도가 높은 층으로 진피 부분을 말한다.
10 **상가죽·도꼬** 가죽의 스플리팅 밑면 쪽의 가죽.
11 **스웨이드**Suede 가죽의 뒷면 혹은 상가죽. 도꼬의 표면을 보드랍게 일으켜 부풀린 가죽.

염료 타입에 따른 분류

1 아닐린 염색 Aniline finish

합성염료[12]의 일종인 아닐린 Aniline으로 염색하는 방법. 아닐린 염료는 반투명하게 가죽 표면의 질감을 유지한 채 수채화처럼 가죽에 스며들어 색상을 내기 때문에 자연스러운 색을 얻을 수 있다. 가죽의 표면이 그대로 드러나 흠집이나 털구멍 등도 드러나지만 가죽 자체의 질감이기에 자연스럽다. 표면의 흠집을 숨길 수 없기 때문에 태너리에서도 상급의 원피를 사용하는 경우가 많다.

2 피그먼트 염색 Pigment finish

안료 Pigment[13]나 바인더 Binder[14]를 이용해 염색하는 방법. 피그먼트는 가죽 위에 불투명한 색상을 덧씌우는 형태로, 유화와 같다고 생각하면 된다. 보다 선명한 색상으로 염색이 가능하고 불투명하기 때문에 표면의 흠집 등을 가릴 수 있어 스플릿에 피그먼트를 올리고, 엠보를 찍는 등의 가공 역시 가능하다. 태너리 입장에서는 원피의 품질 기준을 상대적으로 낮춰 생산 비용을 절감할 수 있고 품질 관리가 용이하다

3 세미 아닐린 염색 Semi-Aniline finish

아닐린 염색 후 마무리 단계에서 피그먼트를 살짝 올리는 방법. 풀 아닐린 염색의 경우 원피의 작은 상처 하나까지 드러나기 때문에 우리가 아닐린 염색이라고 생각하는 대부분의 가죽들이 사실상 세미 아닐린 염색인 경우가 많다. 마무리의 정도에 따라 아닐린 염색과 차이가 없을 정도로 자연스러운 경우도 있지만 너무 두껍게 올라오면 표면을 꺾었을 때 안료층에 크랙이 생기기도 한다. 얼마나 자연스럽게 구현하느냐에 따라 아닐린 염색의 질감은 간직하면서 표면은 보다 깨끗해 보이는 결과물을 얻을 수도 있어 아닐린 염색 가죽의 수요를 만족시키며 가죽 생산 시의 가공성을 높일 수 있기 때문에 많이 사용되는 방법이다.

---

[12] **염료** 물 및 유기용제에 녹는 유색 분말상 착색제. 주로 섬유의 착색에 사용된다.
[13] **안료** Pigment 물 및 유기용제에 녹지 않는 분말상 착색제. 다양한 분야에서 사용된다.
[14] **바인더** Binder 안료 입자끼리 또는 안료 입자를 도장면에 접착하여 페인트 막을 형성하는 접착제 역할을 하는 성분을 말한다. 가죽의 표면 처리 공정에서는 안료와 섞거나 바인더만을 사용하여 면이나 뒷면을 마감 처리하기도 한다.

아닐린 염색
가죽 표면의 고유한 질감이 그대로 드러난다.

피그먼트 염색된 염소(Goat) 가죽.
좋은 가죽이지만 안료 타입의 특성상 조직이 느슨한 가장자리에서 면이 뜨는 모습이 보인다.

세미 아닐린 염색.
표면 아닐린 염색 후 안료를 살짝 얹어서 면이 전체적으로 깨끗해 보인다.

염색 방식에 따른 분류

1 태고 담금 염색 Drum dye finish

염료Aniline가 담긴 태고(드럼)Drum에 가죽을 완전히 담가 염색하는 방식으로 침투 염색이 가능하다. 가죽의 앞뒤 면뿐 아니라 단면까지도 염색되며 그 때문에 표면에 스크래치 등의 상처를 입었을 때 눈에 덜 띈다. 침투의 정도는 온도, 시간 등으로 조절한다.

2 스프레이 염색 Spraying dye finish

스프레이를 이용하여 염색하는 방법. 핸드 스프레이를 사용하기도 하지만, 자동화된 트레일러에서 회전하는 스프레이 기계를 사용하면 빠르고 균일한 품질의 결과를 얻을 수 있어 대량 생산에서 많이 사용된다. 스프레이 염색만으로 염색하는 경우 태고 담금 염색과 달리 표면만 염색되기 때문에 단면이나 뒷면은 별도의 가공이 필요하고 다른 방식에 비해 마찰에 약하다. 이 단점을 보완하기 위해 태고 담금 염색과 병행하여 사용하는 경우가 많으며, 스프레이 장비를 이용하여 염료뿐 아니라 오일을 함께 뿌리는 등의 방법으로 품질을 높일 수 있다.

3 에나멜 코팅 가공 Enamel coating finish

벨트 컨베이어 위의 가죽 표면에 회전 스프레이 머신으로 오일을 뿌리고 있다.

가죽 표면에 에나멜이나 우레탄층을 만들어 유리처럼 광을 낸 가죽. 흔히 에나멜 가죽이라고 부르는데 원피의 품질과 상관없이 가죽 표면을 매끈하게 가공할 수 있기 때문에 등급이 낮은 원피를 사용하는 경우가 대부분이다. 품질과 사용 부위에 따라 표면 자체가 갈라지는 경우도 있다. 과거에는 제조 방식에 특허Patent를 지닌 고급 가죽이었기 때문에 페이턴트 가죽Patent leather이라고도 한다. 자연스러운 가죽의 매력이 없기 때문에 특별히 선호하지 않는다면 가죽 공예용으로는 추천하지 않는다.

4 핸드 브러싱 Hand brushing finish

아닐린 타입의 염료를 스펀지나 붓에 묻혀 칠하는 가공으로, 자연스럽고 불규칙한 색상과 톤을 만들기 위해 사용된다. 베지터블 태닝 가죽에 많이 사용하며 자연스러운 멋스러움을 내는 가공 방식이다.

핸드 브러싱 중인 크러스트 가죽.

기타 처리에 따른 분류

1 크러스트 Crust

태닝은 되어 있으나 염색이나 표면의 마무리 공정을 하지 않은 가죽.

2 비비지 BBG : Baseball glove

가죽에 도장을 하지 않고 폴리싱 Polishing 만 한 가죽. 야구 글러브에 주로 사용된다.

3 나파 Napa

크롬, 알루미늄 혹은 복합 태닝한 얇고 부드러운 재질의 가죽. 미국 캘리포니아의 나파 밸리에 위치한 소이어 태너리에서 1875년 특허출원한 부드럽고 가벼운 광물성 태닝 기법에서 유래된 단어다.

4 버니싱·글레이징·폴리싱 Burnishing · Glazing · Polishing

가죽의 표면을 마찰시켜 열과 압력, 마찰력 등을 이용해 표면에 광을 내는 공정이다. 나무나 코르크를 이용해 광을 내는 것을 버니싱, 금속·아크릴·유리 등의 소재로 이루어진 롤러를 이용해 광을 내는 것을 글레이징, 융과 같은 섬유를 이용해 광을 내는 것을 폴리싱이라고 한다. 이 공정들을 거치면 일반적으로 색상이 한 톤 어두워지며 광택이 돈다. 모두 가죽 표면에 적용이 가능하지만 버니싱은 주로 가죽의 단면 처리에 많이 사용하며, 글레이징은 보통 기계를 이용해 작업하고 유광 악어가죽이나 코도반 Cordovan[15] 의 표면 가공에 사용한다. 폴리싱은 구두 등의 제품 마무리 작업에서 많이 사용되는 공정이다. 구체적인 마찰 소재나 방법은 태너리에 따라 다르지만 모두 마찰을 이용해서 광을 내는 작업을 의미한다.

5 풀업 Pull-Up

가죽에 오일 함유를 높이면 구부러질 때 그 부위의 오일이 확장되며 밝아지고, 다시 문지르면 원래의 톤으로 돌아온다. 입체적인 제작물에서 투 톤 현상을 일으키므로 빈티지한 느낌을 내기에 좋다. 투 톤의 효과를 극대화하기 위해 색상과 밝기를 달리해 여러 번 염색하기도 한다.

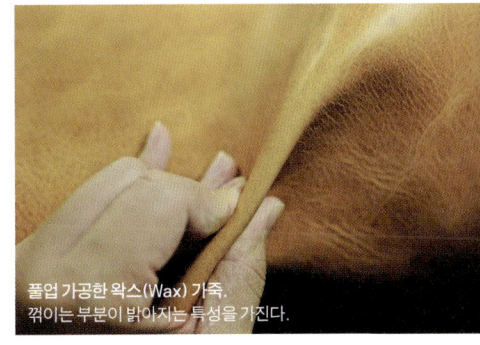

풀업 가공한 왁스(Wax) 가죽. 꺾이는 부분이 밝아지는 특성을 가진다.

---

[15] **코도반** Cordovan 말의 등에서 엉덩이 부분에 위치한, 고도로 조직이 치밀한 특정 층인 글래시 레이어(Glassy layer)를 식물성 태닝한 가죽이다. 무척 견고하고 깊은 광택이 있어 고급 구두나 소품의 재료로 많이 사용한다.

6 누벅 Nubuck

가죽의 은면(겉면)을 샌딩하여 표면을 부드럽게 만든 가죽이다. 새로운 사슴 가죽을 뜻하는 뉴 벅 스킨 New buck skin에서 유래한 명칭으로 짧고 부드러운 기모가 특징인 사슴 가죽의 촉감을 내기 위해 시작한 가공법이다. 현재는 사슴 가죽에 국한한 것이 아닌 같은 방식으로 제작된 가죽을 통칭하는 단어가 되었고 가죽의 은면을 가공하는 것이 특징이다. 가죽 상면(뒷면)을 가공한 스웨이드와 구분되며 스웨이드보다 고가의 가죽이다.

은면을 부드럽게 만든 누벅 가죽.

상면의 기모를 부드럽게 정리한 스웨이드 가죽.

7 스웨이드 Suede

가죽의 상면을 버핑Buffing해서 표면을 부드럽게 만든 가죽이다. 누벅과 다르게 상면(가죽의 뒷면)에 기모를 일으키며, 누벅에 비해 기모가 길다. 가죽의 뒷면을 가공하기 때문에 스플릿Split을 사용하기도 한다. 스웨이드라는 이름은 '스웨덴의 장갑Swedish glove'에서 유래했는데 기모가 있는 표면에 눈이 잘 붙지 않아 스웨덴에서 많이 사용했기 때문이라고 한다.

8 복스 Box

흔히 시장에서 통용되는 복스라는 단어는 전혀 다른 두 가지 뜻이 있다. 첫 번째 복스는 표면을 갈아내고 도장 처리한 가죽으로 표면의 매끄러운 질감이 특징이다. 앞에서 설명한 코렉티드 그레인 레더Corrected grain leather의 범주에 속한다. 광택의 여부에 따라 무광, 유광, 자연광이 있다. 주로 단단한 가죽에 많이 사용된다. 두 번째 복스는 가죽의 은면을 안쪽으로 향하게 접은 후 코르크 재질의 나무판Hand board으로 상면을 문질러 자연스러운 주름을 만들어내는 가공법을 뜻한다. 현재는 보딩Boarding 기계를 이용하여 가공하는데 이렇게 만든 주름이 많은 가죽 역시 복스라는 표현을 쓰기도 한다. 복스라는 명칭으로 하나의 가죽만 알고 있었다면 자칫 다른 가죽을 떠올릴 수도 있다. 복스는 표면이 매끈한 가죽에도, 자연스러운 주름이 있는 가죽에도 사용하는 용어다.

9 아이로닝 Ironing

뜨겁게 열을 올린 롤러로 가죽을 평평하게 만드는 공정이다. 아이로닝은 특정한 가죽에 사용하는 독특한 공정이라기보다는 워싱 가죽을 제외한 대부분의 가죽 가공 과정에서 사용하는 보통의 작업 공정이다.

10 파티나 Patina

염색 공법의 일종으로 각기 다른 색과 톤의 염료를 여러 번 덧칠하여 자연스러운 붓터치와 명암을 만들어내는 손염색 기법이다. 가죽의 생산 과정뿐 아니라 제품의 완성 단계에서도 적용이 가능한 기법으로 적용할 때마다 다른 느낌의 가죽과 제품을 얻을 수 있다. 고급 수제화 등에서 자주 응용된다.

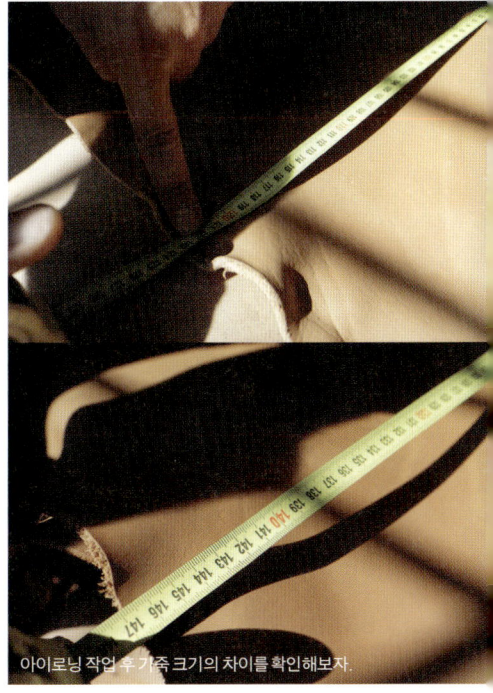

아이로닝 작업 후 가죽 크기의 차이를 확인해보자.

가죽에 무늬를 만드는 공정들

1 슈렁큰 Shrunken

가죽 표면에 약품 처리를 해서 화학적으로 가죽을 수축시키고 표면에 탄력 있고 독특한 주름을 만드는 공정으로 크롬 태닝 가죽에 사용한다. 부위나 조직의 밀도에 따라 수축의 정도가 달라져 무늬가 균일하지는 않지만 입체감이 짙고 탄력이 있다. 크롬 가죽은 형태가 잘 유지되지 않는데 슈렁큰 가죽은 그 단점을 완화한 가죽이다. 여성 가방에 많이 사용된다.

2 밀링 Milling

가죽을 태고[1]에 넣고 돌려서 가죽에 유연성을 부여하고, 표면에 자연스러운 무늬를 만드는 공정이다. 슈렁큰 가죽의 제조에서도 물리적으로 주름을 만드는 밀링 공정이 병행되기도 하지만 약품을 사용하여 화학적으로 표면을 수축시키는 슈렁큰 공정과는 구분이 된다. 자연스럽게 주름을 만드는 공정이기 때문에 부위나 가죽에 따라 편차가 있다. 일반적으로 6시간에서 24시간 정도 태고에 돌리는데 가죽의 두께나 공정 시간에 따라 무늬도 차이가 난다.

무늬를 만드는 다양한 공정들

이외에도 쇠구슬을 굴려 자잘한 스크래치를 내거나 돌을 굴려 자국을 내는 방법, 칼로 칼집을 내는 방법 등 다양한 방법으로 표면에 질감이나 무늬를 만든다.

3 엠보싱 Embossing

가죽에 모양을 찍어 무늬를 만드는 가공 방식. 악어, 타조, 도마뱀 등 특수 가죽의 무늬를 찍기도 하고 천연가죽에 없는 철망 무늬 등 독특한 문양을 찍기도 한다. 열을 올린 무늬 판이나 무늬 롤러에 압착해서 가공한다.

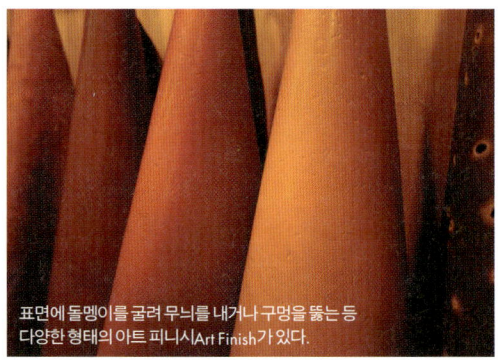

표면에 돌멩이를 굴려 무늬를 내거나 구멍을 뚫는 등 다양한 형태의 아트 피니시 Art Finish가 있다.

4 오플 가죽 Ople leather

엠보싱 가공의 일종으로 가죽 표면에 슈렁큰 엠보 문양을 찍어서 가공한 가죽이다. 슈렁큰은 크롬 가죽에만 사용할 수 있고 부위에 따라 무늬 차이와 목주름으로 로스가 크지만 오플 가공은 문양이 균일해 로스가 줄고 베지터블 가죽에도 슈렁큰 문양을 적용할 수 있다. 오플 가공한 크롬 가죽은 슈렁큰 가죽과 구별이 어렵다. 오플 가공 후 밀링을 돌리면 무늬가 자연스러워져서 로스가 적은 슈렁큰처럼 보이기도 한다.

---

[1] **태고** 가죽 가공 과정에서 사용되는 시설로 물레 형태의 회전하는 커다란 드럼. 형태에 따라 드럼(Drum) 또는 패들(Paddle)이라고도 함.

슈렁큰 카프 가죽. 슈렁큰은 조직의 밀도에 따라 무늬의 크기가 달라지기 때문에 한 장의 가죽 안에서도 무늬의 편차가 심하다.

밀링 타입 가죽인 미네르바 복스. 한 장 안에 무늬의 편차가 있다. 척추 라인을 따라서는 조직의 특성상 무늬가 적게 나타난다.

왼쪽부터 도마뱀 엠보 가죽, 타조 엠보 가죽, 철망 무늬 가죽(사피아노).

크롬 가죽인 슈렁큰 가죽(왼쪽)과 베지터블 가죽에 슈렁큰 무늬를 찍은 오플 가죽(오른쪽).

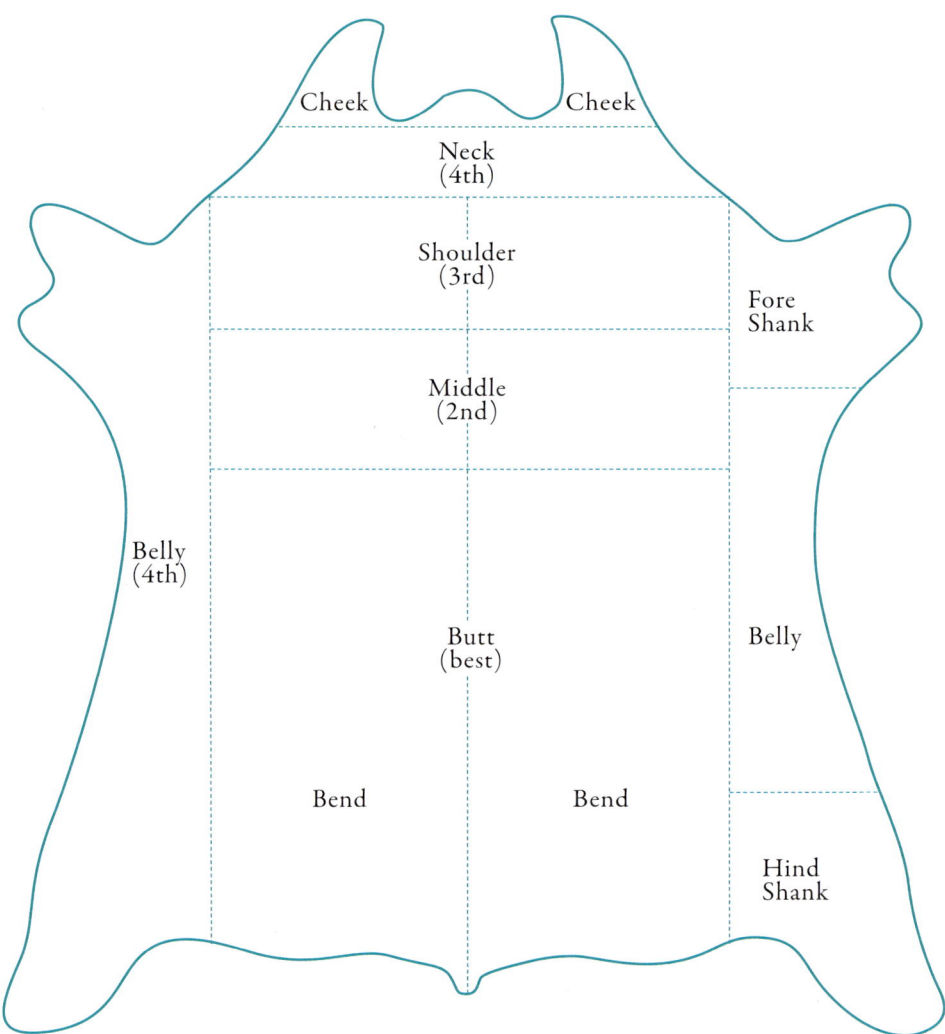

소가죽 부위별 명칭
괄호 안에 표기한 것은 보통 사용하는 부위에 따른 품질 등급이다. 다만 실제 가죽 시장에서는 숄더(Shoulder)에 그림의 숄더와 미들(Middle)을 포함하기 때문에 첫 번째 등급은 버트(Butt), 실질적인 두 번째 등급은 숄더가 된다.

가죽의 부위와 커팅

가죽의 부위에 따른 명칭

가죽은 원장[1]이 크기 때문에 대부분 염색 공정 이전에 분할된 상태로 유통되며 나눈 부위에 따라 다른 특성을 가지고 있다.

1 버트 Butt

버트는 등에서 엉덩이까지의 부분이며, 가장 두껍고 조직이 치밀하며 신축성이 작다. 또한 주름이 없어서 로스가 적고 넓고 반듯한 형태로 가공이 가능하기 때문에 소가죽 중 품질이 가장 좋고 비싼 부분이다.

2 미들 Middle

숄더와 버트의 중간 부분으로, 따로 잘라서 판매하지 않기 때문에 구분할 때 생략하기도 한다. 가죽 생산 시 주로 숄더에 포함해 생산한다.

3 숄더 Shoulder

버트에 비해 로스가 더 많고 같은 원피지만 두께 역시 더 얇다. 숄더는 판매할 때 치크Cheek 부분과 목Neck 부분을 포함해 판매하기 때문에 특유의 목주름이 넓게 퍼져 있어 제작할 때 부위 선정에 유의해야 한다. 버트와 비교하면 당연히 최상의 부위는 아니지만 강성이 좋고 깨끗한 미들 부위를 넓게 포함하고 있기 때문에 제작 시에는 품질이 좋은 부위와 그렇지 않은 부위를 고려하여 각 파트의 비중에 따라 선별하여 사용 가능하다. 그래서 숄더 역시 품질의 손실 없이 작업을 진행하기에 좋은 부위다. 일반적으로 버트가 가장 좋은 부분이지만 버트 또한 척추선 주위로는 흠집이 발생하기 쉬우므로, 버트와 숄더를 선택할 때는 가격과 로스를 확인하고 만들고자 하는 제작물의 패턴, 필요한 두께 등을 고려하는 게 좋다. 하지만 일반적으로 같은 아티클에서 버트와 숄더를 함께 수입하는 경우는 드물기 때문에 미리 이러한 고민을 할 필요는 없다.

4 벨리 Belly

벨리는 다리Fore shank·Hind shank와 뱃가죽Belly을 총칭하는 부분으로 경도의 차이가 크고 다른 부위에 비해 두께가 얇으며 조직이 성글다. 가죽의 로스가 많고 품질이 좋지 않은 부위지만 가격이 저렴하기 때문에 패턴이 작은 소품이나, 성형 제작물 등에서 사용하면 보다 경제적이다. 하지만 성근 조직 때문에 신축성이 크고 그 방향이 일정하지 않아서 힘을 받게 되는 제작물을 만들 때는 신중하게 선택해야 한다.

---

[1] **원장** 커팅 이전의 가죽.

가죽의 커팅 방법에 따른 명칭

송아지 가죽 Calf 정도의 크기는 원장 그대로 판매하며, 하이드 Hide 는 태너리뿐 아니라 제조업체에서의 가공성도 좋지 않기 때문에 자동차 시트나 가구 등 패턴이 큰 제작물이 아니라면 보통 커팅해서 가공·판매한다. 가죽의 커팅은 오른쪽 그림처럼 가공되며 부위별로 로스율, 두께, 특성 그리고 가격이 다르기 때문에 제작하려는 제작물의 패턴이나 목표 품질, 가공 방식에 따라 알맞은 형태가 다르다. 다만 대부분의 태너리나 수입업체는 한 아티클은 한 부위로 수입하므로 선택의 폭은 좁다. 그럼에도 이러한 정보를 파악해야 하는 이유는 가죽이 어떻게 커팅된 것인지를 알아야 이 가죽이 어떤 부위이며, 또 어떤 특성을 가지고 있는지, 신축의 방향이나 주의해야 할 점은 무엇인지 등에 대한 정보를 알 수 있기 때문이다.

가죽이 늘어나는 방향에 따른 고려

가죽은 패브릭과 달리 일정한 결이 있는 것이 아니고 하나의 가죽도 부위에 따라 다양한 방향으로 신축이 발생하기 때문에, 제작 시 목적에 맞게 부위나 커팅의 방향을 고려해야 한다. 예를 들어 뱃가죽은 늘어나는 방향에 일관성이 떨어지고 쉽게 늘어나서 힘을 받는 부위에는 사용하지 않는 것이 좋다. 힘을 많이 받는 핸들이나 스트랩 등은 가죽이 늘어나는 방향을 고려해 재단 방향을 선정해야 한다. 나머지 부분들은 최대한 깨끗한 면을 로스를 줄여 재단하는 것을 목표로 하면 된다.

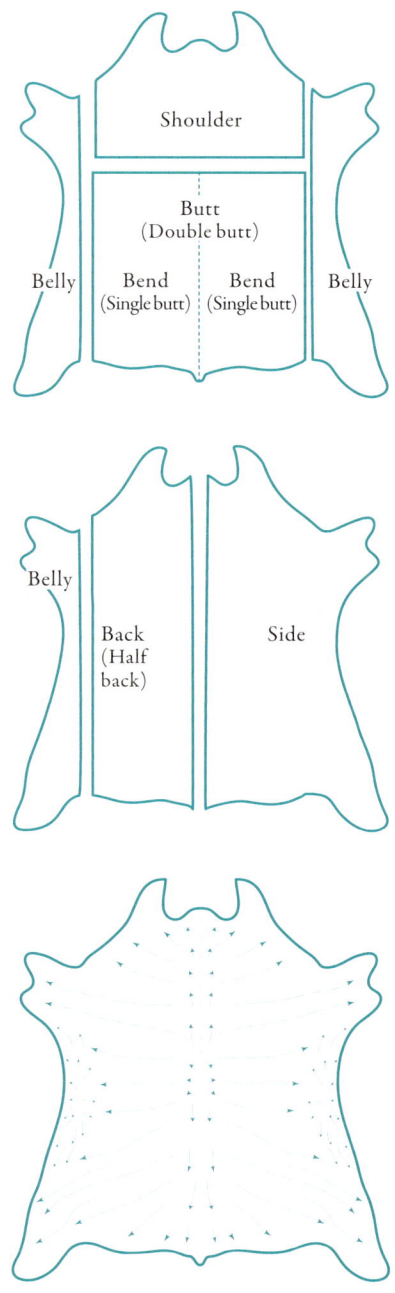

소가죽 외의 가죽

1 돈피 Pig skin

표면이 거칠고 모공이 두드러져서 주로 내피로 사용된다. 외피로도 사용하지만 고급품은 아니다. 스플릿 부분을 가공하여 돈피 스웨이드로 가공하기도 하는데, 인공 스웨이드보다는 훨씬 고가이며 자연스러운 재료다. 하지만 표면 강도가 약해서, 보강을 하거나 다른 가죽 등과 합피해서 사용한다. 평 S/F 단위 판매가 기본이다.

2 고트 스킨 Goat skin

생후 1년 이상의 염소 가죽으로, 크기가 작고 두께는 얇지만 탄력이 좋다. 조직이 치밀하여 표면이 견고하고 형태가 잘 복원된다. 고급스러운 가방, 신발, 지갑 등 일반적인 가죽 제품에 널리 사용된다. 생후 1년 이하의 염소 가죽은 키드 스킨 Kid skin이라고 한다. 평 단위 판매가 기본이다.

알란(Alran)사의 고트 스킨.

3 램 스킨 Lamb skin

생후 1년 미만 면양의 가죽이다. 두께가 얇고 조직이 부드러워 장갑이나 의류에 주로 사용된다. 크기가 작으며 흠집에 약하다. 생후 1년이 경과한 양은 시프 스킨 Sheep skin이라고 한다. 평 단위 판매가 기본이다.

4 물소 가죽 Buffalo

소가죽과 유사하지만 대체로 두께가 더 두껍고 질기며 표면은 더 거칠다. 상처가 잘 나지 않고 부드러워서 소파 같은 가구뿐 아니라 의류, 가방 등 일반적인 가죽 제품에도 두루 이용된다. 평 단위 판매가 기본이다.

5 사슴 가죽 Deer skin

조직이 치밀하며 가볍고 부드러운 질감이 특징이다. 가공을 최소화한 형태로 사용하는 경우가 많다. 기름으로 무두질한 가죽은 섀미 가죽 Shammy이라고 하여 유연하고 물에 강해서 가방뿐 아니라 장갑이나 의류 등에 사용된다. 유일하게 세탁이 가능한 가죽이다. 섀미 가죽은 세무라는 용어로 변형되어 섀미 가죽처럼 부드럽게 가공된 가죽을 통칭하기도 한다. 평 단위 판매가 기본이다.

6 **말가죽** Horse hide

말가죽은 소가죽에 비해 얇으며 표면의 터치가 부드럽다. 허리를 기준으로, 앞부분은 호스 프런트Horse front(Double horse front/Avancorpo), 허리는 호스 스트립Horse Strip, 엉덩이 부분은 셸 코도반 Shell Cordovan 으로 구분한다. 특히 말가죽은 부위에 따라 특성이 매우 다르다. 호스 프런트는 1.5mm 이하로 가방, 소품, 의류 등에 이용하며, 호스 스트립은 단단하지만 표면이 거칠어 베지터블 가공 후 벨트를 만들거나 염색 공예, 성형 작업 등에 이용한다. 해외에서는 홀스터Holster(권총집) 제작에 많이 이용된다. 말가죽이 가죽으로 유명한 이유는 셸 코도반 덕분이다. 셸 코도반은 그 크기나 가격, 희소성에 있어 특수피혁에 가깝기 때문에 특수피편에서 따로 다루겠다.

7 **캥거루 가죽** Kangaroo leather

겉모습은 송아지 가죽과 비슷하며 표면의 터치가 매우 부드럽고 가죽도 유연하다. 지갑이나 소품 등 자주 만지는 제품에 사용되며 특유의 터치감과 유연성으로 야구화나 축구화 등 스포츠 용품의 고가 라인에도 사용된다. 호주에서 주로 생산되며 포획량에 제한이 있어 생산과 유통이 제한적이다.

특수피혁

1 도마뱀 가죽 Lizard skin

도마뱀 가죽은 특유의 작고 균일한 무늬를 가진 매력적인 가죽이다. 0.5~0.8㎜ 정도의 얇은 가죽이지만 표면이 무척 견고하고 신축이 작으며 인장력이 높다. 배 쪽은 작은 사각 무늬, 등 쪽은 작은 원형 무늬로 되어 있으며 배와 등 모두 매끄럽기 때문에 백 컷Back cut 하여 배 무늬를 중심으로 사용하거나 벨리 컷Belly cut 하여 등 무늬를 중심으로 사용하는 방법이 있다. 크기는 1S/F 정도로 매우 작아서 소품 등에 많이 사용된다. 시장의 선호로 인해 대부분 유광 가공된 것이 유통되며 무광 가공한 것은 인장력은 유지되지만 매우 부드러운 특성을 지닌다. 원래의 무늬를 그대로 살린 언블리칭 가공Unbleaching[1]이나 탈색 공정을 거쳐 무늬를 없앤 블리칭 가공Bleaching[2]을 한다.

2 뱀가죽 · 구렁이 가죽 Snake skin · Python

비단뱀 혹은 비단구렁이 가죽은 주로 파이톤으로 불린다. 다른 뱀가죽에 비해서 질기며 두께가 두껍고 폭이 넓어 가방 등 다양한 가죽 제품의 외피로 사용된다. 독특한 비늘의 질감과 다양한 색상 표현 덕분에 폭 넓게 응용된다. 숏테일은 1.5m 내외, 그 외의 가죽은 2~5m의 다양한 크기로 생산된다. 배 부분의 무늬는 넓은 육각형 형태이고 다른 부분들은 작은 마름모 형태이며 한쪽이 들리는 비늘의 느낌이 그대로 살아 있다. 배 무늬를 살리는 백 컷, 등 무늬를 살리는 벨리 컷으로 가공하며, 원래 무늬의 탈색 여부에 따라 언블리칭 가공과 블리칭 가공으로 다양한 표현이 가능하다.

---

1 **언블리칭 가공**Unbleaching 원피 상태에서 무늬가 있는 가죽의 무늬를 그대로 살려 가공하는 방법.
2 **블리칭 가공**Bleaching 원피 상태에서 무늬가 있는 가죽을 탈색하여 본래의 무늬를 없애 가공하는 방법.

3 물뱀 가죽 Water snake

물뱀 가죽은 폭이 좁고 길이가 짧으며 두께도 0.2~0.3mm 정도로 매우 얇아 내구성이 약해서 보통 다른 가죽이나 보강재와 합포[3]해 작은 소품 등을 만들거나 여러 장을 엮어 가방 등에 사용한다. 특수피로서는 저가에 속하며 비늘이 있으나 비늘이 들리는 정도는 파이톤에 비해 적다.

4 코브라 가죽 Cobra snake skin

두께나 특징은 뱀가죽과 비슷하지만 머리 부근의 폭이 넓어지며 머리 부분을 살려 가공하기도 한다.

5 카룽 물뱀 가죽 Karung snake skin

카룽 가죽의 가장 큰 특징은 비늘의 모양이다. 중앙에 돌기가 있는 매우 작은 마름모 형태의 패턴이 전체적으로 분포되어 있으며, 뱀가죽이지만 도마뱀과 마찬가지로 비늘이 들리지 않아 활용도가 높다. 두께는 0.4~0.6mm, 폭은 15~30cm 정도로 생산되며 일반적인 물뱀 가죽에 비해 생산량이 매우 적어 희소성 있는 가죽이다. 몇 년 전 세계적으로 유행하면서 공급이 수요를 따라가지 못하는 품귀 현상이 일어나기도 했다. 현재도 유통량이 적어 구하기가 어렵다.

벨리 컷한 물뱀 가죽(왼쪽)과 백 컷한 물뱀 가죽

---

[3] **합포** 접착제를 이용하여 면의 전체나 일부를 함께 붙이는 공정.

6 타조 가죽 Ostrich skin

타조 가죽은 대부분의 브랜드에서 악어가죽과 함께 최상급 제작물에만 사용하는 특수피다. 깃털이 있던 모공의 돌출된 모양이 가장 큰 특징이며 이 부분을 퀼 마크 Quill Mark 라고 부른다. 타조 가죽의 등급은 이 모공이 얼마나 크고 균일하고 넓게 남아 있느냐로 결정된다. 타조는 악어 한 마리에 비해서 상당히 크지만, 실제로 퀼 마크가 가지런한 부위로만 따진다면 사용할 수 있는 부위는 그다지 크지 않다. 그렇기 때문에 제품을 제작할 때 잘 보이는 앞뒤 판은 퀼 마크가 가지런하고 예쁜 등 부분을, 옆판이나 밑판은 퀼 마크가 없는 부분을 사용하여 제작하는 경우가 많다. 타조 가죽은 다른 가죽에 비해 작업하기가 어려운데, 그 특유의 퀼 마크로 인해서 두께 조정 작업이 까다롭고 높은 표면 인장력에 비해 가죽의 상면 조직이 매우 느슨하여 결이 층층이 나누어져 있기 때문에 면 정리가 필요하며 특히 단면을 마감재로 마감할 때는 이 부분이 뜨지 않도록 각별히 유의해야 한다. 힘든 과정을 거쳐 완성한 타조 가죽 제작물이 가진 디테일과 아름다운 퀼 마크의 질감은 모든 수고와 고생을 인내할 가치가 있다.

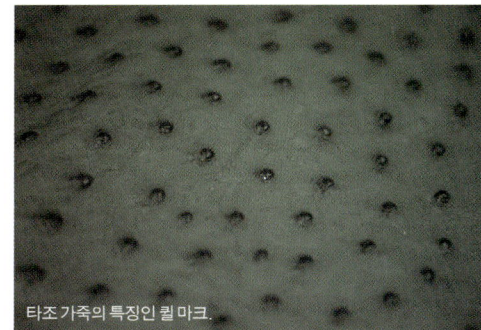

타조 가죽의 특징인 퀼 마크.

7 타조 발 가죽 Ostrich leg skin

타조 발 가죽은 중앙의 커다란 텍스처가 특징이다. 크기가 작아서 주로 소품 제작에서 사용하며 촉감이 자연스럽다.

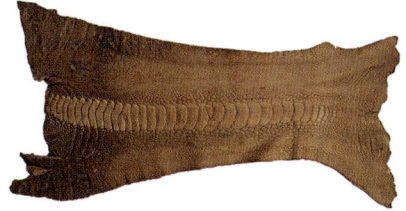

타조 발 가죽.

8 페커리 가죽 Peccary

중남미의 멧돼지 가죽이다. 돼지가죽의 한 종류지만 더 질기고 희소성이 높아 고가의 장갑이나 고급 가죽 제품을 만드는 데 사용한다. 일반적인 돼지가죽과 마찬가지로 세 개씩 모여 있는 모공이 두드러지게 보인다.

9 송치 가죽

소가죽의 일종으로 어미 배 속의 송아지 혹은 갓 태어난 송아지로 만든 가죽이다. 모공이 거의 없고 부드러우며 털을 그대로 살려 가공한 것이 특징이다.

10 가오리 가죽

가운데 하얀 점이 있는 것이 특징이며 두껍고 표면이 단단하고 강하다. 강도가 너무 세서 사용되는 기법이 제한적이다.

11 상어 가죽

흔히 사용하는 가죽은 아니지만 시장에서 구할 수 있는 독특한 패턴을 가진 가죽 중 하나다.

12 장어 가죽 Eel skin

두께가 매우 얇고 폭도 좁기 때문에 여러 장을 패치 형태로 연결하여 사용한다. 가볍고 부드럽고 질기며 염색 시의 발색도 좋지만 생산처가 적고 작업 공정 자체가 매우 까다로워 흔히 사용되지는 않는다. 우리나라에서만 생산되는 가죽으로 1980~1990년대에는 수출로 호황을 누렸다. 예전에 비할 바는 아니지만 지금도 대부분의 가공 기술은 우리나라만 가지고 있으며 꾸준히 명맥을 유지하고 있다. 해외 브랜드에서도 우리나라의 장어 가죽을 사용할 만큼 장어 가죽의 가공 기술은 세계적인 인지도를 가지고 있으며 최근에는 브랜딩을 통해 장어 가죽 제품 또한 세계 시장에서 인지도를 쌓고 있다.

상어 가죽의 독특한 패턴.

다양한 특수피혁들

기타 특수피로 코끼리 가죽, 물개 가죽, 참치 가죽, 개구리 가죽, 닭발 가죽, 쥐 가죽 등 기상천외한 가죽들이 있다.

13 틸라피아 가죽

우리나라에서는 역돔이라는 이름으로 알려진 물고기의 가죽으로 물고기 형태 그대로 가공하며 비늘의 형태와 질감이 그대로인 것이 특징이다.

14 코도반 가죽 Shell cordovan

코도반 가죽은 스페인의 코르도바 Cordova 지방에서 제조되면서 그 이름이 붙었다. 코도반 Cordovan은 말의 엉덩이 부근 가죽으로, 가죽 내부에 위치한 글로시 레이어 Glossy layer를 추출하여 조직의 밀도가 극히 치밀한 코도반 가죽으로 생산하며 이러한 조직층을 셸 Shell이라고 부르기 때문에 보통 코도반 혹은 셸 코도반이라 불린다. 셸의 조직은 가죽의 은면 혹은 표면이라 하는 진피층에 해당하는 밀도를 지니는데 송아지 가죽보다 모공이 작고 조직이 치밀하여 일반적인 소가죽의 진피층 두께를 $0.2 \sim 0.5\,mm$ 내외로 보는데 코도반의 셸 층은 $1\,mm$ 이상으로 훨씬 두껍다. 생산되는 대부분의 두께가 진피층에 해당하여 조직 자체의 견고함과 함께 강한 표면 복원력을 지닌 매우 특별한 가죽이다. 그렇기에 표면에 상처가 깊게 나더라도 웬만해서는 내구성에 영향을 미치지 않으며 표면의 복원력이 좋다.

숙련된 태너리의 기술자는 말 엉덩이 부분 Horse butt에서 이 셸 부분을 찾아 재단하여 셸 층이 드러나도록 가죽의 앞뒤 면을 깎아낸 후 가공해 길게 늘어진 눈사람 모양의 셸 코도반을 완성한다. 일반적으로 판매하는 셸 코도반은 이를 다시 양분한 한쪽 엉덩이 크기로, 매우 작은 크기의 가죽이다. 한 장의 말가죽에서 오로지 작은 타원형의 코도반 두 장만을 생산할 수 있어 매우 희소한 가치를 지닌다. 남성 구두나 지갑의 소재로 활용하며 악어가죽을 제외하면 가장 고가의 소재로 알려져 있다. 말가죽을 다루는 태너리 자체가 적은 편이라 미국의 호원 Horween, 이탈리아의 로카도 Rocado s.r.l, 영국의 클레이턴 Clayton, 일본의 신키 Shinki, 후지토우 Fujitou 정도에서 취급하며 세계적으로 공급이 수요를 따라가지 못한다. 호원, 로카도는 오일 태닝 기반의 염료 타입 코도반을, 클레이턴, 신키, 후지토우는 안료 타입의 코도반을 생산하는데 각각의 타입에 따른 제작 기법 및 사용상 특성에 차이가 있다.

염료 타입 코도반과 안료 타입 코도반

• **염료 타입 코도반**
미국의 호원과 이탈리아의 로카도는 염료 타입의 코도반을 생산하는 흔치않은 태너리로 1차로 베지터블 태닝 후 2차로 오일 태닝하여 오일 함량이 높다. 표면은 아닐린 염색 후 열을 올린 유리봉이나 금속봉을 이용해 글레이징 처리하는 전통적인 방식으로 코도반을 생산한다. 이 공정을 통해 코도반 특유의 고급스러운 광택을 가지며 표면이 단단해 보이지만 매우 촉촉하고 유연한 편이다. 가공 특성상 미세한 결을 눌러 매끄럽게 가공하기 때문에 언제든 전용 크림을 사용해 압력을 주어 다듬으면 사용 흔적, 흠집 등의 복원이 가능하다.

• **안료 타입 코도반**
클레이턴, 신키, 후지토우 등에서 생산하는 안료 타입의 코도반은 표면에 안료 층을 올려 만들어져 표면이 깨끗하고 흠집에 강해 작업성이 좋다. 하지만 표면이 안료 층에 가려져 셸 층의 조직 특성 역시 감추어져 코도반 특유의 쫀득한 촉감이나 자연스러운 질감을 기대하기 어렵고 깊은 광택 역시 부족하다. 강하게 꺾이는 부분에서 안료 층이 훼손될 수 있으며 훼손된 표면의 복원은 불가능하다. 안료 타입 코도반은 작업성이 좋아 생산자에게는 고려할 만하지만 코도반의 표면 질감과 복원력이라는 장점을 즐길 수 없다. 조직의 특성을 살리는 쪽은 염료 타입 쪽이다.

태너리별 코도반의 특징

• 미국의 호원

100년 이상의 전통을 가진 태너리로 유명 제화 브랜드 등을 통해 명성을 알리고 있으며 아닐린 염색을 통해 내추럴한 느낌의 코도반을 생산한다. 등급을 구분하고는 있지만 품질이 아닌 면적을 기준으로 잡기 때문에 만들고자 하는 제작물의 크기에 따라 등급을 선택해도 무방하다. 블랙과 버건디 외의 색상은 특정 업체에서 선점하여 사용하고 있어 전 세계적으로 수급이 어렵다. 가죽은 6등급(1, X, 2, 3, 4, 5)으로 나뉘며 등급은 품질의 편차가 아닌 한 장의 크기에 따라 책정된다. 두께는 보통 1~1.8mm 사이이며 두께가 균일하지 않고 한 장의 크기는 평균 1~2.75 S/F 정도로 엉덩이 한쪽에 해당한다. 염료 타입 코도반은 밝은 색상의 생산이 까다로운 편이라 위스키 색상Whiskey은 찾기도 어렵지만 좀 더 고가에 거래된다. 유통 방식상 아시아의 사용자가 표면의 품질이 좋은 가죽을 얻기가 어렵고, 미국의 러프한 감성을 그대로 간직한 가죽이기 때문에 생산자도, 사용자도 표면의 관리에 많은 신경을 써야 한다.

• 이탈리아의 로카도

말가죽만을 전문적으로 다루어 온 태너리로, 이탈리안 셸 코도반을 브랜드 이름으로 따로 사용할 만큼 코도반의 생산과 그 품질 관리에 무게를 싣고 있다. 호원과 마찬가지로 오일 태닝까지 진행하여 아닐린 염색 후 글레이징 처리한 자연스러운 느낌의 염료 타입 가죽을 생산하고 있지만 이탈리아의 오랜 제혁 기술을 바탕으로 독일과 폴란드 원피를 사용하여 오히려 표면 품질에서 우수한 측면도 있으며 다양한 컬러가 생산·개발되고 있다. 또한 여섯 달 이상 걸리는 코도반의 총생산 기간 중 염색 이전의 단계에서 전처리된 물량을 기간별로 어느 정도 확보하고 있기 때문에 주문에서 생산, 배송까지 소요되는 핸들링 기간이 짧고 유럽 내에서의 원피 확보가 수월해서 물량 공급이 매우 안정적이다. 평균 1.6~3.5 S/F 정도로 코도반 중 가장 큰 편이다. 본사에서 제공되는 크림류의 성능이 좋아 제작이나 사용 측면에서 관리의 용이성이 있다. 국내에는 이탈리안 셸 코도반으로 알려져 있다.

• 영국 클레이턴

브라이들 가죽을 생산하는 태너리로 유명하다. 클레이턴의 코도반은 안료 타입으로 염색했으며 표면이 깨끗하고 흠집에 강해 작업성이 좋다. 브라이들 가죽의 표면 느낌과 유사하다고 보면 된다. 다만 염색 방식의 특성상 가죽 본연의 특성을 드러내기에 어려움이 있어 코도반 특유의 자연스러운 맛이나 깊은 광택은 부족하다.

• 일본의 신키

호원과 함께 가장 보편적으로 사용되던 코도반 태너리로, 기본 라인업 가죽은 안료 타입으로 생산하고 있으며 D/S 단위로 판매한다.

• 후지토우

다양한 종류의 가죽을 다루는 태너리로 안료 타입으로 코도반을 생산한다. 표면이 깨끗하고 작업성이 좋지만 코도반 특유의 표면 질감을 느끼기에는 어려움이 있다.

쫀쫀한 코도반의 매력을 느껴보고 싶다면 잘 가공된 염료 타입의 코도반을 추천한다.

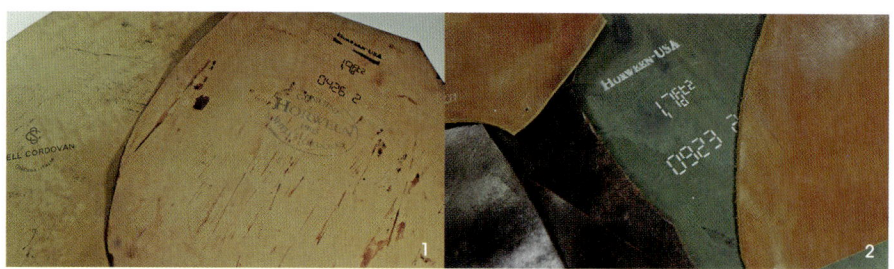

1 이탈리안 셸 코도반과 미국 호원의 코도반. 회사 이름이 가죽 뒷면에 찍혀 있는 것이 특징이다. 코도반은 코도반이라는 소재 자체로 매력을 지니고 있고, 태너리 자체가 브랜드화되었기 때문에 이 도장을 제품 제작에 노출시키기도 한다. 2 호원에서 공급하는 셸 코도반. 미국 특유의 러프함이 묻어난다.

이탈리아 태너리인 로카도에서 공급하는 이탈리안 셸 코도반.

코도반치고는 드물게 다채로운 색상과 정교하게 글레이징된 표면의 마무리가 특징이다.

베지터블 가죽의 특성과 관리법

베지터블 가죽의 특성

식물의 추출물로 태닝하는 베지터블 태닝은 가죽의 여러 가지 태닝 기법 중 가장 오래된 방법으로 오늘날까지 전통 있는 태너리들을 통해 태닝 기법을 이어오고 있다. 태닝 과정에서 크롬 가죽에 비해 손이 많이 가고 더욱 오랜 시간이 필요하지만 조직이 치밀하고 밀도가 높아 단단하며 늘어남이 적다는 장점을 가지고 있다. 또 크롬 가죽보다 표면에 흔적이 쉽게 남기 때문에 대량 생산에 적합지 않지만, 오히려 오랜 시간 세세하게 공을 들여야 하는 가죽 공예에 더욱 적합하다. 게다가 사용감 하나하나가 시간에 따라 겹겹이 쌓이면 그 흔적이 더욱 멋스러워진다. 자연스럽게 변해가는 베지터블 가죽만의 특성은 소재로서의 가장 큰 매력이기도 하다.

관리법

가죽 제품은 세척하기 어렵기 때문에 세척보다는 지속적으로 유분을 공급해서 가죽이 건조해지는 것을 막고 표면에 유막을 형성시킴으로써 오염을 미연에 방지하는 것이 가장 자연스러운 가죽의 관리법이다. 자주 사용하지 않으면 유막이 형성되기 어려우므로 이 관리법 역시 가죽이라는 소재의 목적과 특성에 가장 일치하는 관리법이라 할 수 있다.

현재 유통되는 트렌디한 가죽들

베지터블 태닝 가죽 종류

하드타입

1 부테로 Buttero   2.8~3㎜ 두께의 통가죽 부위: 숄더 | 판매처: 에쎄르 레더
2 토이아노 Toiano   3.2~3.4㎜ 두께의 통가죽 부위: 숄더 | 판매처: 윈포트레더
3 브라이들 Bridle   단단한 작업물에 주로 사용한다. 3.5㎜ 두께의 통가죽 부위: 싱글버트
                        2.0㎜ 두께의 통가죽 부위: 사이드 | 판매처: 에쎄르 레더 (J&E sedgwick사)
4 다코타 Dakota · 더비 Derby   기본적인 2㎜ 두께의 통가죽 부위 : 숄더 | 판매처: 에쎄르 레더
5 리오 Rio   기본적인 2㎜ 두께의 통가죽 부위 : 숄더 | 판매처: 미주교역
6 미네르바 Minerva   2㎜ 두께의 통가죽 부위: 숄더 | 판매처: 에쎄르 레더
7 푸에블로 Pueblo   미네르바 가죽의 표면에 인위적인 스크래치를 낸 가죽
                        부위: 숄더 | 판매처: 에쎄르 레더
8 돌라로 Dollaro   부테로 가죽의 표면에 엠보를 찍어 스크래치에 강한 가죽
                        부위: 숄더 | 판매처: 에쎄르 레더
9 록키 Rocky   3.5~3.8㎜ 두께의 불하이드(Bull Hide) 가죽
                        부위: 숄더 | 판매처: 에쎄르 레더

소프트 타입

1 미네르바 복스 Minerva box   2㎜ 두께의 밀링 처리된 소프트한 가죽 부위 : 숄더 | 판매처 : 에쎄르 레더
2 알파 Alpha   2㎜ 두께의 밀링 타입 소프트 가죽 판매처 : 에쎄르 레더, 반도피혁
3 크리스페 Crispe   베지터블 방식으로 제작된 염소 가죽으로 소품 제작에 적당한 고트 가죽
                        판매처 : 셍빠, 레더애(부산)
4 베가스 Vegas   3.2~3.4㎜ 두께의 밀링 처리된 불하이드(Bull hide) 가죽
                        부위 : 숄더 | 판매처 : 에쎄르 레더

베지터블 가죽의 활용

베지터블 가죽으로는 크게 통가죽을 이용한 단단한 타입의 제작물과 부드러운 타입의 가죽을 이용한 자연스러운 세입의 제작물을 만든다.

미네랄 태닝의 종류

1 슈렁큰 카프 Shrunken-calf

독일 페링거Perlinger사의 슈렁큰 가죽. 입체감이 좋고 탄력이 좋아 가방을 제작할 때 자연스럽게 형태를 유지할 수 있다. 에르메스에서 사용하는 아티클인 '토고Togo'라는 이름으로 더 유명하다. 판매처 : 에쎄르 레더

2 오데사 Odesa

독일 바인하이머Weinheimer사의 슈렁큰 가죽. 역시 토고로 알려져 있다. 판매처 : 다비레더, 스튜디오랩딥, 레더애(부산)

3 클레망스 Clemence

프랑스 레미 카리엣Remy Carriat사의 슈렁큰 가죽. 다른 회사의 슈렁큰 카프에 비해 엠보가 작고 낮아 더 부드러워서 자연스럽게 처져야 하는 형태에 적합하다.
판매처 : 원포트 레더

4 노블레사 카프 Noblessa-calf

철망 무늬 엠보를 찍은 카프 스킨으로 문양을 압착하여 찍기 때문에 슈렁큰 가죽에 비해 강성이 있고 무늬가 균일하여 로스가 적다. 에르메스에서 사용하는 아티클인 '앱송Epsom'이라는 이름으로 더 유명하다. 판매처 : 에쎄르 레더, 원포트레더

5 스위프트 Swift

프랑스 태너리 루Tanneries Roux사의 민무늬 카프 스킨. 소프트한 타입으로 감촉이 좋다.
판매처 : 원포트레더, 레더 에펠

6 바레니아 Barenia

보다 정확히는 콤비네이션 태닝된 가죽으로 민무늬의 카프 스킨이다. 미네랄 태닝되었지만 표면에 베지터블 피니시를 얹어 크롬 가죽처럼 무게는 가볍지만 표면의 특성은 베지터블 가죽처럼 에이징이 잘되어 인기가 있다. 판매처 : 에쎄르 레더

명품 브랜드 가죽의 비밀

미네랄 태닝 가죽은 에르메스 같은 명품 브랜드에서 사용하는 가죽 위주로 유행하고 있다. 태너리의 브랜드 납품 정보는 계약상 기밀 사항이지만, 알게 모르게 소문이 퍼진 태너리들은 이미 유명세를 떨치고 있다. 각기 다른 태너리에서 생산됐지만 비슷한 모습에 같은 이름으로 불리는 가죽들이 많은데, 큰 브랜드의 경우 사고 예방과 품질 관리를 위해 두 개 이상의 태너리에서 한 종류의 가죽을 납품받는 방식을 취하기 때문이다.

직접 가죽 구매하기

가죽의 측정 단위 – 면적 기준

스퀘어 미터(S/M, Square meter, 1㎡=100㎠) 제곱미터로 프랑스나 이탈리아에서 사용되는 단위다.

스퀘어 데시미터(S/DM, Square decimeter, 1d㎡=10㎠) dm=10cm이기 때문에 10㎠를 의미한다. 주로 'DS'라고 표기하고 데시스퀘어, 데시미터, 데시 정도로 통용되며 동남아시아나 일본에서 사용되는 단위다.

스퀘어 피트(S/F, Square feet, 1ft²=30.48㎠) 우리나라에서 주로 사용되는 단위로, 1스퀘어 피트를 한 평이라고 부른다. 정확히는 30.48㎠이지만 업계에서는 편의상 30㎠로 계산하는 경우가 많다.

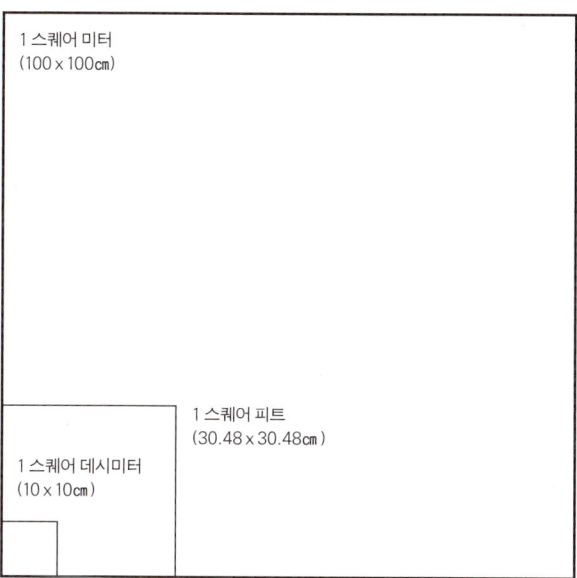

가죽의 측정 단위 비교

가죽의 측정 단위 – 두께 기준

시크니스(T, Thickness) 1T=1㎜ 일반적으로는 0.1T단위까지가 측정 범위이며 보통의 가죽은 1~4T 사이의 두께다.

단위의 환산법

수입 가죽을 구입하려면 국산 평수로 가죽 단위를 환산해야 한다. 가죽은 공정을 마친 후 크기를 재는데 보통 기계를 이용해 측정하며 자동으로 가죽에 찍힌다. 정확한 계산식은 차이가 있지만 가죽 업체에서의 가격은 그들의 계산법에 따른 평수에 의해 책정되므로 아래의 계산법을 참고하자.

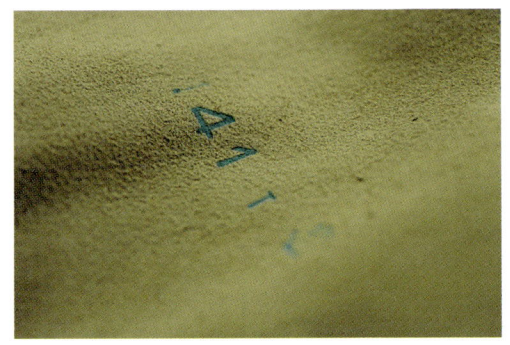

이탈리아 태너리의 가죽에 찍혀 있는 면적 표기. 이탈리아는 주로 스퀘어 미터를 사용하기에 위의 표기는 1.41S/M을 의미한다.

단위 환산

1feet = 12inch   1inch = 2.54cm

그러므로 1feet = 30.48cm

1S/F = 30.48cm × 30.48cm = 929.030

1S/M = 100cm × 100cm = 10,000

그러므로 1S/M = 10,000 / 929.03 = 10.764S/F

따라서 스퀘어 미터에서 평(S/F)으로 환산할 때는 10.764를 곱해 환산하는 것이 정석이다. 하지만 이탈리아 및 유럽 지역에서는 환산 시 11.11을 곱하는 경우도 많다. 이때는 1feet를 30.48cm가 아닌 30cm로 간략히 계산한 것이다. 이 경우의 계산식은 아래와 같다.

1S/F = 30cm × 30cm = 900

그러므로 1S/M = 10,000 / 900 = 11.11 S/F

예를 들어 위의 사진에 있는 1.41S/M의 가죽은 10.764를 곱한다면 약 15.18평, 11.11을 곱한다면 15.66평으로 환산할 수 있다.

계산법이 바뀌면 손해?

단, 이것은 1feet를 30cm로 보느냐 30.48cm로 보느냐는 단순한 계산 방식의 차이며 수입 업체나 태너리마다 환산 기준은 다를 수 있다. 국내에서 주로 사용하는 계산법은 30cm를 기준으로 하는 '11.11'을 곱하는 쪽이다. 간혹 두 가지 방식 간의 차이를 자신의 직접적인 득이나 손해로 계산하는 경우가 있는데, 어떤 방식이라 하여도 국내 판매가는 이미 원가를 바탕으로 업체의 계산 방식에 따라 평수 및 평당 단가를 매긴 것이기 때문에 계산 방식에 따른 시시비비는 무의미하다.

오른쪽 사진은 이탈리아 태너리인 발피에르_{Walpier}의 개평지[1]다. 생산 날짜와 아티클, 색상 등이 기재되어 있다. 각각 다른 크기의 가죽 열 장 전체의 패킹 크기가 14.09로 기재되어 있고, 평으로의 환산은 156.50으로 되어 있다. 즉, 이탈리아의 태너리 역시 11.11을 곱하여 계산했음을 확인할 수 있다. 따라서 평수로의 환산법은 아래와 같다.

이탈리아 태너리의 개평지.

DS(dm^2, 스퀘어 데시미터) × 0.01 = m^2(스퀘어 미터)

m^2 × 11.11(또는 10.764) = S/F(평)

이탈리아는 태너리에 따라 S/F로 표기하기도 한다. 소수점 뒷자리를 1, 2, 3으로 간단히 표기하기도 하며 이 경우 1=0.25, 2=0.5, 3=0.75이다. 예를 들어 16.3이라고 표기했다면 16.75평을 의미한다.

가죽의 판매 단위

보통 가죽은 평 단위가 아닌 장 단위로 판매한다. 소가죽은 가죽 부위별 설명에서 보았듯이 숄더_{shoulder}, 벨리_{belly}, 버트_{butt} 등 제조 공정상에서 이미 나누어진 것을 한 장으로 판매한다. 사이드_{side}는 18~28 S/F 정도며 숄더는 14~18S/F 정도다.

가죽의 구매 방법

가죽은 품질이나 표면의 상태가 각 장마다 제각각이므로 직접 확인하고 구매하기를 권한다. 간혹 직원이 불친절한 경우도 있으니 자신이 필요한 가죽의 특징을 어느 정도 정해서 가는 것이 좋다. 직원이 친절하다면 궁금한 것들을 물어보자. 귀찮은 손님이 되겠지만 아는 것이 힘이다.

가격은 평당 가격으로 제시하므로 '평당 가격×가죽 평수'가 곧 판매가다. 가죽 표면의 상처 등을 확인하고 가죽의 로스(사용할 수 없는 부분 혹은 남는 부분)를 최소화할 수 있는 가죽으로 구매한다. 너무 많은 양의 가죽을 뒤적이는 것은 예의가 아니니 펼쳐주는 몇 장 안에서 최대한 골라내도록 하자.

---

[1] 개평지 가죽의 포장 단위 다발에 대한 각 가죽의 측정 크기 데이터와 해당 가죽에 대한 간략한 정보가 기재된 간이 명세서.

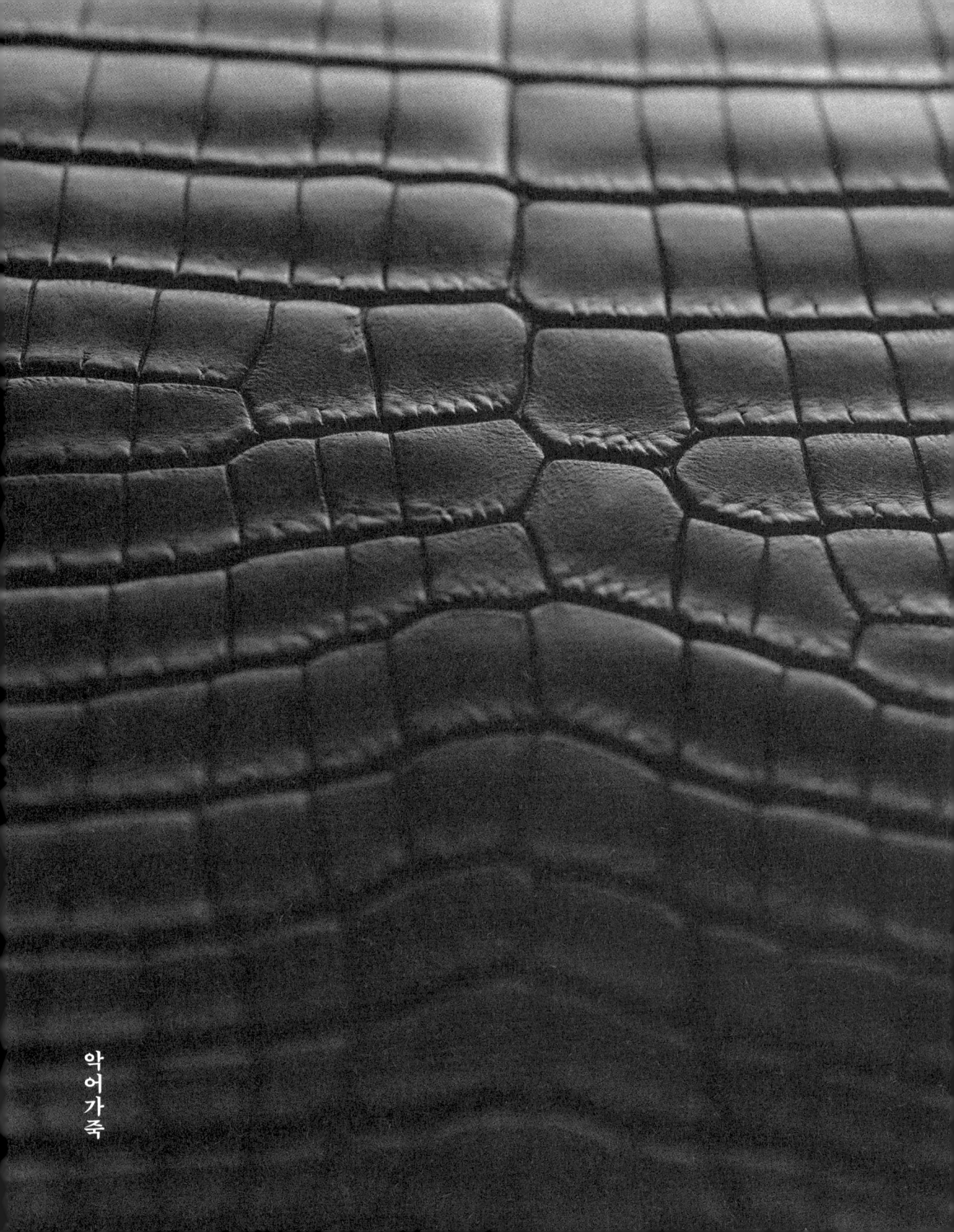
악어가죽

악어가죽

시중에 유통되는 악어가죽은 크게 앨리게이터Alligator, 크로커다일Crocodile, 카이만Caiman으로 구분한다. 악어가죽에서 주로 사용하는 부위는 배 부분으로 패턴이 가장 균일하고 활용 가능한 부위가 넓어 가방, 지갑 등의 제작에 용이하기 때문이다. 이와 같은 이유로 악어가죽은 보통 백 컷해서 배 무늬를 중심으로 사용한다.

크로커다일은 사각 패턴의 아래쪽 중앙에 숨구멍(Follicle markings)이라 불리는 점과 같은 무늬가 있다.

악어가죽은 가죽 중 가장 고가의 가죽으로, 같은 면적을 기준으로 소가죽에 비해 수십 배에서 수백 배까지 가격 차이가 난다. 재료 자체나 완성품의 가격이 비싸다 보니 가죽을 다루는 사람들도 가장 신경 써서 다루는 소재이기도 하다. 그래서인지 다른 소재에 비해 과하게 이미지가 포장되거나 잘못된 지식들이 특정 브랜드나 상인, 또는 소비자들 사이에서 전해진다. 이에 작업 초창기부터 악어가죽을 다루어 왔던 경험과 객관적인 자료를 토대로 검증된 정보를 정리하고자 한다. 고가의 소재이다 보니 한 장, 한 장의 구매부터 매우 중요하다. 당장 섭렵하기는 어렵겠지만 차근차근 책의 내용을 참고하며 목적에 맞는 악어가죽을 구입할 수 있는 안목을 키우기를 바란다.

커팅 방법에 따른 악어가죽의 가공 방법

1 **벨리** Belly **또는 백 컷** Back cut

등 부분을 절개하여 혼Horn[1]을 떼어낸 가죽으로 부드러운 뱃가죽을 메인으로 사용하기 위한 방법이다. 카이만을 제외한 앨리게이터나 크로커다일에서 주로 사용한다.

2 **혼백** Hornback **또는 벨리 컷** Belly cut

배 부분을 절개하여 혼을 메인으로 사용하기 위한 방법이다. 주로 뱃가죽에 주름이 많아 사용하기 어려운 카이만에 사용하지만 앨리게이터나 크로커다일 역시 혼 백 가공을 사용하기도 한다.

---

[1] **혼** 척추를 따라 돌출되어 있는 돌기 부분.

후처리 가공에 따른 악어가죽의 가공 방법

1   **매트 타입** Matte type

무광 처리 가죽으로, 은면의 흔적이나 상처가 잘 드러나기 때문에 원피의 품질이 그대로 드러나고 유광 가죽보다 고가다. 사용에 따른 변화가 자연스럽게 생기기 때문에 멋스럽게 즐기기에 좋다.

2   **글로시 타입** Glossy type

소비자가 흔하게 접할 수 있는 유광 처리 악어가죽이다. 돌이나 아크릴 봉 등을 이용해 왕복 운동하는 기계로 강한 압력을 가해 글레이징 처리하여 광택을 낸다. 글레이징 가공 후에는 패턴이 보다 단단해지고 악어가죽 특유의 반짝이는 광이 난다. 하지만 사용하면서 처음의 광택을 유지하는 것이 어려우며 시간이 지나면서 광택이 사라지고 꺾이면 패턴에 주름이 생길 수 있다.

3   **밀레니엄 타입** Millennium type

유광 처리 가죽이지만 글로시 타입과 달리 광택이 있으면서 표면을 부드럽게 가공한 가죽이다. 공정이 복잡해서 매트 타입과 글로시 타입보다 가격이 높다.

이외에도 투 톤 가공이나 빈티지 가공, 스웨이드 가공 등이 있으며 매년 전시회 등을 통해 다양한 방식으로 가공된 새로운 아티클을 공개하고 있다. 대표적인 태너리는 루이비통의 모회사인 LVMH가 지분을 소유한 싱가포르의 행롱 HengLong과 에르메스 그룹이 지분을 소유한 HCP-TCIM이 있다. 미국, 아프리카, 동남아시아 등지에 여러 태너리가 있으며 국내에도 원피를 수입하여 악어가죽을 가공하는 태너리들이 있다.

악어가죽의 크기 책정 기준

악어가죽은 뱃가죽 부위의 가장 넓은 부분의 폭을 기준으로 크기를 측정한다. 제작물에 적합한 크기를 알아보자.

20~29cm   시곗줄, 신발, 소품 등
30~34cm   작은 가방, 부츠, 크기가 있는 지갑 등
35~39cm   의류, 중간 크기 가방, 태블릿 케이스 등
40~59cm   의류, 큰 크기 가방, 벨트 등
60cm 이상   캐리어, 소파 혹은 의자의 커버 등

악어가죽의 구매 팁

악어가죽에 관한 흔한 오해 중 하나는 3, 4등급의 가죽으로는 품질이 좋은 제작물을 만들지 못한다는 것이다. 악어가죽의 등급은 가죽의 마감 품질이 아닌, 흠집의 개수나 분포에 의해 정해지기 때문에 이는 경우에 따라 다르다. 크기가 큰 가방이나, 가구 등을 제작하는 경우 전체 면을 모두 사용하기 때문에 1, 2등급으로만 제작하지만, 작은 소품이나 벨트, 또는 패턴이 복잡한 작업물은 3, 4등급의 가죽으로도 1, 2등급의 가죽을 사용한 결과물과 동일한 품질의 제작물을 완성할 수 있다. 문제는 구매하려는 가죽의 흠집을 피해 제작물의 패턴을 만들 수 있느냐다. 또한 가격은 크기를 기준으로 책정되고 크기의 기준은 뱃가죽 부분의 폭이기 때문에 같은 크기라 하더라도 뚱뚱한 악어는 길이가 짧고 홀쭉한 악어는 길이가 길기 때문에 같은 크기라면 길이가 긴 쪽이 활용 가능한 면적이 넓다.

악어의 종에 따른 구분과 악어가죽의 특성

1 아메리칸 앨리게이터 American alligator

북아메리카 대륙의 남동부 미시시피강 유역(주로 플로리다주, 루이지애나주)에 서식하는 야생 악어다. 야생이 기본이기 때문에 흠집이 없는 큰 크기의 가죽은 구하기가 어렵고 고가에 거래된다. 가뭄, 태풍, 토네이도 등의 자연 현상에 영향을 많이 받아 원피 가격이 불안정한 편이다. 완전히 자란 악어의 크기는 2.8~3.2m 정도며 6m까지 자라기도 한다. 가죽의 일반적인 생산 범위는 폭을 기준으로 15~100cm 정도다. 숨구멍이 없기 때문에 패턴이 깨끗하며 크로커다일에 비해 뱃가죽(사각 패턴)Belly이 좁고 옆구리(원형 패턴)Frank 부분이 넓으며 몸통은 긴 편이다. 사각 패턴의 크기는 악어가죽 중에서 중상 정도의 크기다. 같은 크기의 다른 종에 비해 꼬리 부분이 넓어 활용도가 좋다.

2 아메리칸 크로커다일 American crocodile(Crocodylus acutus)

중앙아메리카나 남아메리카 대륙 최북단에 주로 서식하는 열대종이다. 완전히 성장하면 3.8~4.5m 정도며 7.7m까지 자라기도 한다. 가죽의 크기는 폭 35~75cm 정도다. 배 부분의 가죽이 넓고 옆구리가 좁은 특징이 있다. 숨구멍 Follicle markings의 크기가 작은 편이다. 미국에서는 거래가 금지되어 있다.

3 나일 크로커다일 Nile crocodile(Crocodylus niloticus)

아프리카 대륙에 서식하며 아프리카에서 가장 유명한 강인 나일강에서 이름을 따왔다. 가죽으로 사용하는 길이는 주로 4~4.5m 정도며 8m에 이르기도 한다. 일반적인 생산 범위는 폭 20~70cm 정도다. 앨리게이터와 비교하면 뼈 부분의 돌기가 더 두드러진다. 또한 폭에 비해 꼬리가 좁고 길다. 뱃가죽 부분이 넓어 더 많은 사각 무늬를 가지고 있으며 사각 무늬는 악어가

성장할수록 점점 커지기 때문에 큰 크기의 가죽은 사각 무늬 역시 더 크다. 그래서 큰 크기의 가죽을 소품으로 활용하기는 어렵다. 크로커다일 특유의 숨구멍을 가지고 있다.

4 포로수스 크로커다일 Saltwater crocodile(Corocodylus porosus)

주로 동남아시아와 남태평양 지역에서 발견되는 악어로 바다악어 혹은 포로수스라고 부른다. 크로커다일 중 가장 크기가 큰 종이다. 일반적으로 사용하는 가죽의 크기는 4~4.5m 정도지만 10m에 이르기도 한다. 일반적인 생산 범위는 폭 35~55cm 정도다. 크기가 커져도 사각 무늬의 크기가 작게 유지되고 다른 가죽과 비교하면 한 열에 위치하는 사각 무늬의 개수가 많다. 나일 크로커다일처럼 크로커다일 특유의 숨구멍을 가지고 있다. 뱃가죽에 다른 악어가죽보다 뼈 성분이 극히 적어 매우 부드럽고 유연하다. 이런 특성 때문에 크기가 큰 제작물(큰 크기의 가방 등)을 만들 때도 오밀조밀한 무늬와 함께 부드럽고 유연한 질감을 얻을 수 있어 악어가죽 중 최상급으로 치며 가장 고가에 거래된다.

5 샴 크로커다일 Siamese crocodile(Crocodylus siamensis)

말레이시아, 라오스, 캄보디아, 태국, 베트남, 인도네시아 등 동남아시아 지역에 서식하는 악어다. 가죽으로 사용하는 길이는 2~2.5m 정도며 4m에 이르기도 한다. 일반적인 생산 범위는 폭 35~45cm 정도다. 무늬 크기가 작고 뼈 성분이 적어 부드럽다. 나일 크로커다일과 비교하면 뱃가죽 부분의 사각 패턴 분포가 일자로 구분되고 좀 더 좁으며, 옆구리의 원형 패턴의 크기가 좀 더 작고 두드러진다. 꼬리의 폭은 약간 더 넓다.

6 카이만 Caiman(Crocodylus fuscus)

중앙아메리카와 남아메리카에 서식하며 대부분의 원피는 콜롬비아에서 수입되는 작은 종이다. 가죽으로 사용하는 길이는 1.2~1.8m 정도며 2.5m에 이르기도 한다. 일반적인 생산 범위는 폭 15~45cm 정도다. 카이만 가죽은 뱃가죽의 사각 무늬에 자글자글한 주름 Bone pitting mark 이 있기 때문에 보통 벨리 컷 Belly cut 하여 단단한 등 부분의 패턴을 사용하는 혼백 Hornback 으로 사용한다. 크로커다일이나 앨리게이터에 비해 같은 폭 대비 길이가 짧다. 가죽이 단단하며 표면이 깨끗하지 않고 가공성 또한 좋지 않아 앨리게이터나 크로커다일에 비해서 저가의 악어가죽으로 분류된다.

카이만 뱃가죽 패턴의 자글자글한 주름들.

악어가죽의 가격 책정

종에 따른 가격의 차이

포로수스 크로커다일 > 나일 크로커다일, 아메리칸 크로커다일, 샴 크로커다일
= 앨리게이터 >> 카이만

품질 등급

악어가죽은 등급을 매겨 판매하며 등급과 크기별로 가격이 다르다. 등급은 각 태너리의 기준에 따르며 일반적으로 뱃가죽 부분의 흉터, 흠집이나 구멍에 따라 달라진다. 예를 들어 뱃가죽의 면적을 사등분하여 모든 면에 흠집이 없는 경우 1등급, 하나의 면에 흠집이 있는 경우 2등급, 두 개의 면에 흠집이 있는 경우 3등급, 세 개의 면에 흠집이 있는 경우 4등급으로 분류한다. 태너리에 따라 그 이하의 등급을 5등급이나 R등급으로 구분하기도 한다.

품질 등급의 기준

- **무광 > 유광**
  무광 가공 가죽이 유광 가공 가죽에 비해 더 고가다. 무광 가죽은 유연하고, 사용하면서 자연스럽게 사용감이 남아 멋스러워지지만, 유광 악어가죽은 돌이나 아크릴, 유리봉 등으로 문질러 광택을 내기 때문에 좀 더 표면이 단단하고 광택을 유지하기 위해서는 관리가 필요하다. 무광 가죽에 비해서 사용감이 남게 되면 자연스럽지 않고 더 지저분해 보인다.

- **큰 크기 > 작은 크기**
  당연히 크기가 클수록 더 비싸지만 소품 크기, 가방 크기, 혹은 좀 더 세분화된 크기 기준에 따라 단위(cm)당 가격 기준이 아예 달라진다. 원피와 태너리, 태너리의 위치 등에 따라 가격은 천차만별이다.

악어가죽에 관한 흔한 오해들

입체감이 좋은 악어가죽이 비싸다?

악어가죽 제품을 고를 때 등 패턴이 유난히 두드러지거나 배 부분의 사각 무늬에 자글자글한 주름이 있다면 저렴한 카이만 가죽이 아닌지 한 번 더 확인해보자. 물론 확고하게 디자인적인 방향성을 가지고 앨리게이터나 크로커다일을 혼백 Hornback : Belly cut 으로 사용하는 경우도 있긴 하지만, 일반적으로 카이만은 등 쪽을 살린 혼백을 사용하는 경우가 많다. 심지어 판매상에게 물어보면 카이만을 앨리게이터나 크로커다일이라고 소개하는 일도 있다. 완제품 시장에서 명확한 원재료를 따지는 것이 쉬운 일은 아니지만, 일부러 속이는 일도 더러 있다. 엄밀히 따지자면 카이만은 생물학적 분류로 악어목 앨리게이터과에 속하기도 하고 'Crocodylus fuscus'라는 이름은 명칭상 크로커다일이라는 표현이 포함되기도 하지만 가격과 특성에서 큰 차이가 있기 때문에 원자재 시장이든, 완제품 시장이든 카이만은 앨리게이터나 크로커다일이 아닌 카이만으로 분명하게 구분한다.

앨리게이터가 가장 고가의 악어가죽이다?

특히 시곗줄 애호가들 사이에서 회자되는 이야기인데, 이는 사실과 다르다. 앞서 설명한 것처럼 포로수스 크로커다일(바다악어)이 같은 크기와 등급을 기준으로 가장 고가에 거래된다. 앨리게이터는 원피 가격에서는 크로커다일과 별다른 차이가 없지만 원피Raw skin가 아닌 가공된 가죽의 경우 어느 나라에 위치한 어떤 태너리가 어떤 공정을 통해 생산하였느냐에 따라 다양하게 가격이 매겨진다. 당연히 유서 깊은 태너리에서 가공된 가죽의 가격이 높을 것이며 대부분의 나라에서 악어는 CITES 협약 항목(멸종 위기에 처한 동식물 교역에 관한 국제 협약)으로 구분하여 수출입에 제한을 두고 있기 때문에 원피의 수급이 원활하지 않은 국가에 있는 태너리는 추가적인 서류 발급과 물류 비용이 더해져 가격이 높게 책정된다. 예를 들어 앨리게이터는 원피의 주요 공급처가 미국이기 때문에 미국 태너리의 가격이 더 경쟁력이 있고, 크로커다일은 아프리카나 동남아시아 쪽의 태너리가 가격 경쟁력이 있다.

유독 시곗줄에서 앨리게이터가 강세인 이유를 찾자면 첫 번째는 기껏해야 사각 무늬(뱃가죽으로 제작하는 것을 기준으로) 한두 개가 걸쳐지는 작은 제작물인 만큼 숨구멍이 없는 앨리게이터가 깔끔한 이미지의 결과물을 내기 때문일 수도 있고, 더 설득력 있는 이유는 같은 크기에서 크로커다일보다 몸통이 긴 앨리게이터 쪽이 동일한 비용으로 더 많은 시곗줄을 생산할 수 있기 때문이다. 옆구리의 동글동글한 부분과 폭이 넓은 꼬리 부분까지 활용한다면 그 차이는 어마어마하다. 생산성 측면에서 같은 비용을 들여 굳이 몸통 길이가 짧고 꼬리 폭도 좁은 크로커다일을 사용할 이유가 없다. 악어가죽의 가격은 길이가 아닌 폭으로 매겨짐을 명심하자.

악어가죽 구매와 사용의 팁

악어가죽은 악어의 종류에 따라 가격을 책정하지만, 잘 가공된 악어가죽이라면 최종적인 결과물은 크게 차이가 나지 않을 수 있다. 가격에 영향을 미치는 것은 품질 외에도 다양한 요인이 있기 때문에 가죽의 등급에 따라 가죽을 정하기보다는 제작물의 특성과 필요한 크기, 패턴 등을 고려하여 구매하고자 하는 가죽을 선정하는 것이 좋다.

예를 들어 큰 가방은 가죽의 크기가 커져도 패턴이 작게 유지되는 포로수스 크로커다일이 자연스러운 결과물을 만들 수 있지만, 지갑과 같은 작은 소품은 나일 크로커다일이나 샴 크로커다일의 가죽과 완성품의 차이가 거의 없기 때문에 굳이 포로수스를 쓸 이유는 없다. 소품을 제작할 때 나일 크로커다일과 샴 크로커다일을 쓴다면 이론상으로는 샴 크로커다일이 뼈 성분이 약간 더 적어 부드러운 특징을 지니지만, 반지갑이나 장지갑 등을 제작할 때는 사각 패턴이 옆구리까지 넓게 분포되어 있는 나일 크로커다일이 제품을 만들었을 때 좀 더 자연스러운 패턴 분포를 가진다.

뒤집는 제작물이나 좀 더 부드러웠으면 하는 제작물이라면 원피의 특성에 따르자면 포로수스나 샴 크로커다일에 강점이 있으나 특별히 칼슘 함유가 높은 카이만이 아니라면 종에 따른 차이는 미미하다. 오히려 무광이나 유광 가공에 따른 특성과 태너리의 태닝 방식, 두께 등이 훨씬 더 큰 영향을 미친다. 그렇기에 보강을 하여 단단하게 만드는 작업물도 유연성의 차이는 의미가 없고 단지 패턴의 분포나 크기가 영향을 미치는 것이다.

앞서 살펴본 시곗줄의 예처럼, 작은 소품은 몸통이 긴 앨리게이터 쪽이 더 경제적인 가죽 활용이 가능하다. 선택의 여지가 있다면 만들고자 하는 제품의 특성과 크기에 알맞은 종을 선정하는 것이 악어가죽을 선택하는 가장 좋은 방법이다.

크로커다일 가죽 Crocodile skin

나일 크로커다일

포로수스 크로커다일

샴 크로커다일

앨리게이터 가죽 Alligator skin

앨리게이터

카이만 가죽 Caiman skin

카이만

기타 부자재

실과 본드

실은 크게 폴리, 나일론 계열의 합성사와 리넨 등의 자연사로 나뉜다. 이는 단순히 소재에 따른 분류로 무엇이 좋고 나쁜지를 말하기는 어렵다. 개인의 취향과 진행하는 작업의 성향에 따라 실을 선택하면 된다.

합성사인 아만사의 세라필(Serafil)과 귀터만사의 테라(Tera).

왼쪽부터 린카블레, 캠벨, 바버의 자연사.

합성사

폴리, 나일론 계열 소재의 실을 지칭한다. 일반적으로 산업에서 사용되며 자연사에 비해 색의 표현력이 좋고 굵기와 짜임이 일정하다. 미싱 작업과 잘 어울리며 물론 손바느질에 적합한 실도 있다. 손바느질에 어울리는 실은 올의 풀림이 덜할수록, 신축이 덜할수록 좋다. 세계 1, 2위를 다투는 귀터만Gutermann사와 아만Amann사는 뛰어난 품질과 다양한 색상으로 명품 브랜드에서 사용되며 손바느질에도 즐겨 이용된다. 일본의 비니모Vinymo도 미싱이나 손바느질용으로 사용된다. 자연사와 비교하면 잘 늘어나지만 왁싱으로 신축성을 줄이고 견고성을 높일 수 있다. 불에 녹는 성질을 가지고 있어서 실 마감이 간편하다.

자연사

리넨, 면 등을 소재로 하는 실을 지칭한다. 자연으로부터 얻은 재료를 사용하기 때문에 더 친환경적이다. 합성사보다 신축성이 적으며 질기고 색감이 자연스럽다. 하지만 기술적으로 일정한 굵기를 만드는 것이 어려워 두께의 차이가 있으며, 미싱 작업에는 적합하지 않아 별도의 처리가 필요하다. 손바느질에 사용할 때도 왁싱Waxing[1]을 하지 않으면 보풀이 일거나, 바느질을 길게 할 때 바느질 중간에 실이 끊어지는 일이 생기기도 한다. 실의 마감은 매듭과 본딩 등을 응용하여 마감해야 하므로 합성사보다 좀 더 수고가 필요하다. 고유의 자연스러운 색감이 있지만 색 표현력에는 한계가 있다. 에르메스로 유명해진 린카블레Lin Cable, 좀 더 대중적인 캠벨Campbell, 바버 등의 실을 손바느질용으로 많이 사용한다.

---

1 **왁싱**Waxing 실에 왁스를 먹여 보풀을 막고 견고성을 높이는 작업.

본드

가죽 공예에서 사용하는 부자재 중 가장 화학적인 부자재로 의외로 심오한 세계가 있다. 크게 고무계 본드와 초산비닐계 본드로 나뉘며 가죽 공예 작업에서는 주로 고무계 본드를 사용한다. 고무계 본드는 다시 천연고무계NR 본드와 합성고무계CR 본드로 나뉜다. 국내의 작업 현장에서는 고무계 본드인 스타본드 중 가사 시간[2]이 길어 작업성이 좋은 950, B5 등이 주로 사용되며 좀 더 묽고 접착력이 좋은 켄다본드나 상신본드도 즐겨 사용된다. 최근에는 환경적 고려와 작업자의 안전을 생각하여 인터콤Intercom사의 에코스틱Ecostick 같은 수성 본드의 사용 비중도 점차 늘고 있다. 다만 고가인 전용 장비와 공간 문제, 확연하게 다른 본드의 특성과 작업 방식의 변화 등을 이유로 취미활동에서 접하기에는 다소 제약이 있다. 하지만 작업 환경의 개선에 큰 영향을 미치는 부분이므로, 장기적인 측면에서는 긍정적인 검토가 필요하다. 본드는 제품별로 점도, 접착력, 가사 시간 등에 차이가 있기 때문에 제작물과 작업성을 고려하여 본인에게 적합한 제품을 선정하도록 한다.

---

[2] **가사 시간** 도포 후 접착력이 남아 있는, 작업 가능한 시간.

금속 장식

잠금형 금속 장식

1 스냅류 Fastening

흔히 똑딱이라고 하는 잠금 방식으로 일반적으로 많이 사용되는 수직 방향의 잠금 형태다. 암놈과 수놈 네 쌍이 하나의 잠금 세트이며 형태에 따라 스프링 스냅과 링 스냅으로 구분한다. 물론 제조사에 따라 차이가 있으나 같은 크기에서는 스프링 스냅보다 링 스냅이 더 결합력이 좋다. 고급 브랜드에서는 지금은 인수합병으로 'PRYM'으로 나오는 이탈리아의 피오치Fiocchi, 일본의 가네엠Kane-M, 하시하토HASI-HATO 등을 사용한다.

스프링 스냅

2 솔트레지 Stud

솔트레지는 두 개가 한 조로 이루어지며 수놈으로만 구성된 금속 장식이다. 가죽에 구멍을 내고 칼금을 만들어 수직 방향으로 잠금 방식을 만드는 형태다. 가죽에 구멍을 낼 때는 칼금의 방향에 주의해야 한다. 잠갔을 때 당기는 힘의 방향 쪽으로 칼금이 위치해야 한다. 수평 방향은 결합력이 스냅류보다 훨씬 강하다. 머리 부분의 크기에 따라 오뚝이 형태의 구멍이 필요한 경우도 있다. 돌려서 잠그는 나사 방식과 망치로 쳐서 고정시키는 방식이 있으며 나사 방식은 풀릴 수 있기 때문에 록타이트Lock tight[1] 등 스며드는 본드로 잠금을 보강해준다. 잠근 상태에서 보면 덮인 부분이 가죽이기 때문에 클래식한 모습을 연출하기에 좋다.

링 스냅

솔트레지

---

[1] 록타이트Lock tight 순간접착제의 일종으로 일반적인 순간접착제에 비해 완전 건조까지 시간이 좀 더 소요되고 건조 전에 액체 상태로 스며드는 특성이 있다. 금속 장식의 나사 방식 결합에서 잠금의 보강에 사용된다.

3 자석 잠금 Magnetic closure

자석 잠금 방식은 금속 장식의 뒤편이 가려지는 구조라 금속을 드러내고 싶지 않을 때 사용한다. 또한 스냅 방식이나 솔트레지 방식은 눌러서 잠그기 때문에 내부가 비어 있다면 잠글 때마다 형태가 변형되며 빈 공간이 크면 잘 잠가지지 않는다. 하지만 자석 잠금은 누르는 힘이 없어도 정확한 위치만 맞으면 서로 맞붙어 잠긴다. 디자인의 형태와 구조에 알맞은 방식을 선택하자. 대신 자석 잠금의 위치가 잘못 잡히면 잠글 때마다 위치를 헤매는 불편함이 있다.

4 잠금장치 Lock

자석잠금

잠금장치

앞서 설명한 장식 외의 잠금장치들이며 슬라이딩 방식, 원터치 방식 등 다양한 형태가 있다. 결합력이 좋고 앞의 잠금 방식보다 크기가 커서 이 장식 하나만으로 브랜드의 아이덴티티를 나타내거나 디자인적 완성도를 결정하는 포인트가 되기도 한다. 그래서 유명 브랜드의 잠금장치 디자인을 사용하면 자칫 카피 제품으로 보일 수 있으니 주의해야 한다. 잠금장치 전문 브랜드는 트렁크용 장식과 일반 장식을 구분하지 않고 진열하는 경우가 있는데 나무 등 두께가 있는 단단한 소재에 박아 고정하는 형태인 트렁크용 부속과 잠금장치는 그 쓰임이 전혀 다르기 때문에 가죽 가방용 장식임을 확인하고 구입하자.

고정형 금속 장식

1 **리벳** Rivet

현장에서는 가시매라고도 부르며 암수로 구분한다. 가장 저렴하고 고정이 간단한 금속 장식이기 때문에 많이 사용한다. 쇠망치 등을 사용해 수직 방향으로 강한 힘을 주어 고정한다. 하지만 무게를 어느 정도 지탱해야 한다면 단독으로는 사용하지 않는다. 고정 목적 외에 장식용으로도 사용한다.

2 **스크루 리벳** Screw rivet · Chicago screw

리벳과 같은 역할을 하지만 나사 형태로 고정되기 때문에 결합력이 높다. 한쪽에 나사 홈이 있는 것이 특징이며 순간접착제 록타이트 등과 함께 사용하면 반영구적인 결합력을 가진다. 가죽의 두께보다 나사발이 길면 헐거워지기 때문에 가죽의 두께와 같거나 약간 짧은 길이를 선택하여 꽉 쪼이도록 한다.

3 **아일렛** Eyelet

가죽에 난 구멍은 지속적으로 힘을 받으면 변형이 생긴다. 때문에 가죽에 생긴 구멍의 테두리를 마감하는 용도의 금속이다.

솔트레지와 함께 사용한 리벳 장식. 왼쪽은 리벳. 오른쪽은 솔트레지다.

스크루 리벳으로 고정된 부분. 머리에 나사처럼 나사 홈이 있다.

암수가 구분된 타입의 아일렛.

연결형 금속 장식

1 버클 Buckle

스트랩의 길이를 조절하기 위해 사용하는 금속 장식. 가죽 작업에서는 스트랩에 일정한 간격으로 구멍을 뚫고 금속 장식의 핀을 구멍에 넣어 고정하는 형태의 핀 버클을 주로 사용한다. 스트랩을 잘 움직이기 위해 바에 파이프를 넣은 것들을 파이프 버클이라 부른다.

2 링 Ring

하나의 라인으로 이어지는 형태의 연결 금속을 링 장식이라고 한다. 형태에 따라 구분하며 원형의 오링 O-ring, 사각링 Square loop, 반원 모양의 D링 D-ring 등이 있다.

3 개고리 Swivel snap

스트랩 끝단에 다는 금속 장식. 스트랩과 본체를 연결하는 역할을 하지만 노출되는 부분이 많고 사이즈가 있는 금속 장식이므로 디자인적 요소를 고려해 선택한다. 착탈이 가능할 뿐 아니라 링 장식으로 연결하는 것보다 방향 전환이 자유롭고 회전이 가능해 연결 부위에 가해지는 힘을 분산시킬 수 있어서 고급 가방류에 많이 사용한다. 하지만 금속 장식이 늘어날수록 무게가 무거워지니 디자인적 요소와 힘의 방향과 정도, 무게 등을 고려해 선택해야 한다.

기타 금속 장식

1 키링 Key-ring

열쇠를 달기 위한 용도의 금속 장식.

2 머니클립 Money-clip

돈을 꽂는 용도를 위한 클립 형태의 금속 장식.

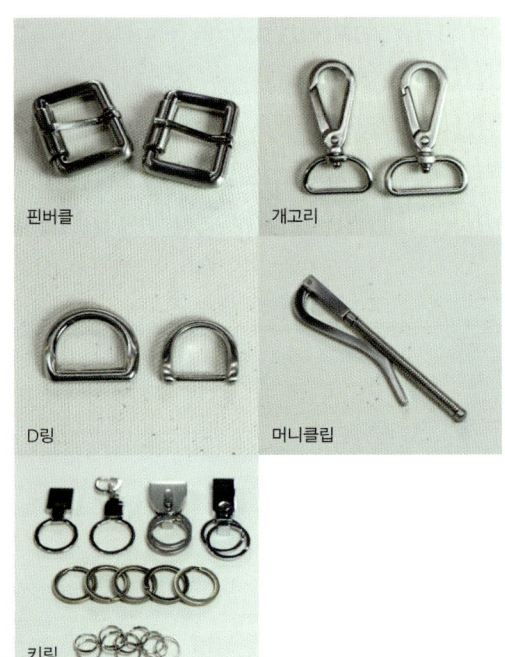

핀버클 개고리
D링 머니클립
키링

그 밖의 금속 장식들

이외에도 일일이 나열하지 못할 만큼 다양한 활용도의 수많은 금속 장식이 있으며 필요에 따라 형태나 기능을 맞춤 제작하는 경우도 많다.
다른 분야도 그러하지만 가죽 작업 역시 현장에 일본어의 잔재가 많이 남아 있다. 일본어는 영어와 달리 그 표현이 와전된 경우가 많아 되도록 정확한 한글이나 영어로 된 용어를 사용해야 하지만 현장에서 통용되어 온 용어 역시 물품을 구매하거나 작업자들 사이의 의사소통을 위해 여전히 사용된다. 때문에 한글이나 영어와 함께 현장에서 사용하는 용어도 함께 소개하고자 했다.

기타 부자재

1 지퍼 Zipper

지퍼는 금속 잠금 장치나 스냅 단추에 비해 잠갔을 때 빈틈이 없기 때문에 중요한 물품을 수납하는 안주머니나 카드를 많이 수납하는 여성용 지갑, 가방 등에 사용한다. 가죽 공예에서 사용하는 지퍼는 날의 소재에 따라 플라스틱 지퍼와 금속 지퍼로 나누고, 날의 형태에 따라 외날 지퍼와 양날 지퍼로 나뉜다. 플라스틱 지퍼보다 금속 지퍼가 좀 더 고급스럽고 튼튼하기 때문에 외부로 노출되는 부분은 금속 지퍼로 제작하고 내부의 안주머니 등은 전체적인 무게를 줄이기 위해 플라스틱 지퍼를 사용한다. 하지만 어떤 지퍼를 선택하느냐는 정해진 규칙이 없으니 생각하는 디자인과 쓰임에 맞게 소재와 사이즈, 종류를 결정하면 된다.

세계적으로는 일본의 YKK, 스위스의 RIRI, 이탈리아의 Lampo가 가장 유명하며 품질도 좋아 명품 브랜드에서도 사용된다. 국내에서는 YKK가 가장 대중적이고 구하기 쉬우며, 선택의 폭이 넓어서 가장 많이 사용된다. YKK를 기준으로 3호와 5호가 있으며 숫자가 큰 쪽이 크기가 더 크다. 3호는 소품이나 안주머니 등에 사용하고 5호는 가방이나 클러치 등에 사용한다.

지퍼는 지퍼, 슬라이더, 지퍼 스토퍼(상지/하지 또는 상도메/하도메), 손잡이로 구성된다. 손잡이는 금속 제품을 쓰기도 하고 D링을 달아 가죽으로 제작하기도 한다.

2 벨크로 Velcro

벨크로는 접촉면 자체가 일종의 잠금 역할을 하기 때문에 간편해서 많이 사용한다. 하지만 특성상 수명이 있고 이물질이 끼는 경우가 많아 고급 제작물에는 잘 사용하지 않는다.

왼쪽이 3호용, 오른쪽이 5호용이다. 위에서부터 슬라이더, 하지, 상지.

벨크로

다양한 색상의 YKK 지퍼들.

3 **안감**

안감은 종류가 매우 다양하며 사용 목적이나 디자인에 따라 결정하면 된다. 하지만 안감을 사용하면 공정이 복잡해지고 기법 자체가 바뀌기 때문에 이 책에서는 안감을 사용하지 않는 가죽 공예를 기본으로 소개한다. 물론 안감을 사용하는 것은 선택이지 필수가 아니다. 기법에 따라 전혀 필요 없는 디자인도 많다. 원단은 색감이나 프린팅 등 표현이 다양하고, 내부 수납물을 보호하기 위해 스웨이드나 누벅, 벨벳Velvet[1] 등의 소재를 사용하고 자연스러운 가죽 뒷면을 그대로 사용하기도 한다.

4 **보강재**

현대 가죽 산업에서 보강재는 꼭 알아야 할 재료다. 보강재를 적절히 사용하면 제작물의 목적에 맞게 가죽이 가진 물성을 보완하고 어떤 제작물에서는 필수 요소가 되기도 한다. 하지만 이 책에서는 베지터블 가죽의 고유한 특성을 최대한 살리고 이를 제작물에 연결시켜 자연스러운 공예로서의 가죽 제작물과 기법을 소개하고자 한다. 따라서 가죽 이외의 별도의 보강재를 이용한 레시피는 배제하였다. 대신 가죽 고유의 물성을 이해하고 만들고자 하는 제작물에 적합한 가죽을 선별하는 안목을 키우며, 나아가 그 특성을 최대한 활용하며 목적에 맞게끔 사용하는 것을 즐길 수 있는 방법들을 함께 찾아나가고자 한다.

---

1 **벨벳**Velvet 짧고 부드러운 솜털이 있는 고급 원단.

chapter.2
Tools & Working Room

· LEATHER CRAFT BASIC ·

공구에 관하여

　수작업에서 공구는 곧 손의 연장선상이라는 점에서 굉장히 중요한 의미를 가진다. 공구의 숙련도와 관리 상태는 작업 과정의 피로도뿐 아니라 결과물의 품질에도 영향을 미친다. 가죽 공예를 배운다는 것은 공구의 사용법을 제대로 익히고 잘 관리하는 것에서 시작한다. 작업 현장에서는 작업 특성에 맞게 도구의 형태를 변형하거나 새로 만들어 작업의 편의성을 높이기도 하지만, 모든 응용은 기본적인 사용법의 이해에서 시작되므로 처음에는 손에 익지 않더라도 꾸준히 연습해서 올바른 자세와 사용법을 익히도록 하자.
　　이 책은 초심자를 위한 입문서이기 때문에 모든 공구의 사용법을 나열하지 않고 실제 작업에서 사용하는 필수 공구를 포함한 기본 공구 위주로 설명하고자 한다. 물론 이 책에서 설명하게 될 공구들만으로도 대부분의 작업이 가능하다고 보면 된다.

각 공정별 필요 공구

디자인과 패턴 제작

1 펜

디자인 과정과 표시 과정에서 필요하다. 수정이 어려운 펜보다는 수정이 가능한 연필을 사용하는 것이 좋고, 소품을 제작할 때는 1mm의 오차도 신경 쓰이므로 심을 날카롭게 깎아 선의 굵기를 얇게 하거나 샤프를 사용한다.

2 원형 송곳

원형 송곳은 두 개 이상의 패턴이 연결되는 기준의 위치를 표시하거나 패턴 내에서 파트가 붙는 위치 등을 표시할 때 사용된다. 정확한 위치 표시를 위해 되도록 얇은 것이 좋다.

3 각종 자

패턴의 제작을 위해서는 각자와 직선자가 필요하다. 자는 끝단이 직각 형태이며 여백 없이 바로 눈금이 시작되는 것이 좋고, 양쪽에 동일 치수가 표시되어 있으면 오차를 줄일 수 있다. 자는 척도를 재는 도구지만 무조건적인 신뢰는 금물이다. 자 자체에 측정 오차가 있을 수도 있고 시작점이 달라 사이즈의 편차가 있을 수도 있다. 패턴 제작을 할 때 여러 가지 자를 함께 사용한다면 사이즈의 편차를 미리 확인해야 오차를 줄일 수 있다.

4 커터칼·디자인 커터

패턴 제작에 사용하는 칼은 칼날이 두꺼운 큰 크기의 커터칼을 선호한다. 대칭점을 표시할 때 칼날이 얇으면 칼날이 휘어 오차가 발생할 수 있기 때문이다. 칼날에 힘이 있는 디자인 커터도 좋지만 커터칼이 칼날 유지비가 저렴하고 관리가 더 편하다. 가죽을 재단하는 구두칼로 패턴을 제작하기도 하는데, 구두칼은 한쪽에만 경사가 있고 칼날이 매우 두껍기 때문에 오차를 줄이기 위해서는 노하우가 필요하고, 보통 사용할 때처럼 자를 대고 긋는 방식은 매우 위험하기 때문에 추천하지 않는다. 어느 칼을 쓰든 손에 익은 쪽으로 선택하면 된다.

5 서클 커터

여러 가지 크기의 원형 패턴을 제작하기 위해 필요하다. 가죽에도 사용할 수 있으나 가운데 구멍이 뚫리는 형태이므로 제작물의 디자인을 고려하여 사용한다.

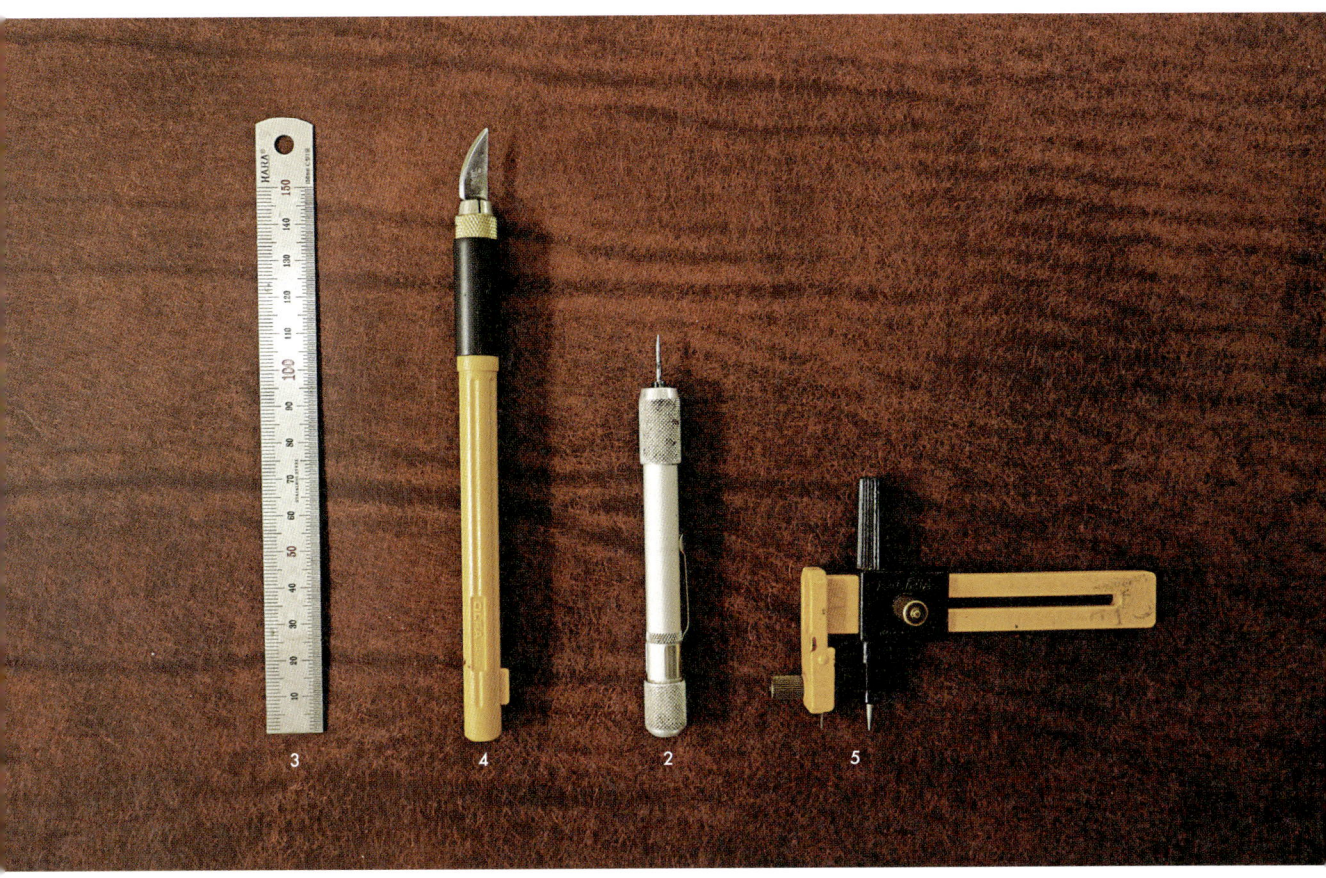
3   4   2   5

재단

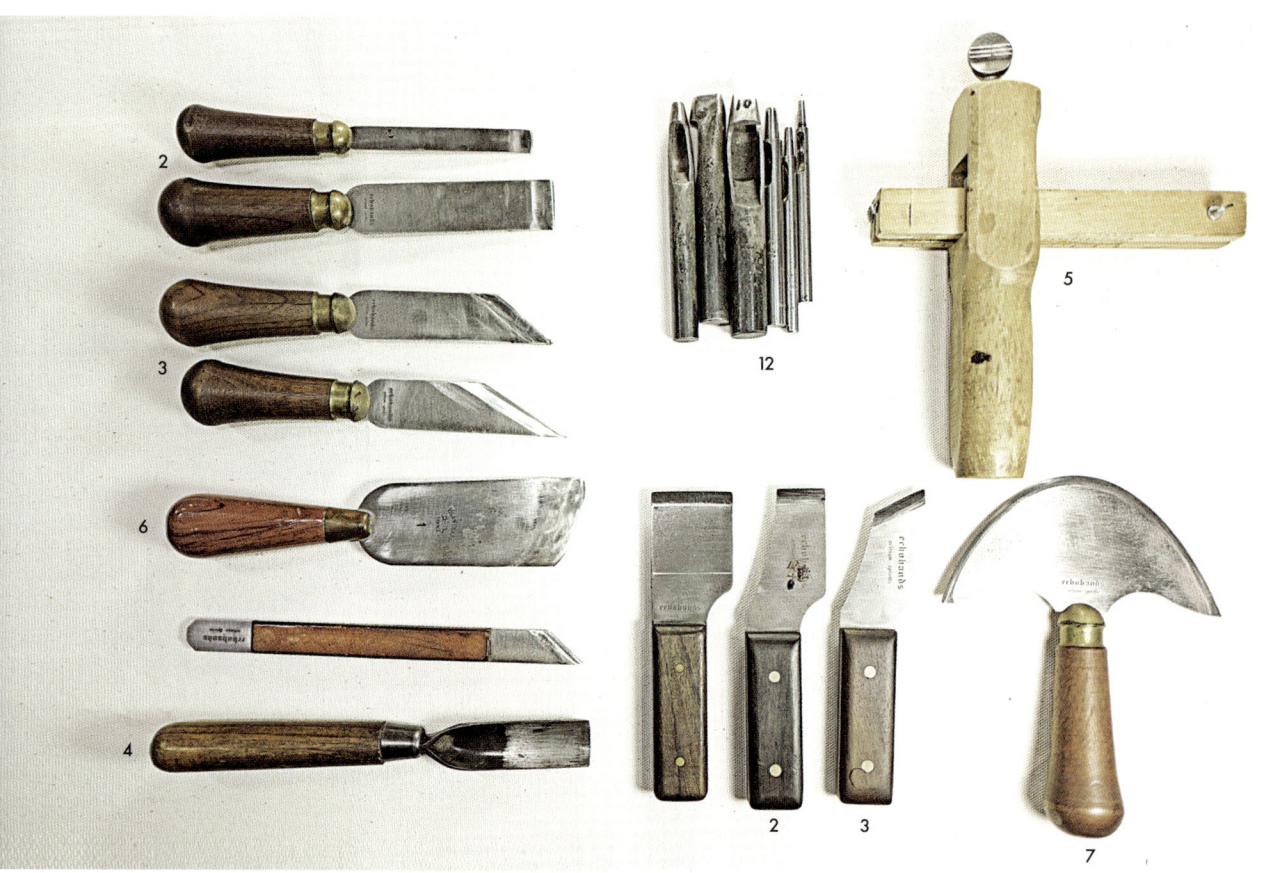

1 **원형 송곳·은펜**

패턴을 가죽에 옮겨 그릴 때 필요하다. 베지터블 가죽이나 표면이 단단한 크롬 가죽에는 송곳을 사용하지만 부드러운 크롬 가죽은 송곳으로 표시되지 않는 경우도 있다. 그럴 때는 재단 후에 지울 수 있는 은펜이나 가죽과 대비되는 색깔의 지워지는 펜을 사용해 패턴을 옮겨 그리면 된다.

2 **직선 재단칼**

구두칼이라고도 하는 일반적인 형태의 재단 도구. 제작자라면 가장 많이 사용하게 될 칼이다. 주로 직선 재단에 사용하지만 곡선 재단이나 부분적인 피할도 가능하다.

3 사선 칼

구두칼과 같은 형태의 재단 도구. 날에 각이 서 있어서 곡선을 한 번에 재단하기에 용이하다. 깔끔한 재단을 위한 필수 도구를 고른다면 직선 칼과 사선 칼이다.

4 환도

모서리가 둥근 형태의 디자인을 깔끔하게 재단할 수 있다. 다양한 곡률을 표현하기 위해서 크기별로 서너 가지를 구비해두면 좋다.

5 스트랩 커터

가죽을 일정한 폭으로 길게 재단하기 위한 도구. 스트랩을 재단할 때 스트랩 커터 없이 재단할 수는 있지만 매우 번거로우며 시작부터 끝까지 같은 폭을 유지하는 것이 어렵기 때문에 스트랩을 재단할 일이 있다면 필수적으로 구비하는 편이 좋다. 단, 얇거나 힘이 없는 가죽에는 사용하기 어렵다.

6 패링 나이프 Paring knife

경사를 주어 부분 피할(가죽의 두께 조정)을 할 수 있는 칼. 물론 구두칼로도 부분 피할이 가능하지만 패링 나이프는 칼의 도신이 길고 손잡이가 납작한 형태로 제작되어 칼날의 각도를 좀 더 높일 수 있기 때문에 일반 구두칼에 비해 피할이 더 편리하다.

7 반월도 Half moon knife

날의 형태가 반달 모양이라 붙여진 이름으로 주로 유럽 쪽에서 사용하는 공구다. 날의 조형적인 아름다움 덕분에 가죽 공예인 사이에서 인기 있는 칼이기도 하다. 하나의 날에 완만한 부분, 경사진 부분, 뾰족한 부분이 모두 있어서 익숙해지면 다양한 작업에 사용할 수 있지만 상당한 숙련도가 필요하다.

8 재단 자

일반적인 자를 사용하기도 하지만 가죽 표면에 패턴을 그리는 용도로만 사용해야 한다. 가죽을 재단할 때는 반드시 재단 자를 사용해야 한다. 보통의 자는 두께가 얇아서 가죽 칼이 자를 타고 올라와 손을 크게 다칠 수 있기 때문이다. 재단 자는 두께가 훨씬 두껍기 때문에 이런 위험을 방지할 수 있다. 또한 재단 자의 무게와 형태가 가죽을 효과적으로 눌러서 재단할 때 가죽이 밀리는 것도 방지할 수 있다. 도배 자 등을 사용해도 좋다.

10 재단 판

재단 판은 4mm 이상 두께의 연질[1] 혹은 경질[2] PVC[3] 계열 판을 사용하면 된다. 흔히 구할 수 있는 초록색 커팅 매트는 얇은 표면 안에 잘리지 않는 소재가 들어 있기 때문에 재단 판에 어느 정도 깊이로 칼날을 박고 잘라야 하는 가죽 재단에서는 미끄러짐이나 칼날의 손상을 야기할 수 있어 추천하지 않는다.

11 문진

가죽 위에 패턴을 놓고 송곳 등으로 그릴 때 패턴이 움직이지 않도록 눌러주는 역할을 한다. 정해진 형태는 없지만 무게가 나가는 재질이 좋고, 혹시 옮기다 가죽에 스크래치나 자국이 나지 않도록 모서리가 부드럽게 다듬어져 있어야 한다.

12 펀치

원형, 타원, 일자 등 다양한 모양의 펀치가 크기별로 있다. 워낙 다양한 크기와 모양이 있기 때문에, 처음부터 모든 크기를 구입하지 말고 필요할 때마다 하나씩 구입하는 것을 추천한다. 주로 사용하는 금속 장식의 크기나 종류가 있기 때문에 자주 사용하는 펀치도 정해져 있다.

---

1 **연질** 연한 설질의 것.
2 **경질** 강한 성질의 것.
3 **PVC** 열가소성 플라스틱의 일종으로 폴리염화비닐을 뜻한다.

합포

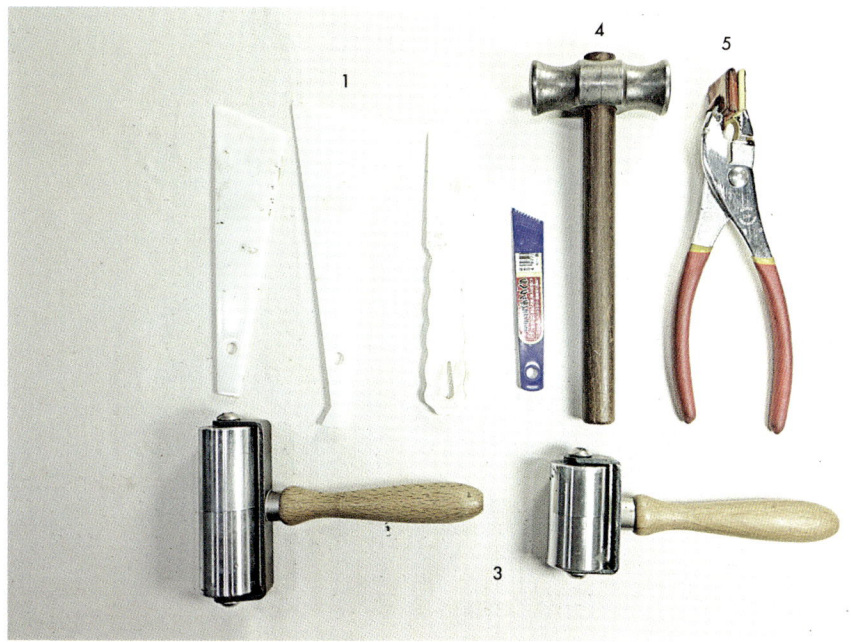

1 본드 헤라
얇고 균일하게 본드를 도포하는 도구. 대부분의 본딩 공정에서 사용된다.

2 본드 솔
굴곡진 부분에 본드를 도포하거나 묽은 본드를 사용할 때 적합하다.

3 롤러
제작물을 본딩한 후 넓은 면적을 압착하기 위해 사용한다. 무게감이 있어야 잘 눌러지고 모서리 부분에 자국이 남을 수 있으므로 폭이 넓고 모서리 부분이 둥글게 가공된 것이 좋다.

4 망치
제작물을 본딩한 후 테두리나 좁은 면적의 압착에 사용한다. 롤러보다 압착력이 높아 자국이 남기 쉬워 면을 깔끔하게 다듬어야 하고 모서리가 둥글어야 한다.

5 파라플루이, 평 플라이어
롤러나 망치로 작업이 어려운 부분의 압착에 사용하며 자국이 나지 않게 가죽을 덧대면 좋다.

헤라? 솔?

헤라와 솔은 장단점이 있으므로 본드의 종류나 작업자의 편의에 따라 선택하면 된다. 이 책에서는 헤라를 이용한 본딩 기법을 소개한다.

손바느질

1 디바이더·크리저 Divider·Creaser

테두리에 일정한 간격으로 바느질하기 위한 기준선을 그을 때 디바이더와 크리저를 사용한다. 크리저는 마감 공구에서 더 자세하게 다룰 예정이다.

2 마름 송곳 Diamond awl

길쭉한 형태의 바느질 구멍을 내기 위한 용도의 공구. 한 날의 스티치 구멍을 뚫거나, 그리프로 뚫기 어려운 형태의 바느질 구멍을 내는 데 사용한다.

3 그리프·다이아몬드 치즐·목타 Griffe·Diamond chisel·目打

같은 간격의 구멍 여러 개를 한 번에 뚫기 위해 사용하는 도구. 유럽식으로 그리프, 미국식으로 다이아몬드 치즐, 일본식으로 목타라고 부른다. 두께가 두꺼운 가죽은 목타로 스티치 간격과 위치를 표시하고 송곳으로 일일이 구멍을 뚫는 방법으로 사용한다. 유럽 전통 방식도 위와 같다. 하지만 보통 두께의 가죽은 목타를 올리고 망치로 때려 여러 개의 구멍을 한 번에 뚫는다.

4 바늘

새들 스티치 전용 바늘로 바늘귀가 몸통 부분의 구경과 동일하다는 점이 일반 바늘과 다르다. 또한 구멍을 뚫는 바늘이 아니기 때문에 바늘의 첨단 부분이 뭉툭하여 미리 뚫어놓은 스티치 구멍을 관통하기에 편하다.

5 밀랍

실을 질기게 만들거나 바늘과 실의 연결 부위의 견고성을 높이기 위해 사용한다.

6 포니·클램프 Pony·Clamp

포니

의자 일체형의 조랑말 형태였던 옛 포니의 원형 '레이싱 포니' 혹은 '스티칭 포니'에서 유래한 말로, 바느질할 작업물을 잡아 주어 손바느질의 효율을 높인다. 입구를 넓혀 물리고 고정하는 점에서 '클램프'가 더 명확한 표현이지만 다리 사이에 넣어 고정하는 형태는 '포니'라고 해도 무방하다. 우리나라에서는 딱히 구분하여 부르지 않는다.

7 망치

망치의 종류에는 쇠망치, 나무 망치, 우레탄 망치, 납볼 망치 등이 있으며 작업에 따라 적합한 망치를 사용하면 된다. 그리프를 이용해 스티치 홀을 뚫는 작업은 나무 망치나 우레탄 망치를 사용하고 스냅 등 금속 장식을 박는 작업은 쇠망치를, 구경이 커서 누르는 힘이 필요한 펀치 등을 사용할 때는 펀치의 튀는 현상을 줄일 수 있는 납볼 망치 등을 이용하는 것이 좋다. 망치 자루의 길이와 헤드의 무게, 형태, 그리고 작업자의 힘과 요령에 따라 적합한 망치가 다르므로 위의 사항들을 고려해서 선택하자.

8 바느질 마감 도구 (쪽가위, 라이터)

바느질을 마감할 때 폴리 등 합성사는 쪽가위와 라이터가, 리넨 등 자연사는 쪽가위, 송곳, 투명 접착제가 필요하다.

마감

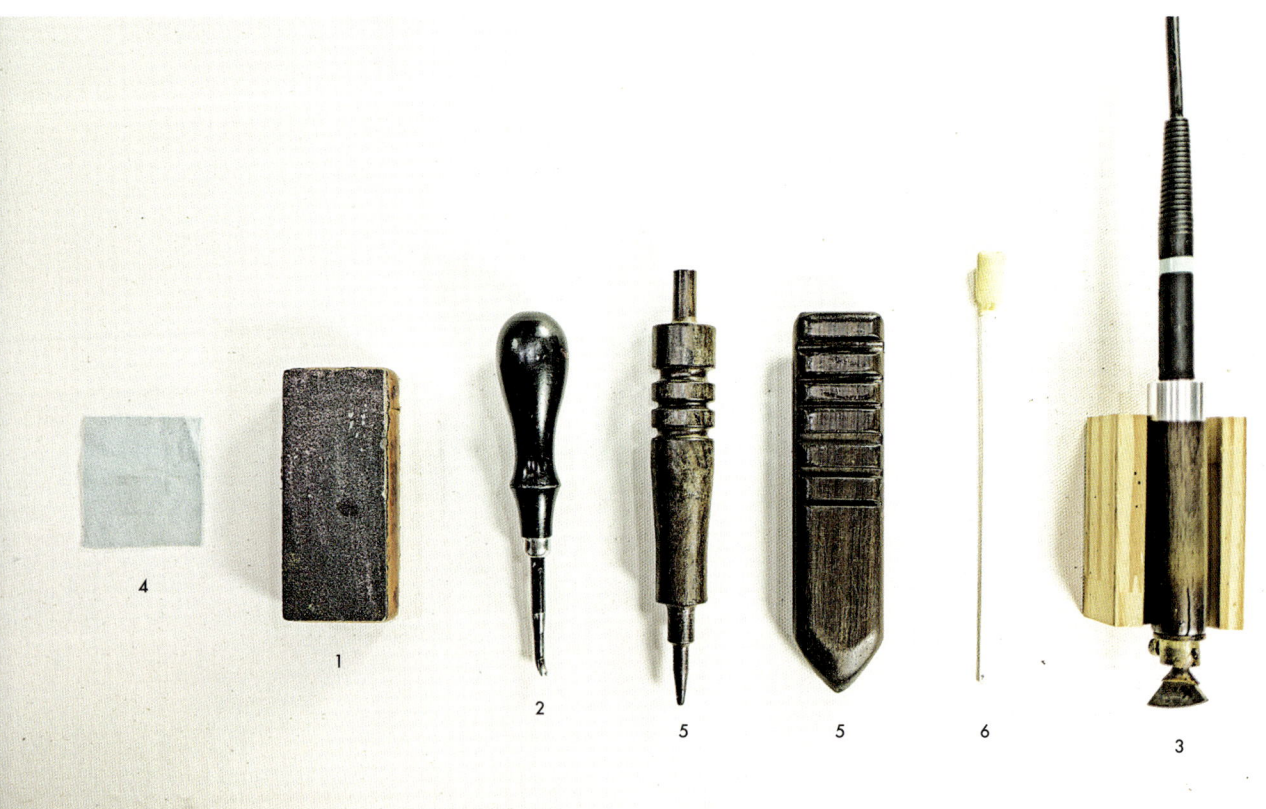

1 사포 Sandpaper

마감할 때 사용하는 사포는 블록 등 여러 가지 보형물에 붙여서 사용한다. 마감뿐만 아니라 도구를 다듬는 데도 사용하기 때문에 거친 것부터 고운 것까지 다양하게 준비하면 좋다. 숫자가 클수록(1,000방, 2,000방) 고운 사포, 숫자가 작을수록(100방, 200방) 거친 사포다.

2 비벨러 Edge beveler

가죽 단면의 모서리를 둥글게 깎아내는 도구. 호수가 작을수록 적게 깎아내고 호수가 클수록 많이 깎아낸다.

3 크리저 Creaser

가죽의 단면에서 일정한 간격을 띄워 선을 긋는 도구. 어느 정도 열을 올리고 압력을 가해 선을 긋는데 이는 본딩의 기본 원리인 열과 압착과도 연결된다. 본드의 성능이 좋지 않았던 고전 공예에서는 본딩의 성능을 높이기 위한 공정으로도 사용되었지만 현재는 장식선의 개념이 강하다. 우리나라나 일본에서는 '냉'을 긋는다고 표현하기도 하고 '장식선을 넣는다'고 표현하기도 한다.

4 면 천

물 마감을 위한 도구로 보풀이 일어나지 않는 일반 천 조각이면 충분하다.

5 슬리커 Slicker

단면을 마찰시켜 표면을 매끄럽게 잡는 데 사용한다. 보통 나무 재질이며 마감 부위에 따라 다른 형태가 필요하기도 하다.

6 송곳, 마감 봉

마감재를 묻혀 단면에 올리는 역할을 한다.

7 단면 마감재

가죽의 단면에 색상을 올리고 코팅하는 용도의 약품으로 에지 코트, 기리매 등으로 불린다. 투명·반투명·불투명, 유광·무광, 염색 타입·코팅 타입 등으로 분류되며 바르는 방법이나 도구에 따라 농도의 조절이 필요하다.

공구의 유지 관리에 관하여

- 앞에서 말한 것처럼 공구는 또 하나의 손이다. 내 손에 익은 공구라면 가격의 고하를 막론하고 최고의 결과물을 내는 파트너가 될 수 있다. 이 파트너의 컨디션은 매우 중요한데, 공구의 상태가 작업자의 피로도나 결과물에 큰 영향을 미치기 때문이다. 관리가 잘된 도구와 그렇지 않은 도구는 성능에 있어 상당한 차이를 보이기 마련이다. 특히 날이 있는 공구는 반드시 좋은 상태를 유지하도록 하자. 가죽 제품의 품질을 가늠하는 데 매우 중요한 포인트인 단면 마감은 잘 잘린 단면에서 시작한다. 가죽 공예에 유독 힘이 든다면 도구를 잘 다듬는 것만으로도 피로도를 줄일 수 있으니 미리 공구의 상태를 체크해두자.

- 이 책에서는 중간중간 작업에 필요한 도구와 그 관리법을 알려주며 손의 피로를 줄이고 결과물의 품질을 높일 수 있도록 도울 예정이다.

작업 환경

조명

작업 공간은 밝아야 한다. 재단을 할 때나 그리프와 망치로 구멍을 뚫을 때 그림자가 시야를 가리면 결과물의 품질에도 영향을 미칠 뿐 아니라 눈도 피로해지기 때문에 그림자가 생기지 않도록 다양한 각도에서 빛이 있어야 하며, 여의치 않다면 움직일 수 있는 워크 램프 등을 이용해 빛이 비치는 각도를 조절해서 작업하자.

작업 책상

망치로 때리는 작업이 있기 때문에 작업대의 상판이 두껍고 무거운 작업용 책상이 안정적이다. 추후 설명하겠지만 책상의 가장자리는 둥글지 않고 각이 져 있어야 본딩 작업에 도움이 된다. 작업에 충분한 공간을 확보하고 재단에 필요한 공간보다 넓게 재단 판을 깔아둔다. 공간 확보가 어렵다면 도구를 자주 정리해서 실수로 공구를 떨어뜨리는 일이 없도록 주의한다. 특히 집에서 작업을 한다면 신발을 신지 않기 때문에 자칫 날붙이가 발에 떨어지면 큰 사고로 이어질 수 있다. 더 여유가 있다면 타공을 위한 타공 판(쇠판이나 대리석 위에 재단 판을 깐 판)이나 가죽의 원장을 펼쳐 재단할 수 있는 별도의 재단 책상이 있으면 편리하다.

소음

가죽 공예에서 발생하는 주된 소음은 망치 소리다. 그리프와 망치로 바느질 구멍을 뚫을 때, 펀치로 구멍을 낼 때 소음이 발생한다. 아파트나 공동주택에서는 민감한 사항이므로 펀칭용 핸드프레스기를 사용하거나 작업의 순서를 미리 파악하여 밤 시간대에는 해당 작업을 피하는 것이 좋다.

환기

가죽 공예 과정 중 재단과 마감 과정에서도 분진 등이 발생하지만 특히나 본딩 작업을 할 때는 반드시 환기가 필요하다. 본드는 성분 자체에 포름알데히드와 같은 독성이 있지만 가죽 공예 작업에서는 사용하지 않을 수 없는 재료다. 본드 냄새는 노출 시간이 길어질수록 후각을 마비시켜 냄새에 둔감하게 만들기 때문에 장시간 본딩 작업을 한다면 꼭 마스크를 착용하고 본딩 중이나 본딩을 마친 후에 충분히 환기하는 것을 습관화하자. 인터콤 등 유해 성분이 없거나 적은 수성 본드를 사용하면 환기의 필요성과 빈도를 많이 낮출 수 있다.

온도, 바람

가죽 공예는 온도에는 크게 구애받지 않지만 땀이 흐를 정도로 더운 환경에서 자칫 땀이 흘러내려 공들인 제작물에 떨어지거나 손의 땀이 제작물에 묻으면 복구가 불가능하다. 또한 추운 날씨는 손을 움직이기가 힘드니 적당한 온도를 유지하도록 하자. 바람이 불면 먼지가 날아와 단면의 마감이나 본딩 부위에 이물질이 달라붙는 경우가 있고, 본드 표면이 빨리 건조되어 작업이 어려워지니 에어컨이나 선풍기를 사용한다면 제작물이나 작업대에 직접 바람이 오지 않도록 조심하자.

chapter.3
How to work

· LEATHER CRAFT BASIC ·

디자인의 구상

디자인은 제품을 설계하면서 용도와 용법을 부여하고 제품 전체를 구성하는 하나의 이미지를 만들어 전체적인 균형과 미적 수준을 높이는 작업이다. 다만 '미적 영역'은 특별한 노하우보다 순간적인 감각에 의존하는 경우가 많다. 또한 개인의 취향이 강하게 드러나는 부분이기 때문에 미적 영역의 방향을 구체적으로 제안하기는 어렵다.

제작자가 다루어야 할 '디자인의 구상'은 머릿속 이미지나 아이디어를 실현 가능한 구조로 변환시키는 일종의 코딩 작업과 같다. 그것이 스케치든, 단순한 머릿속의 이미지든 실현 가능한 여러 가지 제작 방법 중 적어도 한 가지 이상에 해당하는 제작 가능한 구조여야만 한다. 그리고 가능한 몇 가지 경우의 수를 걸러내어 하나의 설계를 완성하는 것이 제작자가 다루어야 할 디자인의 영역이다.

디자인 단계에서 각 파트의 모양과 형태, 크기와 결합 방법을 정하고 필요한 부자재와 작업 순서를 점검한다.

패턴의 제작 방법

필요 도구
패턴지, 펜, 자, 칼

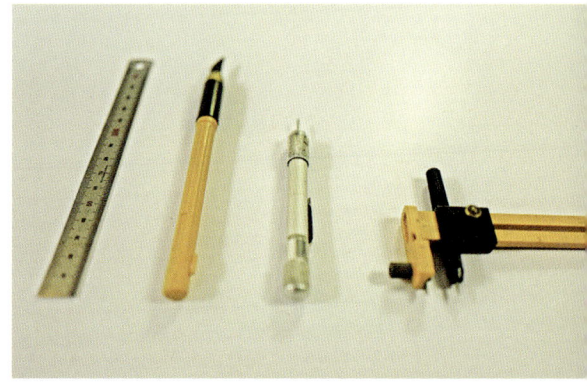

패턴지는 너무 두껍지 않고 단단하며 종이층이 잘 분리되지 않는 것으로 선택한다. 종이 결이 잘 분리되면 심한 경우 패턴지를 접는 과정에서도 오차가 발생할 수 있다. 보통 250g 이상의 마닐라지 등을 사용하며 양면 모두 백색이고 한쪽이 코팅 처리된 패턴 전용 고급지가 결이 질겨 패턴이 정확하게 잘 보존된다.

 자는 수직을 확인하기 위한 직각자와 긴 직선을 한 번에 그을 수 있는 30cm, 60cm 자, 그리고 짧은 길이를 여러 각도로 돌려가며 그리기 편한 15cm 철자를 준비해두면 좋다. 펜은 펜 끝이 얇아야 선 두께로 인한 오차를 줄일 수 있다. 끝이 뾰족한 송곳이나 샤프가 적당하다. 패턴 제작 시 사용하는 칼은 오차를 줄이기 위해 양날 가공된 커터칼이나 디자인 커터를 사용하면 된다. 위치 표시를 위한 칼금은 반드시 패턴 중심선과 수직 방향으로 그어야 하며 날을 짧게 고정해서 칼날이 휘거나 출렁이지 않도록 한다. 패턴이나 작업 방식에 따라 각도기, 컴퍼스 등 다양한 형태의 보조 도구가 필요하다.

2분법 패턴 제작 방법

2분법 예제
윗변 8cm, 아랫변 10cm, 높이 10cm의 사다리꼴 패턴 만들기

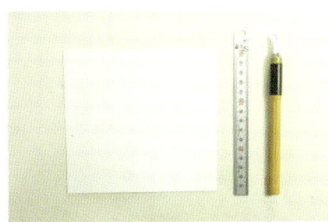

1 만들고자 하는 패턴보다 상하좌우 넉넉한 크기로 종이를 자른다.

2 반듯하게 접을 수 있도록 가운데 부근에 수직의 실금[1]을 긋는다.

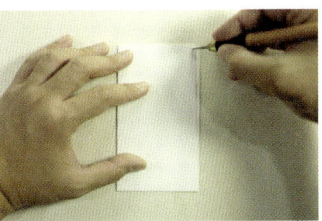

3 실금을 따라 반을 접고 상단 가장자리에 가로 방향으로 칼금[2]을 넣는다.

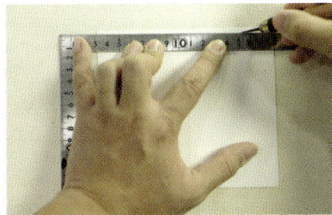

4 패턴을 펼쳐 칼금 사이를 이어 재단한다.

5 상단이 일자로 재단된 모습.

6 다시 접어 이번에는 10cm 하단 가장자리에 가로 방향으로 칼금을 넣는다.

7 패턴을 펼쳐 칼금을 이어 재단한다.

8 하단 높이 10cm로 재단된 패턴.

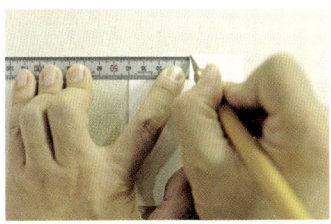

9 상단 가장자리 4cm 위치에 표시한다.

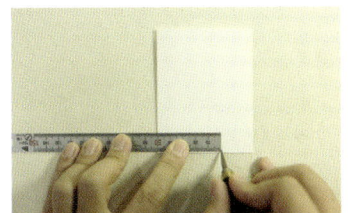

10 하단 가장자리에 5cm 위치에 표시한다.

11 표시한 칼금을 이어 겹쳐진 두 장을 한 번에 재단한다.

12 완성된 사다리꼴 패턴.

4분법 패턴 제작 방법

4분법 예제
가로 10*cm* , 세로 8*cm*의 직사각형 패턴 만들기

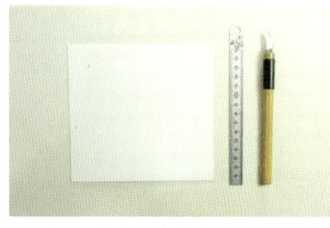
1 만들고자 하는 패턴 상하좌우 넉넉한 크기로 종이를 자른다.

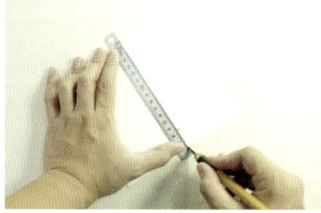
2 반듯하게 접을 수 있도록 가운데 부근에 수직의 실금을 긋는다.

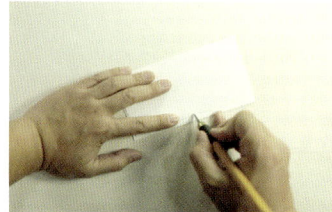
3 실금대로 반을 접은 후 실금 반대편 가장자리 중간에 임의로 칼금을 넣는다.

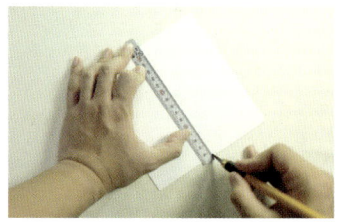
4 패턴지를 펼치고 칼금을 잇는 실금을 넣는다.

5 기본 사분할 패턴지가 완성되었다.

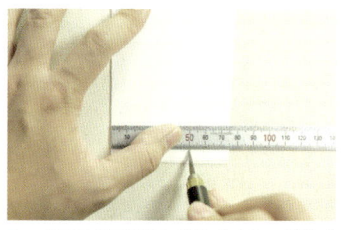
6 세로로 반을 접고 하단에서 5*cm* 위치에 세로 방향으로 칼금을 넣는다.

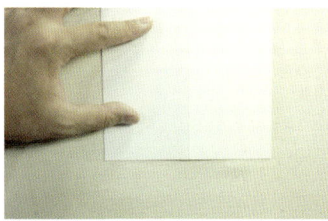
7 펼치면 하단에 칼금이 양쪽으로 나 있는 것을 볼 수 있다.

8 다시 가로선을 기준으로 반을 접는다.

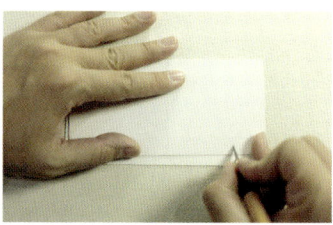
9 양쪽의 칼금을 관통하게 다시 한 번 표시한다.

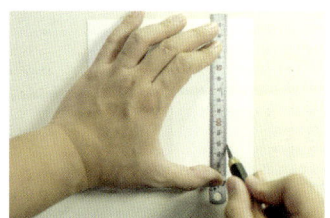
10 다시 펼친 후 칼금끼리 이어 재단한다.

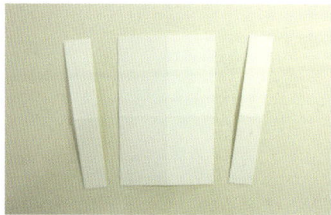
11 가로 크기 10*cm*로 재단되었다.

12 가로선을 기준으로 반을 접어 4*cm* 위치에 가로 방향으로 칼금을 넣는다.

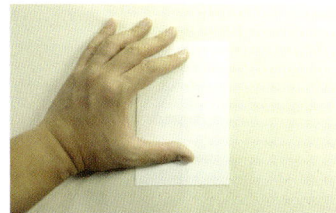
13 패턴을 펼친다.

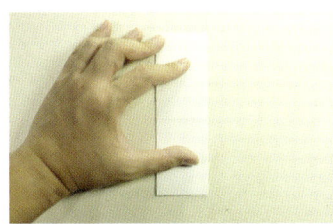
14 칼금을 위로 오게 한 후 세로선을 기준으로 반을 접는다.

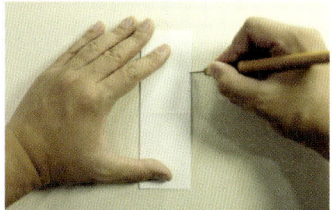
15 표시된 칼금을 뒷면까지 관통하여 표시한다.

16 패턴을 펼쳐 칼금을 이어 재단한다.

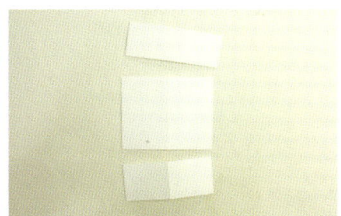
17 가로 10cm, 세로 8cm의 패턴이 완성되었다.

패턴 제작 시 대칭법을 이용하는 이유

패턴을 제작할 때 대칭법을 사용하는 이유는 자가 가진 오차 범위와 측정의 오차 범위 때문이다. 시작되는 부분부터 자마다 차이가 있고 측정하면서 영점을 잡는 기준에 따라 길이의 오차가 약간이라도 생기기 마련이다. 그렇기 때문에 자로 양쪽을 측정해서 길이를 맞추는 것보다 어느 한쪽에 기준을 잡고 칼금을 이용하는 대칭 방법이 측정 오차로 인한 제작물의 틀어짐 등을 줄일 수 있다. 표시하는 선 두께에서 생기는 오차를 줄이기 위해서는 칼금을 이용한 대칭 방법이 가장 적합하다.

1 **실금** 종이를 완전히 자르지 않고 종이 두께의 반쯤 재단하여 정확한 위치에서 접히도록 하는 것.
2 **칼금** 겹친 종이를 관통하도록 칼로 찍어서 위치를 표시하는 것.

재단

필요 도구
재단 판, 송곳, 칼, 재단 자, 문진

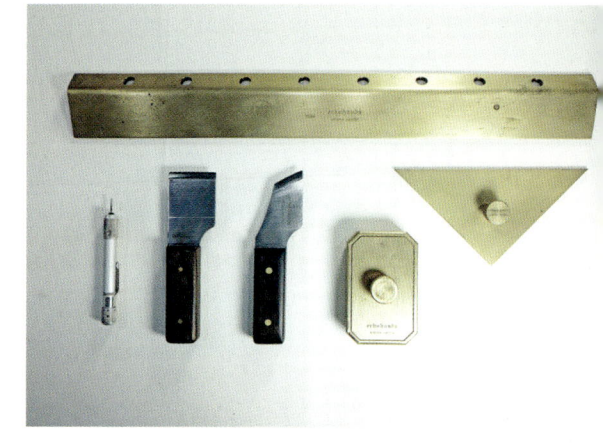

재단 판은 경질 PVC 계열의 4mm 이상을 사용한다. 기본적인 가죽 칼 사용 방법은 재단 판에 칼날의 끝을 살짝 박고 긋는 것이 원칙이기 때문에 일반적으로 사용하는 초록색 재단 판은 재단 판 아래의 바닥면이 보호된다는 장점 외에는 가죽 작업에 적합하지 않다.

송곳은 패턴지로 만든 패턴을 가죽 위에 옮겨 그리기 위해 필요하다. 뾰족하지만 휘어지지 않는 것으로 준비한다. 슈렁큰 등 송곳 자국이 제대로 남지 않는 가죽은 은펜이나 지워지는 펜 등을 사용한다.

기본적으로 칼은 직선 재단을 위한 재단칼과 곡선 재단을 위한 사선 칼, 이 두 가지로 대부분의 패턴을 재단할 수 있다. 하지만 패턴에 따라서 다양한 형태와 폭을 가진 칼이 있어야 깨끗하게 재단할 수 있다.

재단 자는 길이가 긴 직선의 재단에 사용하며 얇은 철자보다 두께가 있는 것이 좋다. 자가 얇으면 칼이 자를 올라탈 수 있기 때문이다. 하지만 재단 자에 가죽 칼을 붙이고 긋는 것은 위험하기 때문에 가죽 칼을 이용하여 재단할 때는 재단 자를 대고 직접 재단하지 말고 송곳으로 먼저 선을 그리고 선을 따라 재단해야 한다. 커터칼이나 로터리 커터 등 힘을 주어 당기지 않아도 되는 형태의 칼은 재단 자를 이용해서 직접 재단해도 무방하다. 특히 슈렁큰 등의 가죽은 송곳으로 표시되지 않고 가죽에 신축성이 있기 때문에 자의 중간이 꺾여 있고 무게가 있는 가죽 재단용 자로 눌러주어 재단하거나 자의 한쪽에 고무 본드를 한 차례 바른 후 말려 미끄러짐을 방지하고 재단하면 직선 재단이 보다 편리해진다.

문진은 가죽 위에 패턴을 올려놓고 송곳 등으로 그릴 때, 패턴이 움직이지 않도록 눌러주는 역할을 한다. 무게가 있고 바닥이 평평한 것이 좋으나 가죽에 흠집이나 눌린 자국을 남기지 않는다면 어떤 형태라도 무관하다. 패턴의 형태가 다양하기 때문에 다양한 물건들이 문진을 대신하기도 한다.

재단 부위의 선정

재단 부위를 선정할 때는 최고의 제작물을 만들 수 있는 가장 좋은 부위를 선택하는 것이 가장 좋지만 달리 말하면 가죽의 흠집이나 제작 후 문제가 될 수 있는 부분을 미리 파악하고 피하는 것을 의미한다. 가죽에는 목주름, 진드기 자국, 흉터, 기타 가죽 제조 과정이나 유통 과정에서 생기는 다양한 흔적들이 남아 있다. 상품을 제작한다면 당연히 모든 흔적을 피하는 것이 원칙이지만(간혹 브랜드에 따라 그렇지 않은 경우도 있다) 개인적인 제작물이라도 정도에 따라 반드시 피해야 하는 경우도 있다. 가죽이라는 소재가 값싼 재료는 아니지만 오랜 시간 공들여 작업한 작업물에 옥에 티를 남기는 경험은 추천하고 싶지 않다. 큰 부위를 사용하는 가방 등을 제작하는 것이 아니라면, 작은 소품 작업은 상태가 좋은 부위부터 사용하고, 고민이 되는 부분들은 나중에 사용 여부를 결정해도 무방하다.

반점

상처

깊은 목주름

오염

흉터

부위별 특성의 고려

가죽은 부위에 따라 특성을 가지고 있고, 이 특성은 제작물의 형태나 내구성에 영향을 미친다. 예를 들어 일반적인 형태의 가방이라면 앞판, 뚜껑, 뒤판, 옆판, 밑판, 안쪽 파트 등으로 패턴이 나누어지는데, 이 중에서 특히 지속적으로 힘을 받는 가방의 옆판, 밑판, 핸들, 스트랩 등을 제작할 때는 앞서 공부한 결의 사선 방향으로는 재단하지 않는 것이 좋고 특히 스트랩의 경우 가죽이 힘을 받을 수 있는 횡 방향(다대 방향)으로 커팅해야 스트랩의 뒤틀림을 막고 견고성을 확보할 수 있다. 결을 고려하기 어려운 상황이라면 보강을 해주는 것이 좋다. 특히 배면은 조직이 엉성하여 신축성이 높기 때문에 면이 깨끗하다면 사용은 하되 조직의 밀도에 따라 보강 여부를 결정한다.

가죽의 손실분

흔히 현장에서 '로스'라고 부르는 가죽의 손실분은 재단 후 사용처가 없이 버려지는 가죽의 부분을 말한다. 사용하고자 하는 부분을 선택하고 로스를 최소화하는 것이 경제적인 부위 선정의 노하우다. 우선 패턴이 큰 것부터 작은 것으로, 깨끗한 면이 필요한 메인 파트부터 서브 파트 순으로 부위를 선정하는 것이 원칙이다. 순서 없이 부위를 배치하면 깨끗한 면을 사용해야 하는 부위나 하나로 된 큰 패턴이 필요한 경우 가죽을 새로 구매해야 하는 등의 낭패를 볼 수도 있다. 여러 개의 큰 패턴을 사용하는 가방 등은 모든 부위를 선정하고 최적의 배치를 하는 데 꽤 시간이 걸린다. 패턴이 클수록 가죽의 로스 또한 커지기 때문에 디자인 과정에서 패턴을 일부러 나누어 디자인하기도 한다.

가죽의 소요량과 원가 계산법

가죽의 로스와 관련하여, 현장에서 사용되는 가죽의 소요량과 원가 계산법을 소개한다.

- **가죽의 소요량 계산**

가죽 소요량은 각 패턴의 실제 면적 외에도 가죽의 로스를 퍼센트로 가정한 로스율 Lossrate 을 고려해야 한다. 보통 패턴이 작은 소품은 실제 패턴의 면적 대비 15~30%, 패턴이 큰 가방 등은 30~50% 정도로 로스율을 잡는다. 이는 가죽의 종류나 상태에 따라 달라지며 흠집이 남기 쉬운 베지터블 가죽은 로스율을 더 잡고, 가죽 상태가 좋지 않아도 로스율을 더 잡는다. 반면, 품질이 균일하고 가공성이 좋은 가죽이라면 로스율을 낮춰 잡는다. 아무리 품질이 좋은 가죽이라도 가장자리 부분에서는 로스가 발생하기 때문에 반드시 고려해야 한다. 로스율을 잡았다면 계산은 간단하다. 우리나라는 평(S/F) 단위를 사용하기 때문에 cm를 기준으로 계산하면 1평의 통상적인 계산 단위인 $30 \times 30 cm = 900 cm^2$로 나누면 된다. '필요 면적×(1+로스율)/900=소요 평수'다. 예를 들어 필요한 패턴이 $35cm \times 25cm$의 가방 앞판 정도이고 로스율을 40%로 잡았다면 이 패턴의 가죽 소요량은 '35×25×1.4/900'으로 약 1.36평이다. 단, 계산 단위에 따라 나누는 숫자를 주의하지 않으면 자칫 실수를 할 수 있다. mm 단위의 계산에서는 $300mm \times 300mm = 90,000$으로 나누어주고, m 단위의 계산에서는 $0.3m \times 0.3m = 0.09$로 나누어야 한다.

- **가죽의 원가 계산**

이렇게 구한 소요량에 가죽의 평당 단가를 곱해주면 가죽 소요분의 원가를 계산할 수 있다. '가죽 원가=가죽 소요량×가죽의 평당 단가'다. 예를 들어 가죽의 평당 단가가 15,000원이라면, 위에서 구한 소요 평수 1.36평×15,000원=20,400원이 가방 앞판에 소요되는 가죽의 원가다. 단, 실제 원가 계산에서는 이외에도 내피, 보강재 및 기타 부자재, 그리고 각 공정의 가공 비용을 포함해 원가를 잡아야 한다.

패턴 그리기

가죽 위에 패턴을 놓고 움직이지 않도록 문진으로 고정한 후 송곳이나 은펜 등으로 본을 그린다. 정교한 작업이 필요한 경우는 끝단이 날카로운 송곳을 패턴지에 밀착해서 그리는 것이 좋다. 이 책에서는 송곳의 사용이 가능한 베지터블 가죽 위주로 제작할 예정이기 때문에 송곳 사용을 기준으로 설명하도록 한다.

칼 쥐는 방법

가죽 칼은 사진처럼 네 손가락으로 칼날의 상단과 칼자루의 하단을 자연스럽게 감싸 쥐고 엄지로는 칼자루의 상단을 자연스럽게 누르듯 감싼다. 약지는 칼날의 굴곡 부분 상단에 살짝 얹으면 재단 시 힘을 싣기에 좋다. 칼의 각도는 10~15도 정도 앞으로 기우는 것이 기본적인 재단 자세이며 자루의 길이와 재단 방향, 형태 등에 따라 파지 모습은 달라질 수 있다.

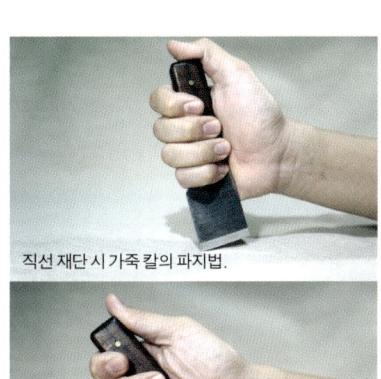

직선 재단 시 가죽 칼의 파지법.

칼의 각도는 재단물이 직선에 가까울수록 낮게 눕히고, 재단물의 곡률이 급해질수록 높게 세우는데 칼을 세울 때는 약지는 당기고 엄지는 밀듯이 힘주어 칼의 각도를 유지한다.

곡선 재단 시 가죽 칼의 파지법.

재단할 때는 팔꿈치를 몸통에 가깝게 하여 몸의 바깥쪽에서 몸 쪽으로 당겨 재단하는 것이 올바른 방법이다. 가죽 칼의 날은 한쪽 방향에서만 날을 세우기 때문에 수직으로 재단하면 가죽의 단면이 비스듬하게 절단된다. 가죽이라는 재료는 원단과는 다르게 단면의 두께가 두꺼운 경우가 많으므로 단면의 각도

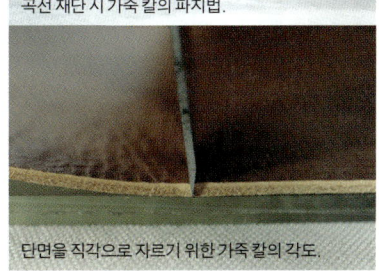

단면을 직각으로 자르기 위한 가죽 칼의 각도.

는 반드시 직각으로 재단해야 한다. 때문에 날의 각이 대칭되는 V자가 되도록 칼을 세운 각도를 비스듬하게 기울여 재단해야 직각의 절단면을 얻을 수 있다. 대칭이 되게 하려면 칼의 날을 세운 각도의 절반 정도를 기울이면 되는데 칼을 다듬은 정도나 형태에 따라 다를 수 있으니 눈으로 보고 기울여 확인하고 결과물의 단면 형태에 따라 조금씩 조정하도록 한다.

직선 및 곡선 재단법

가죽 칼을 이용해서 재단할 때는 칼날의 바깥쪽(몸에서 먼 쪽) 끝을 살짝 재단 판에 박아서 긋는다는 느낌으로 몸의 바깥쪽에서 안쪽을 향해 긋는다. 이때 왼손은 가죽이 밀리지 않도록 잡아주는데, 힘을 주어 재단하다 보면 큰 사고가 날 수 있기 때문에 칼날의 진행 방향에 왼손(특히 엄지손가락)을 놓지 않도록 주의한다. 왼손은 재단의 시작점 옆에 두거나 재단 길이가 길어 진행 중에 바꿔 잡는다면 칼 위치의 바로 옆 등으로 가깝되 안전한 위치에 두고 파지하도록 한다.

직선을 재단할 때는 폭이 넓은 가죽 칼로 날과 바닥면의 각도를 낮춘 후 미리 송곳으로 가죽에 그어 놓은 직선의 진행 방향으로 긋는다. 한 번에 작업해야 단면이 가장 깔끔하게 재단되며 이를 위해서는 날을 잘 갈아두어야 한다.

곡선을 재단할 때는 바닥면과 날의 각도를 최대한 세워서 회전각을 확보한 후 미리 송곳으로 그어 둔 곡선을 따라 재단한다. 날의 세우는 각도는 곡률에 따라 달라지는데, 곡선이 완만할수록 날을 세우는 각도 역시 완만해지고 급격한 경사의 경우는 60도 이상 날을 세워야 자연스럽고 깔끔하게 재단할 수 있다. 날을 눕히면 진행 방향을 바꾸며 진행하기가 어렵고 단면의 상단과 하단에 미치는 칼의 위치가 달라져서 단차가 생기게 된다. 칼날을 세울 때는 엄지로 칼의 상단을 밀어주며 각도를 만들어 지지한다. 이런 이유로 곡선 재단은 일반 가죽 칼을 세워서도 가능하지만 각이 서 있는 사선 칼을 준비해두면 각을 만들기가 더 편하다. 칼날의 끝단을 재단 판에 살짝 박고 재단해야 하기 때문에 곡선용 사선 칼의 첨단 부분이 너무 뾰족하면 회전 시 부러질 수 있으니 주의하자.

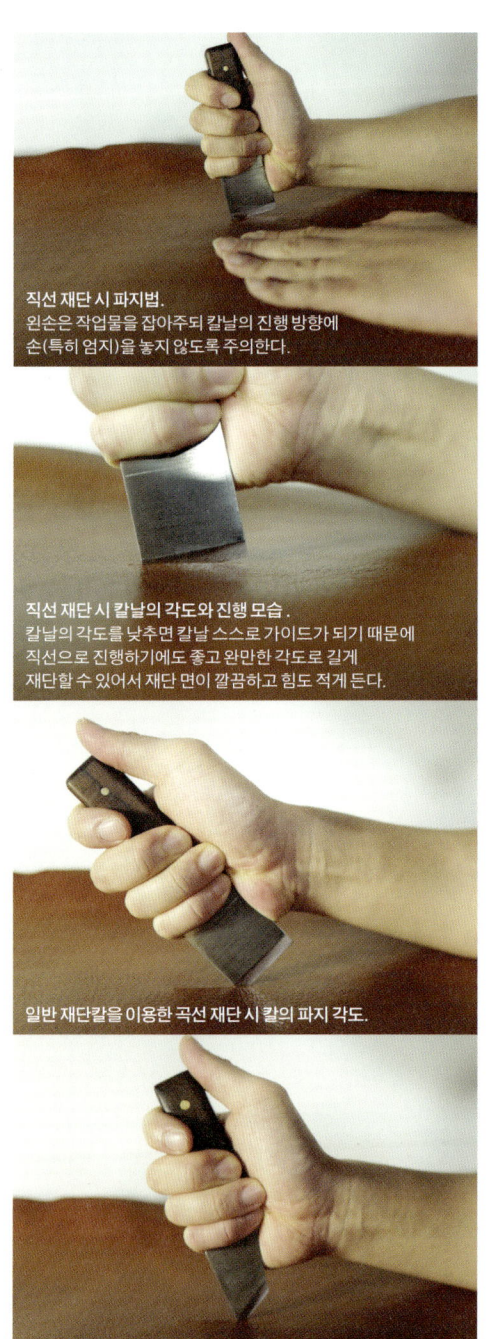

직선 재단 시 파지법.
왼손은 작업물을 잡아주되 칼날의 진행 방향에 손(특히 엄지)을 놓지 않도록 주의한다.

직선 재단 시 칼날의 각도와 진행 모습.
칼날의 각도를 낮추면 칼날 스스로 가이드가 되기 때문에 직선으로 진행하기에도 좋고 완만한 각도로 길게 재단할 수 있어서 재단 면이 깔끔하고 힘도 적게 든다.

일반 재단칼을 이용한 곡선 재단 시 칼의 파지 각도.

사선 칼을 이용한 곡선 재단 시 칼의 파지 각도.

직선 칼은 곡률이 급하면 지나치게 날을 세우게 되므로 힘을 주는 방향이 아래쪽보다 당기는 쪽에 더욱 치우치기 때문에 자칫 위험할 수도 있다. 곡선 재단 시 사선 칼을 사용하면 직선 재단 시의 직선 칼 파지와 동일한 파지각과 안전한 힘의 방향 덕분에 더 수월하게 작업이 가능하다.

곡선 형태를 한 코너는 크게 세 가지 방법으로 재단한다. 첫 번째는 사선 칼을 이용한 재단 방법이다. 곡선을 재단할 때처럼 한 번에 그어서 코너 부분의 곡선을 재단한다. 다만 이 방법은 완만한 곡률의 경우는 가능하지만 일반적인 코너는 곡선 재단에 비해 곡률이 훨씬 급격한 편이므로 적용하기가 어렵다.

두 번째는 가죽 칼을 이용한 분할 재단법이다. 직선의 재단으로 곡선을 만들어내는 방법으로 현장에서도 많이 사용된다. 각도와 시작점을 조금씩 변경하면서 한쪽에서부터 곡선을 만들어간다. 하지만 곡률이 부정확하거나 단면에 미세한 각이 생길 수 있어 깔끔한 결과물을 위해 숙련이 필요하며 단면을 사포 등으로 다듬어야 한다.

세 번째는 환도를 이용한 재단 방법이다. 세 가지 중 가장 깔끔한 재단 방법으로 여러 곡률의 환도 중 패턴의 곡률에 맞는 환도를 선택하여 한 번에 재단한다. 패턴 제작 시 가지고 있는 환도의 곡률을 염두에 두고 되도록 그에 맞게 디자인하는 것도 하나의 방법이다. 환도를 이용해 재단할 때는 수직 방향으로 힘주어 재단하며 가죽 단면의 각도를 수직으로 만드는 것이 중요하다. 하지만 환도의 양쪽 끝부분이 가죽의 직선 부분에 파고들지 않도록 코너에 지나치게 밀착하지 않도록 주의한다.

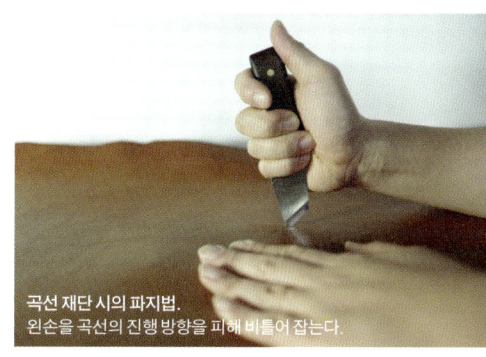

곡선 재단 시의 파지법.
왼손을 곡선의 진행 방향을 피해 비틀어 잡는다.

사선 칼을 이용한 재단 방법.
끊김 없이 한 번에 그어야 단면이 깔끔해진다.

가죽 칼(직선 재단칼)을 이용한 분할 재단법.

환도를 이용한 코너 재단법.

가재단과 정재단

가죽과 가죽 혹은 가죽과 보강재나 안감 등 둘 이상의 층을 합포하는 경우 정확하게 재단해서 맞붙인다고 해도 미세한 단차가 생기거나 중간의 본드층이 새어 나오는 등 최종 단면이 깨끗하지 않다. 깔끔한 단면의 마감은 깔끔한 재단으로부터 시작되기 때문에 결국 깔끔하지 못한 단면은 최종 결과물의 품질에 영향을 미친다. 이런 이유로, 합포하는 재단물의 경우 미리 2~3mm 정도 여유를 잡고 합포 이후에 다시 정사이즈로 재단하여 단면을 깔끔하게 만드는 방법이 있는데 여유를 잡아 재단하는 것을 가재단, 합포 후 정사이즈로 재단하는 것을 정재단이라고 하며 현장에서는 닷지재단이라고도 한다. 단면의 품질을 높이기 위한 기본 기법이기 때문에 이 책에서 소개되는 대부분의 제작물은 가재단과 정재단을 기본으로 한다.

재단 시 주의 사항

재단을 할 때는 어느 정도 힘을 주어서 한 번에 재단해야 단면이 깔끔해진다. 물론 이를 위해서는 평소에 날을 잘 관리해두어야 한다. 날의 관리는 재단 시의 안전과도 직결되는 부분이다. 또한 마감의 품질은 깔끔한 재단 면에서 시작됨을 명심하자.

　날이 있는 공구를 다루는 만큼 사고가 나기 쉬우니 정확한 원칙에 맞게 안전하게 작업하는 것이 가장 중요하다. 아래 소개하는 안전에 관한 수칙들은 실제로 직접 겪거나 주위에서 빈번하게 일어났던 사고들을 토대로 정리한 것이니 반드시 읽고 숙지하도록 하자.

1 날은 항상 잘 갈아놓는다
칼날이 무디면 작업 시 무리한 힘을 필요로 하고 작업의 피로도가 높아진다. 뿐만 아니라 사고로 이어질 수도 있으니 안전을 위해서라도 칼날은 항상 잘 갈아놓도록 한다.

2 자를 대고 재단하지 않는다
가죽 칼을 사용해 직선 재단을 할 때는 송곳으로 선을 긋고 선을 따라 재단한다. 이때 업계에서는 흔히 '자를 탔다'라고 부르는 사고가 빈번하게 발생하는데 자를 대고 재단할 때 칼날이 가죽이 아닌 자를 타고 올라와 파지하고 있는 왼손을 긋게 되는 사고다. 보통은 큰 사고로 이어지기 때문에 가죽 칼과 자를 사용한 재단은 삼가도록 한다. 칼을 당기는 강한 힘이 자를 타면 매우 빠르고 방향성 없이 진행되기 때문에 손을 다칠 위험이 크다. 또한 실수로라도 한 번 칼이 타고 올라오면 자에 길이 나서 계속 같은 상황을 유발하기 때문에 그 자는 되도록 사용하지 않도록 한다. 이런 이유로 두꺼운 재단 자를 이용하기도 하지만 자를 대고 자르는 재단은 커터칼 등 긋는 방식의 칼을 사용하도록 하자.

3 칼의 진행 방향에 파지하는 손을 놓지 않는다

앞에서 설명한 왼손의 가죽 파지 원칙을 늘 떠올리며 파지하자. 간혹 패턴에 따라 불가피한 경우가 있는데 이때는 반대 방향으로 재단하는 등 위험하지 않게 작업하는 요령을 익힌다.

4 재단물의 아래에 이물질을 놓지 않는다

재단물 아래에 이물질이 있으면 칼이 미끄러져서 사고가 날 수 있고, 이물질이 바늘 등의 쇠붙이라면 칼날이 손상되어 칼날의 회복까지 상당한 수고를 들여야 한다. 작업 시 책상은 항상 잘 정돈하도록 한다.

5 사용하던 칼을 옆에 놓을 때는 책상의 가장자리는 피하고 날은 몸의 반대 방향으로 놓는다

모든 날붙이에 통용되는 주의 사항이지만 날을 작업자를 향해 두면 다른 도구를 집거나 작업을 하다가 손을 다치기도 하고 떨어지기라도 하면 큰 사고로 이어진다. 특히 방에서 작업을 하는 개인 작업자의 경우 날붙이의 낙하 사고는 치명적인 부상을 초래할 수 있으니 주의 또 주의하자.

수량 재단을 위한 모양 칼 '철형'

대량 생산에서는 재단을 할 때 샘플 제작을 제외하고는 '철형' 또는 '도무송'이라 부르는 모양 칼을 제작해 한 번에 따내는 것이 기본이다. 이 경우 깔끔한 단면을 얻을 수는 있지만 프레스 등 별도의 기계가 필요하기 때문에 개인적인 작업물에 사용하기에는 어렵다. 작은 모양을 반복하는 재단이 필요한 작업이라면 작은 크기의 프레스로도 작업이 가능하니 염두에 두자.

합포

필요 도구
본드, 헤라, 망치, 롤러, 플라이어

본딩은 가죽과 가죽을 접합할 때 사용하는 가장 기본적인 기법이다. 튼튼하게 연결하기 위해서는 바느질을 사용해야 하지만 바느질 역시 가장자리에서 시접까지의 거리가 있고 정확한 결합을 위해서는 바느질 전에도 본딩을 하는 것이 기본이다. 가죽 산업에서는 작업성을 높이기 위해 시접 부분은 양면 테이프를 사용하기도 하지만 나중에 필름 면의 접착제가 녹아 하자를 유발할 수 있으므로 본딩이 더 좋은 방법이다. 본드는 흔히 가죽용으로 사용하는 것들이 있지만 작업 특성과 환경에 맞게 선택하면 된다.

헤라는 플라스틱 재질로 탄성이 약간 있으면 좋다. 붓과 헤라는 본드의 종류나 특성, 작업물의 특성에 맞게 선택하면 된다. 굴곡이 있거나 본드의 점성이 낮다면 붓으로도 균일하게 도포할 수 있어 작업성이 좋지만, 넓은 평면은 붓으로 균일하게 도포하기 어렵고 사용 후 붓이 굳지 않게 톨루엔 등 유해한 물질을 사용해야 하므로 개인 작업에서는 헤라를 추천한다. 헤라는 대부분의 작업에 적용 가능하고 관리가 편하기 때문에 이 책에서는 헤라 사용을 기본으로 설명하고자 한다.

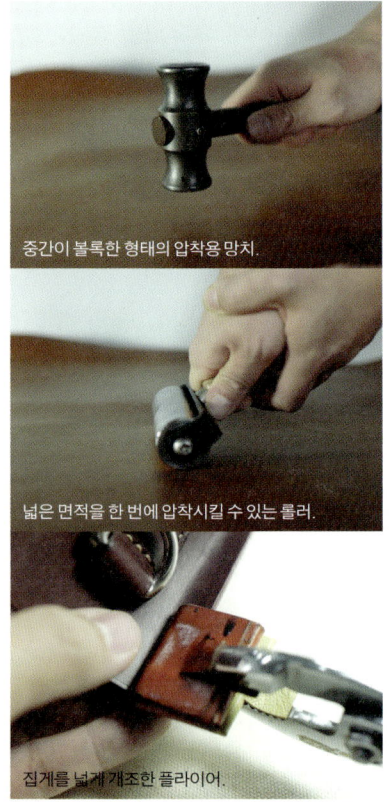

중간이 볼록한 형태의 압착용 망치.

넓은 면적을 한 번에 압착시킬 수 있는 롤러.

집게를 넓게 개조한 플라이어.

망치와 롤러는 본딩 후 합포한 작업물을 압착시키는 데 사용한다. 망치는 중간이 볼록한 형태로 가죽과 닿는 부분과 가장자리 부분이 매끄럽게 다듬어져 있어야 제작물에 홈집을 내지 않는다. 롤러는 넓은 면적을 한 번에 압착시킬 수 있는 도구로 양 끝 모서리를 다듬어 자국을 적게 남기도록 한다. 평면이라면 넓은 롤러 쪽이 유리하다. 효과적인 압착을 위해 무게가 있는 것이 좋고 작업 시 체중을 싣도록 한다.

파라플루이 또는 플라이어라 불리는 집게 형태의 도구는 합포물이 입체이거나 금속 장식 등이 있어 망치로 때리기 어려운 경우 가장자리를 집어 압착하는 역할을 한다.

본드의 종류와 선택

일반적으로 본드는 크게 구분하지 않고 같은 사용법을 이용하는데 이는 잘못된 방법이다. 본드는 그 종류와 특성이 다양하고, 제품마다 다른 작업 레시피가 있다. 습기의 침습이 우려되거나 신축성이 높은 부위가 아니라면 접착력이 강한 본드를 레시피에 맞게 이용하면 바느질 없이 본딩만으로도 충분히 제작물을 마무리할 수 있을 만큼 접착성을 높일 수 있다. 반대로 본드의 선택이나 작업 레시피가 맞지 않는다면 마감이 지저분해지거나 사용하면서 문제가 발생하거나 생산 단계에서부터 아예 접착이 되지 않는 등, 치명적인 문제가 발생할 수도 있다. 특히 본딩 과정에서의 오류는 공정의 특성상 제품을 마무리하고 나면 돌이킬 수 없는 경우가 많기 때문에 올바른 방법을 꼭 숙지해두자.

국내 현장에서 가장 많이 사용하는 본드는 고무계 접착제인 스타본드다. 아래 표는 가장 많이 사용되는 스타본드 네 가지 제품에 관한 주요 정보다. 접착력과 작업성을 기준으로 본드를 선택하자.

이는 제작사에서 제시한 정보를 기준으로 작성한 것으로, 본드의 특징을 이해하고 본드를 선택하는 데 중요한 정보다. 각각의 정보가 의미하는 바를 천천히 살펴보자.

스타본드의 사양 비교

	주성분	가사 시간 (open time)	점도 (cPs/30℃)	접착 강도
#950	CR계 합성고무	5시간	약 9,000	★★☆☆
#120	CR계 합성고무	1시간 전후	약 11,000	★★★☆
#420	CR계 합성고무	10~30분 전후	약 12,000	★★★★
#B5	NR계 천연고무	1~2시간	약 50,000	★☆☆☆

주성분

고무계 본드는 CR계 합성고무와 NR계 천연고무로 나뉜다. 합성고무는 접착력이 우수하고 천연고무는 접착 후 유연성이 좋다. 스트랩의 심재나 부드러운 가방의 본판 심재 같은 유연해야 하는 부위에 사용하면 좋다. 고무계 본드는 냄새가 강하며 아쉽게도 천연고무도 냄새가 약하지는 않다.

가사 시간 Open time

본딩 후 접착력이 남아 있는 작업 가능 시간이다. 가사 시간은 작업 능률에 영향을 미치는데 대량 작업을 할 때 가사 시간이 짧으면 치명적이다. 가사 시간이 길수록 시간에 연연하지 않아도 되니 작업 능률이 높아진다. 다만 표기된 가사 시간은 데이터상의 수치로 본딩을 위한 최적의 시간은 작업 환경에 따라 달라진다. 데이터상의 수치보다는 빠르게 붙여주는 것이 좋다. 적절한 본딩의 타이밍을 판단하는 방법은 아래 따로 설명하니 참고하자.

점도 cPs

숫자가 클수록 묽은 것을 의미한다. 즉, B5 > 420 > 120 > 950 순으로 묽다. 가장 묽은 B5는 붓으로도 균일하고 빠른 작업이 가능해 대량 작업이나 넓은 면의 도포에도 많이 사용된다. 나머지 본드는 어느 정도 점성이 있어 얇은 도포를 위해서는 헤라를 사용하면 좋다.

접착력

별표가 많을수록 강하다. 접착력이 강하다고 무조건 좋은 건 아니다. 사용하려는 부위와 용도에 따라 선택한다. 가령 420은 접착력은 강한 반면 가사 시간이 매우 짧아 특히 넓은 면을 도포할 때는 먼저 칠한 부분의 접착력이 사라지지 않도록 주의해야 한다.

가장 흔하게 사용하는 본드는 가격이 저렴하고 가사 시간이 비교적 긴 #950과 #B5다. 다만 950은 초기 점성이 강해 굳기 쉬워서 본드의 관리에 특히 주의해야 한다. B5는 3L, 15L의 두 가지 용량으로 판매하는 다른 본드와 다르게 15L 단위로만 판매하기 때문에 개인 작업자가 사용하기는 부담스럽지만 가죽 공예 관련 쇼핑몰 등에서 좀 더 비싼 가격으로 소분하여 판매하기도 한다. 각각의 장단점이 있기 때문에 본인의 작업 스타일과 작업물에 적합한 요건에 따라 선택하는 것이 옳다.

초산비닐계 본드

고무계가 아닌 초산비닐계 본드도 있다. 수성 용제를 사용하여 물로 희석이 가능하고 건조 후 투명해지는 장점(고무계 본드는 누런색이 된다)이 있다. 무엇보다 고무계 본드에 비해 냄새가 덜하다. 흔히 접하는 목공 본드를 생각하면 된다. 하지만 초산비닐계 본드는 가죽 면에 사용하면 건조 후 제거가 어렵고, 물로 인해 경화되는 특성을 가진 베지터블 가죽의 특성상 작업에 따라서는 가죽 성질에 변화를 줄 수 있기 때문에 베지터블 가죽 작업에서는 추천하지 않는다. 또한 경화 후 딱딱해지는 성질이 있기 때문에 유연성이 필요한 부위에는 적용하기 힘들어 가죽 공예에 사용하기 어렵다. 최근 이와 같은 단점을 일부 극복하고 가죽 산업에 보다 적합하게 개발된 인터콤(Intercom)사의 에코스틱(Ecostick) 같은 제품이 있는데 이는 수성 본드이지만 경화되는 성질을 없애 가죽 작업에 보다 적합한 특성을 지닌다. 다만 올바른 적용을 위해서는 고가의 장비가 필요하여 공간과 경제적 부담 때문에 개인 작업자에게는 아직 적합하지 않은 부분이 있다.

올바른 본딩 레시피 (타이밍·압착·온도)

본드는 화학적인 재료이기 때문에 올바른 레시피를 준수하는 것이 무엇보다 중요하지만, 의외로 많은 제작자들이 사용법을 간과하거나 모르는 채 작업을 하는 경우가 있다. 올바른 작업 레시피로 작업하면 본드의 성능이 제대로 나타나고 결과물의 품질이 달라진다. 반드시 도포량, 도포 방법, 적정 타이밍, 압착 방법을 신경 써서 작업하도록 하자.

고무계 본드의 기본적인 사용 방법

① 접합면의 이물질을 제거한다. 바인딩이 되어 있거나 은면이라면 표면을 긁어 거칠게 한다.
② 접합면 양쪽에 접착제를 얇게 도포한다.
③ 제품마다 권고하는 가사 시간 내에 본딩 작업이 이루어져야 하며, 가장 적절한 타이밍은 손으로 만졌을 때 표면의 본드가 살짝 끈적거리되 묻어나지 않을 때다.
④ 접착 후 망치 또는 롤러로 압착한다. 압착 전 열을 가해 접착력을 높일 수도 있다.

본딩 시의 주의 사항

본드는 한 번에 두껍게 바르면 절대 안 된다. 두껍게 바르면 오히려 접착력이 약해질 뿐 아니라 접착 부분에 두께가 생겨 단면의 마감이 지저분해지거나 제작물 표면이 우둘투둘해진다. 본드의 농도가 너무 묽거나 가죽이 본드를 흡수한다면 본드를 얇게 바른 후 살짝 건조시키고 다시 바르는 방법을 두세 번 반복한다.

가사 시간은 선풍기나 에어컨의 작동, 온도, 습도 등의 작업 환경에 따라 달라질 수 있으므로 본딩 면의 끈적임을 확인하며 적정 타이밍을 놓치지 않도록 한다.

망치와 롤러의 사용법

망치는 좁은 면적에 순간적으로 힘을 가해 강하게 압착하기 때문에 제작물의 가장자리 등 강한 접착이 필요한 부분에 사용하면 좋다. 망치를 튕기듯이 내려치는 것이 아니라, 접합면에 닿는 순간 눌러서 가장자리의 바깥쪽으로 밀어주듯 힘을 준다. 이렇게 작업하면 압착하는 힘은 키우고(눌러준다) 순간적인 힘으로 발생할 수 있는 망치 자국(가죽의 바깥쪽으로 밀어준다)을 줄여준다. 망치 모서리가 찍혀 자국이 남지 않도록 망치 머리와 가죽의 접촉면 각도는 늘 수직을 유지한다.

롤러는 넓은 면적을 눌러주지만 필요한 힘을 제대로 전달하지 못하면 압착이 잘 되지 않기 때문에 체중을 실어 충분한 압력으로 눌러주는 것이 중요하다. 또한 롤러를 밀면 가죽 자체가 밀려 표면이 울어버리는 일도 있기 때문에 롤러를 압착하기 전에 손바닥이나 손의 날로 전체적으로 한 번 압착한 뒤 롤러를 사용해야 실수를 방지할 수 있다.

작업 후 본드가 묻어 있는 롤러. 작업이 끝나면 본드 지우개 등으로 본드를 꼭 제거한다.

본드와 망치, 롤러의 유지 관리

본드는 공기와 맞닿으면 굳어지기 때문에 작업 중이라도 본드 뚜껑은 계속 닫아놓는 것이 좋다. 망치와 롤러에 본드 찌꺼기 등 이물질이 묻어 있으면 가죽 표면에 흠집이 생길 수 있다. 작업이 끝나면 반드시 표면을 깨끗하게 유지하도록 한다.

손바느질 기법

필요 도구
크리저, 그리프(목타, 다이아몬드 치즐), 우레탄 또는 나무 망치, 마름 송곳, 바늘, 실, 비즈왁스, 라이터(폴리사), 목공 본드와 송곳(리넨사)

양날 손바느질 기법인 새들 스티치를 할 때 그리프로 가죽에 직접 바느질 구멍을 뚫거나 스티칭할 위치 자국을 낸 후 마름 송곳으로 하나하나 다시 뚫는다. 제작 형태에 따라 크게 유럽식 그리프와 일본이나 미국식 목타 또는 다이아몬드 치즐로 구분한다. 그리프는 구멍이 더 좁고 사선의 각이 분명하다. 반면 다이아몬드 치즐은 구멍이 더 크고 사선 각이 완만하다. 어떤 도구를 선택하느냐에 따라 제작물에 차이가 발생하니 본인의 작업 스타일에 적합한 쪽을 선택하면 된다. 보통 목타나 다이아몬드 치즐이 더 저렴하다.

한국 가죽 공예계에서는 그리프의 사용 목적에 대한 의견이 분분한 편이다. 그리프로는 스티칭 마크만 표시한 후 송곳을 들고 하나하나 구멍을 뚫으며 바느질하는 것이 유럽의 전통적인 새들 스티치 방식이라는 주장과 그리프를 이용하여 타공까지 하는 것이 올바른 사용법이라는 주장이 그것이다. 하지만 도구의 쓰임에 관한 유래가 명확하지 않으며 실제 국내의 작업자들이 참고하는 유럽의 브랜드들 역시 바느질 구멍을 타공하는 용도로도 그리프를 사용하고 있

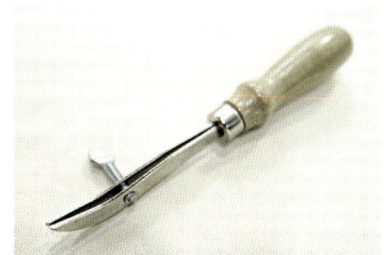

간격 조절형 크리저.
크리저는 바느질하기 전 타공 기준이 되는 바느질 선을 긋는 역할을 한다. 가죽의 재단 면에서 일정한 간격을 띄우고 그린다.

어 가장 명확한 기준은 결과물 품질에 의한 판단이다. 그리프나 목타의 기본적인 쓰임은 바느질을 위한 타공으로 본다. 단, 제작물이 두꺼운 경우에는 그리프로 타공하면 위로 갈수록 날이 두터워지는 그리프 날의 특성상 스티칭 홀이 지나치게 커지거나 찢어질 우려가 있기에 이런 때는 그리프로 간격만을 표시하고 하나하나 송곳으로 뚫는 것이 올바른 사용 방법이다.

마름 송곳은 그리프의 날처럼 납작한 모양이라 뚫는 방향에 주의해야 하고, 한 번 뚫기 시작하면 각도를 신경 써야 정갈하게 바느질된다. 구멍을 뚫을 때 사선의 각도는 일정하게 유지하고 제작물과 송곳의 수직 방향의 각도는 90도로 유지하며 작업하자.

가죽 손바느질용 바늘은 그리프로 미리 뚫어둔 구멍을 통과하는 것이 목적이다. 그래서 구멍을 쉽게 통과하기 위해 바늘의 첨단이 날카롭지 않고 약간 뭉툭하며, 바늘귀가 바늘 몸통의 두께와 비슷한 것이 특징이다. 보통 영국의 존 제임스 John James 사나 독일의 시스템 에스유 System S+U 사의 새들러 바늘을 사용한다.

실은 자연사와 합성사(나일론사/폴리사)로 구분하며 종류에 따라 바느질을 마친 후의 마감 방식이 달라진다. 비즈왁스는 양날 바느질 시 실끼리의 마찰을 줄이고, 실의 내부에 침투하여 내구성을 높여준다. 표면이 매끄러운 합성사는 비즈왁스가 선택이지만 실의 두께가 균일하지 않고 마찰이 심해 보풀이 발생하기 쉬운 자연사는 꼭 비즈왁스를 먹여 작업해야 한다. 결과물의 품질이 높아지고 작업성이 좋아진다.

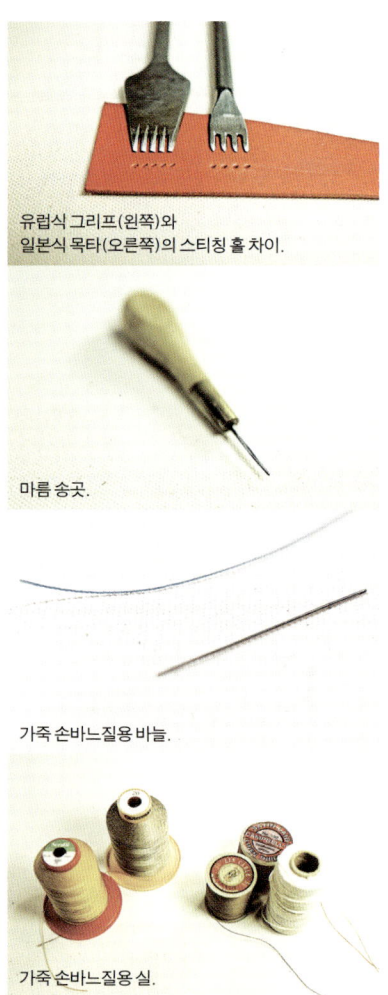

목타의 활용

목타는 날을 다듬어놓았다. 원래는 구멍이 좀 더 크고 각이 져 있다. 유럽식에 비해 구멍이 큰 일본, 미국식은 두꺼운 실을 사용하는 작업에 적합하다.

유럽식 그리프(왼쪽)와 일본식 목타(오른쪽)의 스티칭 홀 차이.

마름 송곳.

가죽 손바느질용 바늘.

가죽 손바느질용 실.

새들 스티치의 유래와 방법

새들 스티치 Saddle stitch 는 유럽에서 시작한 가죽 수공 기법이다. 말 안장 Saddle 같은 마구용품을 튼튼하게 꿰매기 위해 사용되었고 두 개의 바늘을 이용한 양손 바느질 기법이다. 유럽식 가죽 공예에서는 가장 기초적인 바느질 기법이며, 또한 앞으로 사용할 대부분의 손바느질 기법은 이 새들 스티치 또는 새들 스티치에서 응용된 기법이다.

바느질 구멍 뚫기

그리프의 머리를 왼손에 쥐고 제작물과 직각을 유지한 채 나무 망치나 우레탄 망치를 이용해 타공한다. 망치는 타공 시 무게를 실어 누르는 것이 요령이다. 2날보다 10날에 더 많은 힘을 주며 한두 번의 망치질로 구멍이 뚫리는 것이 맞는 사용법이다. 구멍이 잘 뚫리지 않으면 힘이 모자라기보다 망치질 자체가 서툴거나 튕기듯 치기 때문이다. 이럴 땐 무게가 있는 타공판을 깔면 타공이 편하고 소음이 줄어 작업성이 높아진다. 그리프는 날 수에 따라 다양한 종류가 있으며 곡선 부분은 2날로 진행하고 직선 부분은 10날 등을 이용해 구멍을 한 번에 뚫어야 스티칭 라인이 정갈하고 작업도 빠르다.

작업 순서

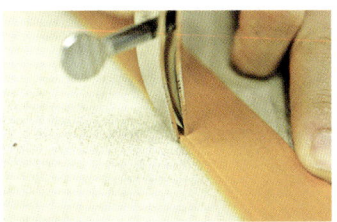

1 크리저 등을 이용해서 단면으로부터 일정한 간격(약 3~4mm 내외)을 띄워 바느질 기준선을 긋는다.

2 그리프의 어깨 부위를 왼손으로 쥐고 바느질 선에 맞춰 타공 위치를 단단히 잡는다.

3 나무 망치나 우레탄 망치를 이용해 그리프의 뒷부분을 때려 타공한다. 그리프의 수직에 유의한다.

4 재단물의 타공 위치 근처를 잡고 그리프를 앞뒤로 살짝 눕히며 날을 빼낸다.

5 앞에서 타공한 바느질 구멍의 진행 방향에 마지막 한 날을 겹치고 이어서 타공한다.

6 위의 과정을 반복하며 전체 면에 바느질 구멍을 낸다.

실 길이 측정하기

실을 측정할 때는 '남는 것이 모자란 것보다 낫다'를 명심하자. 실이 길어서 남으면 스티칭 시간에 영향은 미치지만 자르면 그만이다. 하지만 실이 모자라면 불필요한 이음새를 만들어야 하고 내키지 않는다면 결국 모두 풀고 다시 작업하는 수밖에 없다. 스티칭에 필요한 실의 길이는 스티칭 간격, 제작물의 두께, 실의 두께 등에 따라 달라지기는 하지만 기본적인 평면 바느질에서는 '전체 스티칭 길이의 세 배 + 양쪽에 바늘 꿸 길이'면 충분하다.

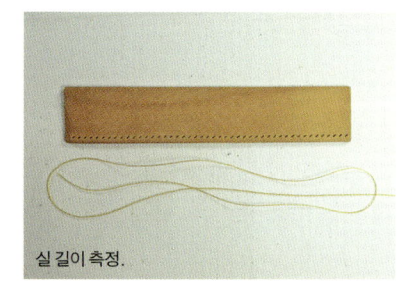

실 길이 측정.

실 왁싱하기

실을 비즈왁스에 걸어 당기면 전체적으로 왁스가 입혀진다. 실을 잡고 당기면 손을 다칠 수 있으므로 실을 자르기 전에 실패를 잡고 당기자. 왁스를 입힌 실은 필요한 만큼 자른 후 종이컵에 넣는다. 실이 밖으로 나오지 않게 종이로 살짝 막고 드라이기로 덥히면 표면의 왁스가 실 내부로 스며든다.

왁스를 입힐 때 실에 쓸려서 손을 베이지 않도록 주의한다. 왁스가 실 내부에 스며들면 실이 아래쪽으로 가라앉으면서 색상이 약간 짙어진다.

실 꿰기 | 합성사 꿰기

실 끝단 정리하기

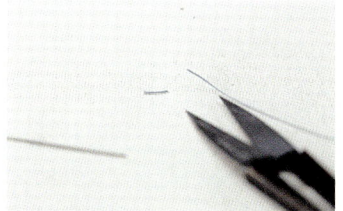

바늘귀에 실이 통과할 수 있도록 쪽가위로 실의 끝단을 깔끔하게 정리한다.

바늘에 실 꿰기

1 실을 바늘귀에 통과시키고 끝단에서 바늘 두 배 길이의 위치에 바늘귀가 오도록 한다.

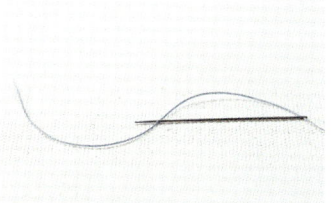

2 실의 끝쪽 중간에 바늘을 관통시킨다.
- 실을 관통할 때는 꿰뚫기보다는 실의 합과 합 사이를 관통하는 것이 꼬임이나 끊김이 덜하다.

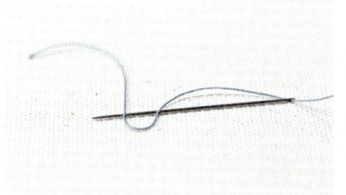

3 1cm 정도의 간격을 두고 두 번째로 바늘을 관통시킨다.

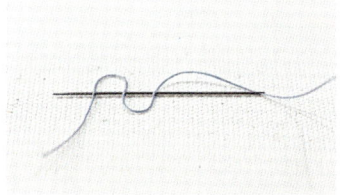

4 다시 1cm의 간격을 두고 세 번째로 바늘을 관통시킨다.
- 마지막 관통 부분에서 적어도 2cm 이상 끝단이 남아야 매듭이 덜 풀린다.

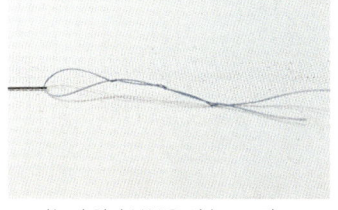

5 바늘의 첨단 부분을 왼손으로 잡고 오른손 엄지와 검지로 매듭 끝과 바늘을 함께 잡아 바늘귀 방향으로 쓸어 매듭을 실의 긴 쪽으로 모두 보낸다.

매듭 당기기

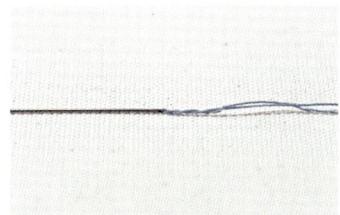

실의 긴 쪽을 살살 잡아당겨 첫 번째 매듭이 바늘귀에 위치하도록 한다. 세게 당기면 바늘귀 부분에 실이 뭉쳐 두께가 생기니 주의한다.

실 꿰기 | 자연사 꿰기

대부분의 과정이 비슷하지만 자연사는 실이 매끄럽지 않고 비슷한 두께여도 바늘귀에 넣는 것이 어렵기 때문에 실을 바늘귀에 넣기 위해 추가 과정이 필요하다.

실 두께 줄이기

1 칼날을 세워서 실을 긁는다.

2 올의 두께를 줄인다.

실 끝단 정리하기

1 실 끝에 왁스를 먹인다.

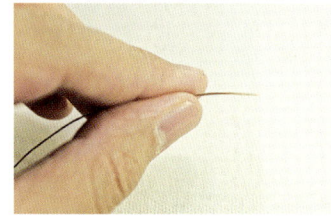

2 왁스 먹인 실의 끝단을 모아 뾰족하게 만들어준다.

바늘에 실 꿰기

실을 바늘귀에 꿴다. 이후는 앞에서 설명한 합성사의 실 꿰는 방법과 동일하다.

바느질하기

바느질의 준비

가죽 은면을 왼쪽으로 오도록 한 후 포니에 작업물을 물린다. 포니에 물릴 때는 바느질 구멍을 포니의 입구 가까이에 잡아야 바느질 시 안정적인 자세를 확보할 수 있으며 장력으로 인한 수축 등을 미연에 방지할 수 있다.

기본 순서

① 바느질의 시작(한 방향으로 빼기) ② 오른쪽 바늘 앞으로 진행(평행 잡기) ③ 바느질 시작(왼쪽)
④ 빼서 당기기 ⑤ 오른쪽 넣기 ⑥ 빼서 당기기(평행 잡기) ⑦ 반복

1 시작점(몸에서 먼 쪽)의 첫 번째, 두 번째 구멍에 바늘 두 개를 넣어준다.

2 양쪽 바늘의 길이가 같도록 바늘 두 개를 함께 잡고 끝까지 당겨준다.

3 왼손으로 두 실 모두 먼 쪽으로 당겨 공간을 확보하고, 첫 땀에서 나온 바늘을 두 번째 구멍에 찔러 넣는다.

4 바늘을 잡고 양쪽으로 당겨 바느질의 기본 펼침 자세를 취한다.

5 먼저 왼손의 바늘을 다음 구멍에 찔러 넣는다.

6 이때 바늘이 오른편의 실 아래로 지나가도록 한다.

7 오른손에 든 바늘과 왼쪽에서 관통해 온 바늘을 교차해 함께 잡아당긴다. 이때 오른손에 든 바늘이 위로 오게 한다.

8 오른손 약지에 실을 걸고 왼손으로는 왼쪽 실을 잡는다. 함께 몸에서 먼 쪽으로 실을 당겨 구멍에 바늘이 들어갈 공간을 확보한다.

9 오른손에 원래 들고 있던 바늘을 오른쪽에서 왼쪽으로 확보한 바늘구멍에 찔러 넣는다.

10 관통한 바늘을 왼손으로 잡는다. 오른손에는 왼쪽에서 온 바늘, 왼손에는 오른쪽에서 온 바늘을 잡은 상태다.

11 양쪽으로 바늘을 당겨 바늘땀을 완성한다.

12 한 땀이 진행되었다. 다시 ③의 기본 펼침 자세로 돌아온다. ④부터 반복하며 바느질을 진행한다.

바느질 마감하기 | 합성사 마감하기

합성사 바느질의 마감은 끝까지 바느질을 진행한 후 되돌아오면서 진행되며 두 겹짜리 바느질을 세 땀을 만들며 마무리한다.

합성사 마감 준비

끝까지 바느질을 한다.

첫 땀 두 겹 만들기

1. 왼손의 바늘을 끝에서 두 번째 구멍에 넣는다. 이때 실을 관통하지 않도록 한다.

2. 관통한 바늘을 원래 땀과 실이 나란하도록 완전히 당겨준다. 이 바늘은 사용을 마쳤다.

두 번째 땀 두 겹 만들기

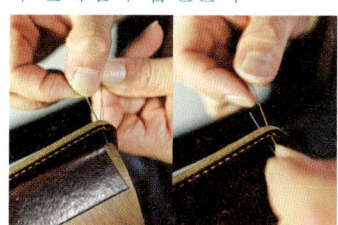

1. 오른손의 바늘을 두 번째 구멍에 상면 쪽에서 찔러 당기고 같은 바늘을 은면 쪽에서 세 번째 구멍으로 넣는다.

2. 기존 땀과 나란하도록 주의하며 완전히 당겨준다.
- 마감의 모든 바느질은 기존 실을 관통하지 않도록 주의한다.

세 번째 땀 두 겹으로 만들기

1. 같은 바늘을 네 번째 구멍에 상면 쪽에서 넣어 당긴다. 세 번째 구멍으로 되돌아오며 은면 쪽에서 찔러 넣는다.

실 마감하기

2. 기존 땀과 나란하도록 주의하며 완전히 당긴다.
- 두 겹짜리 바느질 세 땀이 만들어지며 실의 마감 위치는 세 땀 중 중간의 두 구멍이 된다.

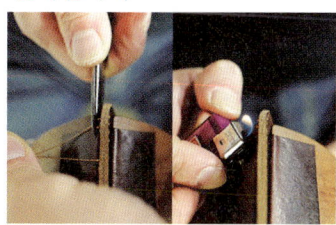

3. 가죽의 상면 쪽으로 나와 있는 두 실을 1.5~2mm 정도 남겨두고 자른다.
- 더 짧으면 불에 녹지 않고, 길면 실이 끝까지 녹지 않는다. 라이터로 실을 녹이고 납작하게 눌러 마무리한다.

바느질 마감하기 | 자연사 마감하기

자연사 마감 준비

기본 바느질법은 합성사와 동일하다. 끝 땀에서 세 땀을 남기고 바느질한다.

한 손 바느질 첫 땀 진행

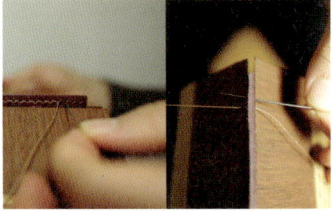

오른손의 바늘은 사용하지 않고 왼손(은면 쪽)에 잡고 있는 바늘만으로 한손 바느질을 해 끝 땀까지 진행한다.

두 번째 땀 진행

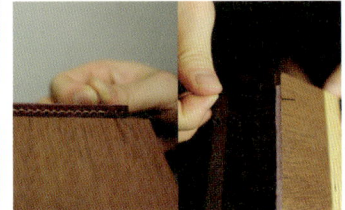

두 번째 땀을 진행한다.

세 번째 땀 진행

끝까지 진행한 후 다시 반대 방향으로 되돌아온다. 기존 실과 나란하도록, 관통하지 않도록 주의한다.

첫 번째 땀 되돌아오기

바늘이 나오는 한 구멍 내에서의 위치를 주목하자. 기존에 진행한 실 방향의 반대편 공간으로 나온다.

두 번째 땀 되돌아오기

기존 실을 피해 구멍의 남은 공간에 찔러 넣는다. 이번 땀은 바늘을 완전히 빼지 않고 다음 작업을 진행한다.

매듭 만들기

1 바늘을 반쯤 넣은 상태에서 오른손의 실로 바늘을 두 바퀴 감는다.

2 오른손으로 잡고 있던 실을 왼손으로 바꿔 잡고, 오른손으로는 관통한 바늘을 잡아 뺀다.

3 오른손의 바늘을 한 손 바느질이 시작된 끝에서 네 번째 구멍으로 관통시킨다.

매듭 숨기기

4 바늘을 끝까지 당기지 말고 약간 남겨두면 사진처럼 매듭이 보인다. 매듭에 목공 본드를 살짝 묻힌다.

1 좌우로 번갈아 가며 당겨주면 매듭을 가죽의 중간 부분으로 숨길 수 있다. 남은 본드는 손으로 닦아낸다.

2 원형 송곳으로 은면 쪽 네 번째 구멍에서 상면 쪽 다섯 번째 구멍으로 새로운 길을 내준다.

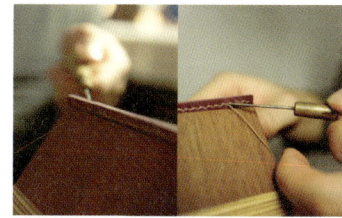

3 실을 숨기기 위함이므로 송곳을 찌르는 위치는 가죽의 표면이 아닌 구멍의 살짝 안쪽 단면이니 주의하자.

4 새로 낸 길로 은면 쪽에 나와 있는 바늘을 통과시킨다. 완전히 통과시키지 말고 실 끝을 약간 남겨둔다.

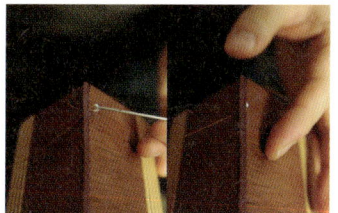

5 남겨둔 실에 목공 본드를 살짝 바르고 끝까지 당긴다. 표면에 남은 본드는 손으로 닦아낸다.

실 자르기

쪽가위를 가죽 면에 밀착하여 실을 최대한 짧게 자른다.

끝단 숨기기

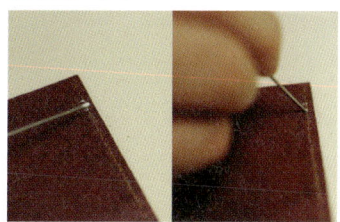

짧게 남은 실에 목공 본드를 바르고 구멍 안쪽으로 밀어 넣어 숨긴다.

완성

이 방법의 가장 큰 장점은 외관상 겹치는 땀이 없어 마감의 흔적이 거의 남지 않는다는 것이다.

손바느질의 특징

이 책에서의 손바느질은 앞에서 설명한 새들 스티치를 뜻한다. 미싱 재봉과 비교하면 새들 스티치의 특성과 장점을 쉽게 이해할 수 있다. 원래 마구 용품처럼 견고함이 필요한 작업에 사용되던 새들 스티치는 최고의 견고함을 지닌 반면 미싱 작업에 비해 수십, 수백 배 이상의 시간이 소요된다. 때문에 명품으로 분류되는 고가의 브랜드라 할지라도 거대 유통 산업에 발을 들인 브랜드에서는 찾아보기 어려운 기법이다. 지금은 한 세대 이상의 역사를 지닌, 명품 브랜드의 상위 제품 중에서 더 견고해야 하는 손잡이 부분이나 미싱 작업이 어려운 두께나 형태를 지닌 부분에 한하여 한정적으로 사용된다.

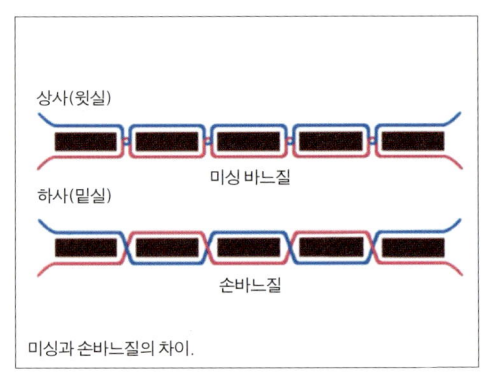

미싱과 손바느질의 차이.

손바느질은 숙련도에 따라 다르지만 대체로 제작 과정에 많은 시간을 할애해야 한다. 하지만 시간을 들이는 것 이상의 만족도를 얻을 수 있다. 견고함의 차이로 결과물이 달라지기 때문이다. 미싱은 구조적 취약점이 있다. 위의 그림처럼 상사(윗실)가 하사(밑실)를 걸어 올리며 서로 엮어진 매듭 부분이 가죽 제작물의 중간에 숨겨지면서 바느질 형태가 유지된다. 그렇기 때문에 바느질 한 땀의 손상으로 옆의 땀이 쉽게 풀리고, 일정 조건 하에서는 자칫 쌀 포대의 입구를 뜯어내듯 나머지 바느질 부분이 쉽게 풀려버리는 경우가 있다. 하지만 손바느질은 그림처럼 하나의 갈래가 위아래 구멍을 교차하면서 진행되는 방식이라, 하나의 땀이 풀어져도 옆의 땀이 풀어지지 않는다.

또한 미싱은 현장에서 '조시'라 부르는 실의 장력에 큰 영향을 받는다. 윗실과 밑실의 장력을 조절해 윗실과 밑실의 매듭을 바늘구멍 사이에 숨기는, 흔히 '조시를 맞춘다'라는 과정을 꼭 거쳐야 한다. 잘 관리한 미싱은 세팅한 설정 값에 따라 일정한 힘으로 바느질을 하는데 가죽의 두께가 달라지면 그때그때 다른 설정 값을 지정해야 한다. 하지만 가죽은 두께가 두껍고, 두 겹이나 서너 겹 이상 겹쳐지기도 한다. 두께가 다른 가죽을 다양하게 사용하기 때문에 한 제작물 안에서도 적어도 한두 번, 많게는 수십 번씩 두께 설정을 달리해야 한다. 미싱은 이런 두께 변화에 민감하게 반응하기가 어렵다. 하지만 손바느질은 숙련된 작업자의 손 감각으로 실의 장력을 조정할 수 있다. 가죽의 두께와 상관없이 바느질 부분을 모두 일정한 텐션으로 작업하거나 완급을 조절하며 작업할 수 있기에 보다 완성도 높고 견고한 작업이 가능하다.

덧붙여, 다소 주관적이지만 손바느질 고유의 사선 바느질은 무척 정갈하다. 그런 이유로 미싱 스티치도 일반 미싱 바늘이 아닌 칼 바늘이라는 가죽 미싱용 특수 바늘로 교체하여 새들 스티치를 흉내 낸 사선 바느질로 진행하는 경우도 있다. 그래도 밑실(바느질 뒷부분) 쪽이 일직선으로 정갈하게 정리되는 손바느질의 결과물과는 많은 차이가 난다. 손바느질을 혼용하거나 대외적으로 표방하는 명품 브랜드들은 이런 사선 모양의 미싱 바느질 형태와 함께 보색이 되는 스티치 컬러의 사용을 선호한다.

손바느질과 미싱 재봉의 구분 방법

손바느질과 미싱 재봉은 외관에서도 그 차이를 알 수 있다. 바느질의 모양, 방향, 밑실의 두께와 색상 등과 같은 특징을 보고 손바느질과 미싱을 구별해보자.

1 일반 바늘을 이용한 미싱 재봉

미싱으로 박음질한 가장 일반적인 형태다. 원형의 바늘이 구멍을 뚫으며 지나갔기 때문에 바느질이 일직선으로 보인다. 보통 가죽의 색상과 비슷한 실을 사용해서 스티치가 두드러지지 않고 땀의 간격을 좁게 바느질한다.

2 칼 바늘을 이용한 미싱 재봉

새들 스티치와 비슷한 모습으로 만들기 위해 첨단 부위가 납작한 특수 바늘(칼 바늘)을 사용하여 바느질한 모습이다. 명품 브랜드에서 주로 사용하며 일반 바늘을 사용한 미싱 재봉보다 좀 더 정갈한 느낌이 난다. 다만 바느질의 구조적 원리가 동일하기 때문에 견고성은 일반 미싱 작업과 같다. 사선 방향이 손바느질(좌상에서 우하로 내려가는 형태)과 반대 방향(좌하에서 우상으로 올라가는 형태)이기 때문에 사선의 방향으로 손바느질과 구분할 수 있다. 단, 손바느질에서 날의 경사 방향이 반대로 제작된 역날 그리프를 이용한다면 미싱과 동일한 방향의 스티치가 가능하다.

3 밑실을 이용한 구분

기본적으로 미싱 재봉은 윗실은 겉면에만, 밑실은 아래쪽에만 드러난다는 특징을 가지고 있다. 그래서 겉면과 안쪽 면의 실 색상이 다르거나 다른 굵기의 실을 사용한다면 미싱 재봉이다. 손바느질은 미싱 재봉과 다르게 윗실과 밑실이 동일한 색상과 굵기로 표현된다. 또한 미싱 재봉은 탄탄한 바닥에 두고 일일이 망치를 이용해 펀칭하는 손바느질과는 다르게 굵은 미싱 바늘이 순간적으로 가죽을 뚫고 지나가면서 바느질 길을 내기 때문에 바느질의 뒷면(밑실 방향)

일반 바늘을 이용한 미싱 재봉의 예.

칼바늘을 이용한 미싱 재봉의 예.

손바느질의 바느질 방향 (좌상→우하).

칼바늘을 이용한 미싱 재봉의 바느질 방향 (좌하→우상).

이 마치 터져나간 것처럼 지저분하고 실의 진행이 일자로 깔끔하게 나오는 손바느질의 뒷면과 다르게 바느질 역시 사선이거나 다소 불규칙하다.

기타 바느질 기법

1 **박스 스티치** Box stitch

제작물의 수직 결합에서 사용되는 기법으로 스티치 방법 중 가장 난이도가 높은 편이다. 만들고자 하는 모양이 직각으로 결합되어야 한다면 깔끔하게 구현할 수 있는 스티치 방법이다.

2 **부트 스티치** Boot stitch

주로 제화에서 사용하는 기법이다. 두께가 있고 단단한 가죽을 수평으로 결합할 때 단차가 발생하지 않도록 겹쳐지는 면을 없애고 단면과 단면을 바로 잇는 기법이다.

3 **베이스볼 스티치** Baseball stitch

이름 그대로 야구공에서 볼 수 있는 스티치로 물건을 감싸는 수평 결합 형태에서 사용한다. 각 부분을 당겨서 결합력을 높이고, 오랜 사용과 마찰로 인해 본딩의 힘이 다했을 때도 들뜸 없이 결합이 지속될 수 있도록 가죽 표면을 실로 엮어서 잡아주는 스티치다.

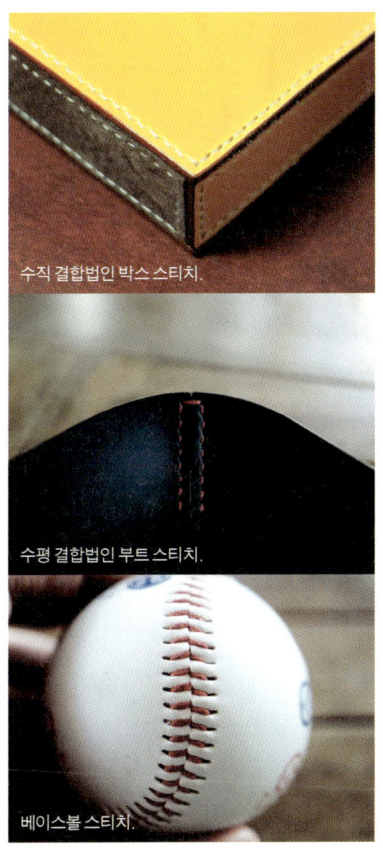

수직 결합법인 박스 스티치.

수평 결합법인 부트 스티치.

베이스볼 스티치.

마감

단면 마감 기법의 종류

가죽 제작물은 여러 부분을 결합시켜 하나의 결과물을 만든다. 각각의 부분을 어떻게 잇고 어떻게 마감할지 반드시 고민해야 한다. 아무 처리를 하지 않고 러프하게 드러낼 수도 있고 안쪽에 숨기거나 접어서 마감하거나 마감재를 발라 마감할 수도 있다. 정답은 없다. 다만 선택하는 방법에 따라 제품의 디자인, 형태, 내구성, 그리고 기타 미학적 측면에 상당한 영향을 미친다. 또한 품질의 디테일과 브랜드의 방향과 이미지를 결정하는 중요한 수단이기도 하다. 가장 대표적으로 사용하는 마감 기법은 다음의 세 가지다.

1 **폴딩 기법** Folding

현장에서는 '헤리', '헤리까시'라 부르는 방법으로 가죽의 가장자리 부분을 얇게 조정하여 접어 넘긴 후 붙이는 마감 기법이다. 가죽의 은면이 마감 면이 되어 내구성은 높아지고 신축은 줄어든다. 폴딩 기법으로 마감한다면 접는 부분을 미리 고려해서 패턴도 그만큼 늘려서 재단한다. 작업 시간이 단축되고 불량률이 적어 대량 생산 방식에서 주로 사용되는 기법이다.

2 **바인딩 기법** Binding

현장에서 '랍빠'라고 부르는 방법으로 일정한 폭의 가죽 띠로 재단된 단면을 앞뒤로 감싼 후 스티치하는 마감 기법이다. 여러 겹의 다양한 소재로 접합된 제작물의 단면을 한 번에 감싸 마감하기에 좋다. 대량 작업에 적합한 방법으로 '나빠기'라 부르는 미싱의 부속을 이용해 세팅을 맞춰놓으면 미싱으로 쉽게 작업할 수 있다. 하지만 손바느질로는 미싱 작업 수준의 퀄리티를 내는 것이 매우 번거롭기 때문에 핸드메이드에 적합한 기법은 아니다.

지갑의 카드 칸 입구 부분에 많이 사용되는 기법이다.

단면을 한 번 감싼 후 박아서 단면이 직접 노출되지 않고 바인딩 라인을 따라 자연스럽게 보강이 된다.

3 에지 코트 기법 Edge cote

현장에서 '기리매'라고 부르는 단면 마감재를 이용하여 절단된 가죽의 단면을 염색하거나 코팅하는 기법이다. 연마, 코팅, 건조의 반복 작업이 필요하며 만족스러운 결과물을 얻기 위해서는 긴 작업 시간과 상당한 수고가 필요하기 때문에 고급스러운 제작물에 사용한다.

단면을 마감재로 바르는 에지 코트 기법.

책에서 사용할 에지 코트 기법

이 책에서는 주로 에지 코트를 사용할 예정이다. 가죽의 단면이 드러난 상태에서 마감재로 매끈하게 마감하는 기법이다. 현장에서는 '기리매' 작업이라고 부르는데 기리매는 일본어로 '단면'을 뜻한다. 한국의 가죽 산업 현장에서는 단면 마감재 또는 단면 마감 작업 자체를 의미하는 용어로 사용되고 있다. 폴딩 기법이나 바인딩 기법은 공통된 작업 방식이 있고 기법에 따른 결과물의 편차가 크지 않다. 하지만 에지 코트 기법은 그 레시피가 다양하고, 목표하는 품질에 따라 시간의 차이가 발생한다. 접는 시접을 미리 고려해야 하는 폴딩 기법이나 작업 후 가죽의 두께만큼 부피가 증가하는 바인딩 기법에 비해 미리 고민하지 않고 패턴을 만들어도 되는 장점이 있지만 작업성이 낮아 상당한 수고스러움과 작업 시간을 필요로 한다. 그렇다 보니 핸드메이드 제품이나 고급 가죽 제품에 주로 사용된다.

에지 코트로 대량 작업을 할 때는 전동이나 수동의 롤러Roller를 사용하는데, 작업 방식의 특성상 점도가 높은 마감재를 이용해 적은 횟수로, 두껍게 올린다. 마감 면의 품질은 레시피를 조정하면서 높일 수 있지만 두껍게 마감재가 올라가면 시간의 흐름에 따라 갈라지거나 통째로 떨어져 나가는 등의 단점이 생긴다.

이 책에서 소개하는 것은 기본적으로 점도가 낮은 마감재를 이용한 방법이다. 롤러로 마감하는 것보다 더 많은 횟수를 거쳐야지만 제대로 된 마감 면의 발색과 좋은 품질을 얻을 수 있다. 시간이 흘러도 갈라지거나 뜯겨지지 않고 마모되면서 자연스럽게 낡아간다는 장점이 있다.

필요 도구

비벨러, 물, 천, 단면 마감재, 슬리커, 마감재를 바르는 도구, 사포 블록.

사포 블록 단면을 매끄럽게 다듬기 위해 사용하는 도구. 너무 무른 것보다는 직선의 단면을 갈았을 때 평탄해질 수 있는 단단한 소재를 추천한다.

비벨러 재단 후 단면에 생기는 직각의 모서리 부분을 동그랗게 깎는 도구.

물 초벌 마감 시 단면을 정리하기 위해 사용. 물 대신 후노리, CMC, 토코놀 등 다양한 약품도 사용하지만 베지터블 가죽은 물만으로 충분하다.

천 물을 묻혀 가죽의 단면을 문지르기 위해 사용. 물을 잘 흡수하며 보풀이 잘 일어나지 않는 소재가 좋다.

슬리커 보통 나무로 만들며 단면을 마감할 때 단면을 누르고 문질러서 압력과 마찰로 면을 다듬는 용도로 사용한다. 다른 형태의 제작물에 두루 적용하려면 하나의 툴 안에 다양한 형태와 두께, 길이, 폭을 함께 가지고 있는 것이 좋다.

단면 마감재 매우 다양한 종류가 있지만 기본적으로 염료 타입과 안료 타입이 있다. 염료 타입은 말 그대로 염색의 개념이고 시큼한 냄새가 나는 염색제로 가죽의 단면을 채색한다. 채색만으로는 깨끗하게 마감하기 어렵기 때문에 안료 타입의 마감재나 밀랍 등으로 마무리하는 것이 좋다. 안료 타입은 얇은 도포면을 바르는 것으로 코팅의 효과도 있다. 도포를 거듭할수록 더 진하고 두터운 코팅막이 생긴다. 이 책에서 주로 사용할 마감은 안료 타입이다. 안료 타입의 마감재는 광택의 정도에 따라 무광, 유광, 반광의 세 가지 종류가 있고 어떤 광택을 선택하는가는 작업자의 주관적인 취향에 따른다.

마감 방법

1 재단 Cutting

단면의 마감은 단면이 처음 생기는 '재단'의 공정부터 시작된다. 사람 사이의 관계에서 첫인상이 중요한 것처럼 깔끔한 재단은 깔끔한 마감의 기초가 된다. 단면 마감은 모든 단계에서 올바른 방법으로 최선의 결과를 유지해야 만족스러운 결과물을 보장받을 수 있다. 이전 단계에서 실수를 했다면 다음 작업에서 어느 정도 만회할 수는 있지만 실수하지 않는다면 수고도 시간도 줄일 수 있다. 특히 정사이즈로 재단한 후 합포가 필요한 부분이라면 단면에 본드가 묻지 않도록 신경 써서 작업한다.

2 갈아내기 Sanding

사포 블록 등을 이용해 단면의 돌기나 울퉁불퉁한 면을 다듬어 평평하게 만든다. 800방 이상의 거친 사포를 사용하면 좋다. 특히 바느질한 부분은 바느질 구멍의 펀칭과 바느질의 장력으로 인해 단면의 굴곡이 심하므로 더욱 신경 써서 다듬어야 한다.

3 모서리 떨기 Bevelling

비벨러를 이용해 다듬은 단면의 모서리를 떨어낸다. 비벨러 날의 아래쪽 홈이 가죽 단면 모서리에 위치하도록 하고 좌우 45도, 앞뒤 방향은 날의 각도가 면에 평행하거나 약간 뒤가 들리는 정도로 조정한 후 가죽면에 상처가 나지 않도록 주의하며 일정한 폭으로 끊김 없이 한 번에 긋는 것이 좋다.

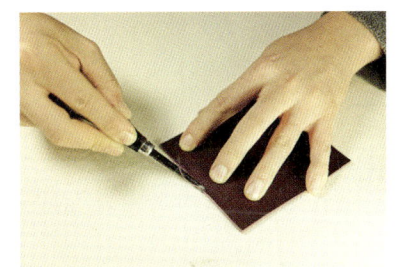

4 장식선 넣기 Creasing

단면에 일정한 간격으로 장식선을 넣는다. 크리징은 선택 사항으로, 원래는 합포한 제작물의 테두리 부분 본딩을 단단하게 만들기 위해 사용하던 기법이다. 지금은 본드의 성능이 좋아져서 제품에 디테일을 추가하는 장식으로의 의미가 크다.

5 물 마감하기 Water finishing

물을 묻힌 천으로 가죽의 단면을 닦아내듯 물을 묻힌다. 물이 단면 전체에 골고루 묻도록 한다. 물이 단면이 아닌 가죽 표면에 닿으면 내추럴 가죽이나 밝은 색상의 가죽은 색이 진해질 수 있으니 가죽 표면에 물이 묻거나 단면에 깊게 흡수되지 않도록 주의하자.

6 1차 면 다듬기 Burnishing/Slicking

우드 슬리커 Wood slicker 등으로 물 묻힌 단면을 눌러주며 문지른다. 이때 마찰이 생길 수 있도록 빠르게 문지르면 약간 어두우면서 광택이 있는 매끈한 면을 볼 수 있다. 단, 앞단계에서 발라놓은 물이 마르면 슬리킹의 효과가 떨어지기 때문에, 물이 마르기 전에 문질러야 한다. 손가락으로 미끄러지듯 만져보면 마감 정도를 확인할 수 있다.

7 1차 마감재 바르기 Edge coating

마감봉 등을 사용해 1차로 물 마감한 면에 단면 마감재(기리매)를 발라준다. 마감재의 경계를 일정한 간격으로 곧게 그어야 결과물의 완성도가 높아진다. 마감재가 가죽 단면이 아닌 표면에 묻으면 지울 수 없는 흔적이 남기도 하니 특히 신경 쓰자. 마감재는 송곳, 붓, 스펀지 등을 사용해 바르며 마감재의 특성과 작업자의 작업 스타일에 따라 편한 도구가 다르니 다양한 도구를 시험해보는 것이 좋다.

8 2차 면 다듬기

이전 공정에서 발라놓은 마감재가 완전 건조되면 시작한다. 2차 면 다듬기는 1차와 마찬가지로 우드 슬리커 등을 사용해 에지 코트를 바른 면을 다시 평평하게 다듬는 작업이다. 이 과정에서 단면의 파인 부분이나 튀어나온 부분을 평평하게 만들어준다. 지나치게 압력과 마찰을 가하면 마감재를 바른 면이 벗겨지니 주의한다.

9 2차 마감재 바르기

전체적으로 다시 한 번 마감재를 바른다.

10 마감재가 완전히 마르면 면 다듬기
→ 마감재 바르기 과정 반복

처음에는 정교하고 만족스러운 결과물이 나올 때까지 열 번 정도 반복한다. 마지막 마감을 발랐을 때의 단면을 보고 목표점을 설정한 다음 차츰 실력을 쌓아 목표치까지의 횟수를 줄여 나가자. 5~6번 정도를 목표로 잡으면 적당하다.

유의사항

단면은 각 공정에서 얼마나 깔끔하게 작업을 했는지가 누적되어 최종적인 결과물을 만든다. 때문에 각 공정에서 지저분하지 않고 평탄한 면을 만들어내는 것이 중요하다. 슬리커로 면을 다듬은 후에는 손가락으로 쓸어 돌기나 홈이 있는지 확인하자. 또한 마감재를 바른 후 완전히 건조되기 전에 면을 다듬으면 기존의 마감 층이 벗겨지니 충분히 건조한 후에 면을 다듬자. 마감 층이 심하게 손상되었다면 거친 사포로 면을 다듬는 ②번의 공정부터 다시 시작한다. 이 경우 단면에 도포한 마감재를 골고루 벗겨서 처음의 상태로 만든 후 시작하는 것이 좋다.

가죽의 두께 조정

필요 도구
피할용 칼, 콘 커터

패브릭과 달리 두께가 두꺼운 가죽 제품을 만들 때는 두께 조정이 필수다. 같은 디자인도 두께가 다르면 제작물의 형태와 분위기, 사용감, 완성도, 견고성 등이 확연하게 달라진다. 가죽의 두께를 조정하기 위해서는 보통 기계를 사용한다. 제작물에 따라서는 0.1mm의 차이로도 완성도가 달라질 수 있기 때문이다. 기계로 가공한 후에 손으로 피할하는 일도 있지만 가죽 작업 과정에서 이 부분만큼은 손이 기계를 능가할 수 없다. 하지만 개인 작업자는 비용적인 문제, 공간과 소음, 분진 등의 문제로 기계를 사용하기 어렵기 때문에 소품을 만드는 데 필요한 부분 피할은 손으로 작업한다.

패링 나이프 손 피할에 최적화된 공구다. 직선용 재단칼로도 피할이 가능하지만 패링 나이프를 사용하면 훨씬 편하다. 손 피할은 각도를 최대한 낮춰야 하는데 이를 위해서는 날신과 손잡이가 길고 손잡이 형태가 납작한 것이 유리하다. 칼 피할은 직선 운동처럼 보이지만 완만한 회전 운동의 동작을 취하게 되는데 칼날이 직선이면 좌우 방향의 넓은 회전 운동에서 칼끝이 가죽에 걸릴 수 있어 약간 둥그런 것이 좋다. 사선 방향으로 힘을 주어 면을 떠내야 하기 때문에 칼날은 항상 예리하게 갈아두자. 칼날이 휘어져 있어 얇은 면적을 떠내기 좋은 콘 커터나 미니 대패 등을 이용하기도 한다.

부분 피할 방법, 도구와 기계

손으로 칼 피할을 할 때는 잘 연마된 칼을 이용해야 하며 칼의 각도를 최대한 낮추어 작업한다. 방향은 미는 것이 아니라 옆으로 긋듯이 얇게 쳐낸다. 날이 짧은 재단칼로 부분 피할Skiving(스키)한다면 칼날의 각을 확보하기 위해서 연마한 칼날의 경사면이 바닥면을 보도록 한다. 칼날의 경사면이 상단을 향하면 진행 각도가 보다 아래쪽을 향하기 때문에 사선 아래로 그대로 파고들어 자칫 재단할 가죽의 끝단이 절단될 수 있으니 주의하자.

기계 공구는 독일의 포투나Fortuna가 원조인 스카이빙 머신이 있다. 우리나라에서는 니피Nippy(일본의 스카이빙 머신 브랜드)라는 이름으로 불리며 잘 갈린 칼로 두께를 조정하는 기본적인 원리는 손 피할과 다르지 않지만 원형의 칼날을 회전시키면서 재단물을 롤러로 밀어주며 원하는 각도, 원하는 폭으로 피할할 수 있어 매우 편리하다. 기계 공구 중에서는 가격 접근성이 좋고 가죽 공예 작업에서 가장 활용도가 높은 기계이기 때문에 개인 작업자들이 가장 먼저 구매를 고려하는 품목 중 하나다.

패링 나이프를 이용한 칼 피할 기법.

일본의 가죽 기계 공구 회사인 니피사의 NP 1.

면 피할 방법, 도구와 기계

면 피할Splitting(와리)은 가죽의 두께를 전체적으로 조정하는 작업으로 아쉽게도 수작업은 어렵다. 폭이 좁다면 스카이빙 머신으로 어느 정도 가능하지만 본격적인 면 피할 기기는 고정된 칼날 전면에 압착 롤러를 달아 전동이나 수동으로 밀어내는 타입과 띠 형태의 칼날을 회전시키며 롤러가 재단물을 밀어 두께를 조정하는 밴드 나이프Band knife 타입이 있다. 칼날이 고정되어 있는 타입은 날 관리가 어렵고 정확성이 떨어져서 생산 업체나 판매처가 많지 않다. 주로 사용하는 기계는 밴드 나이프 형태의 스플리팅 머신Splitting machine이다. 독일의 포투나, 이탈리아의 카모가Camoga가 유명하다. 기기를 직접 운용하게 될 경우 컨트롤과 미세 조정에 대한 숙련을 통해 0.1㎜의 편차도 잡아낼 수 있지만, 기기 자체가 중고가 2,000만 원 이상의 고가이기 때문에 개인 작업자가 구비하기는 어렵다.

독일 포투나사의 AN400 모델.

    개인 작업자는 피할 대행업체를 통해 두께를 조절할 수 있다. 하지만 현장 작업자의 숙련도와 운용 방식에 따라 결과물의 편차가 크고 같은 장비, 같은 세팅이라도 가죽 종류나 크기에 따라서도 결과물이 달라지기 때문에 대행업체에서는 결과물의 품질을 보장해주지 않는다. 직접 기기를 운용해봤다면 알 수 있는 부분이지만 결과물에는 많은 변수가 존재하기 때문에 대행 서비스를 이용할 예정이라면 어느 정도는 마음을 비우는 것이 좋다. 특히 단단한 가죽을 0.6~0.7㎜ 이하의 두께로 조정할 때는 가죽 자체에 구멍이 뚫리거나 중간에 가죽이 끊어지는 일도 심심치 않게 발생한다.

금속 장식 달기

스냅류 Fastening

똑딱이라고도 부르는 스냅은 소품이나 주머니의 잠금 부위에 금속으로 고정 장식을 만들 때 사용한다. 가장 간편한 수직 방향의 잠금 형태로 크기도 다양하다. 이탈리아의 PRYM(구 피오치 Fiocchi), 일본의 가네엠, 하시하토 등이 유명하다. 스냅은 품질에 따라 결합력, 내구성이 달라지므로 브랜드 제품을 추천한다. 황동으로 만든 스냅에는 녹이 생기지 않아 오래 사용해도 좋다.

1 스프링 스냅

가장 많이 사용하는 형태로 링 스냅에 비해 더 부드럽게 잠긴다. 암수 각각 두 개씩으로 구성된, 총 네 개의 금속이 한 조를 이룬다. 가장 일반적인 결합 방식이며 몰드를 받치고 전용 툴을 이용하여 망치로 내리치는 구조다. 전용 툴은 수놈 고정용과 암놈 고정용으로 구분된다. 암놈은 쌍을 이루는 부분이 제작물 내부로 숨겨지는 형태와 반대편에 금속이 드러나는 캡의 형태 두 종류로 나뉜다. 기본은 숨겨지는 형태이고 캡은 별도로 판매한다. 캡을 구입한다면 제작물의 두께를 고려하여 발의 길이를 확인하고 구매한다.

2 링 스냅

스프링 스냅과 함께 가장 많이 사용하는 잠금 방식이다. 스프링 스냅보다 좀 더 뻑뻑하지만 결합력이 좋다. 스프링 스냅과 마찬가지로 암수 각각 두 개씩으로 구성된, 총 네 개의 금속이 한 조를 이룬다. 역시 몰드를 받치고 전용 툴을 이용해 망치로 내리치는 구조다. 전용 툴은 암수 구분 없이 사용한다. 암놈은 쌍을 이루는 부분이 제작물 내부로 숨겨지는 형태와 반대편에 금속이 드러나는 캡의 형태로 나뉜다.

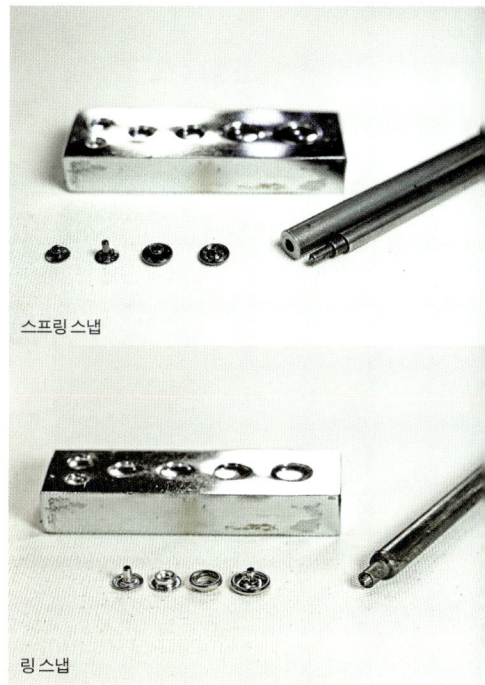

스프링 스냅

링 스냅

스프링 스냅 작업 방법 | 수놈의 고정 방법

수놈 머리(A)

수놈 발(B)

암놈 머리(C) 캡(D)
　　　　　　　암놈 발로 대체 가능

1 가죽에 수놈을 고정시킬 자리를 잡고 수놈 발 두께 크기로 펀칭한다.

2 평평한 몰드 위에 수놈 발(B)을 놓고 펀칭한 가죽의 구멍을 아래에서 위로 통과시킨다.

3 발 위에 수놈 머리(A)를 얹은 후 홈이 파인 도구를 수직으로 대고 쇠망치로 때려 고정한다.

4 이때 아래에는 평평한 쇠 몰드를 놓고 쇠망치로 친다.

5 수놈 고정 완료.

스프링 스냅 작업 방법 | 암놈의 고정 방법

1 가죽에 암놈을 고정시킬 자리를 잡고 암놈 머리(C) 뒤쪽의 돌출된 부분의 외경 크기로 가죽에 펀칭한다.

2 암놈 머리(C)를 가죽의 구멍에 넣고 고정한다.

3 캡 크기의 홈이 파인 몰드에 캡을 놓고 암놈 머리(C)의 구멍을 통과시켜 튀어나오게 한다.

4 전용 공구를 튀어나온 부분에 맞춰 망치로 때려 고정한다.
- 수직을 정확히 맞춰 때려야 하며 암놈 머리(C)의 구멍 안쪽에 11자로 되어 있는 스프링이 눌리지 않도록 주의한다.

5 스프링 스냅 장식 고정 완료.

6 스프링 스냅을 이용한 결합 모습.

링 스냅 작업 방법 | 수놈의 고정 방법

수놈 발(A)   수놈 머리(B)

암놈 머리(C)   캡(D)
            암놈 발로 대체 가능

1 가죽에 수놈을 고정시킬 자리를 잡고 수놈 발 두께 크기로 펀칭한다.

2 평평한 몰드 위에 수놈 발(A)을 놓고 펀칭한 가죽의 구멍을 아래에서 위로 통과시킨다.

3 발 위에 수놈 머리(B)를 얹은 후 홈이 파인 도구를 수직으로 대고 망치로 때려 고정한다.

링 스냅 작업 방법 | 암놈의 고정 방법

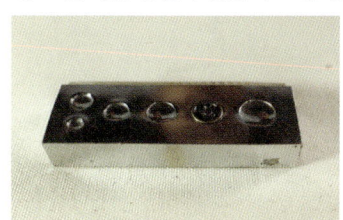  

1 가죽에 암놈을 고정시킬 자리를 잡고 암놈과 같은 크기로 펀칭한다.

2 캡 크기에 맞게 홈이 파인 몰드 위에 캡을 올려놓는다.

3 가죽과 암놈 머리(C)를 통과시킨 후 공구를 홈에 넣고 망치로 때려 고정한다.

솔트레지

솔트레지(스터드Stud) 역시 많이 사용하는 형태다. 스냅류에 비해 수평 방향으로 당기는 힘에 강해서 띠 형태를 고정하는 데 많이 사용한다. 클래식한 모습 때문에 메인 잠금 장치로도 활용한다.

1 **스크루 타입** Screw

암수 한 쌍으로 이루어지며 나사 타입이 일반적이고 실수의 위험이 없다는 장점이 있다. 다만 사용하면서 나사가 빠질 수도 있으니 록타이트 등의 접착제를 이용해 미리 보완해두기도 한다. 암놈 부분은 가죽에 원형 펀칭 후 일자 구멍을 내어 만들면 된다. 이때 원형 펀칭할 크기는 수놈의 머리 크기가 아닌 목 부분 외경의 크기다. 일자 구멍은 스트랩에서 본체와 연결된 쪽 방향으로 작업하면 된다.

2 **프레스 타입** Press

나사가 없고 발 앞부분에 경사가 있어 망치로 때려 고정시키는 타입이다. 가죽에 구멍을 내어 연결하고 머리에 상처가 나지 않도록 가죽 등을 밑에 댄 상태에서 뒷부분을 쇠망치로 때려 박는다. 스크루 타입처럼 풀리지 않는다는 장점이 있다. 하지만 작업 후 수정이 불가능하니 작업 순서와 크기 등을 정확하게 체크하고 작업해야 한다.

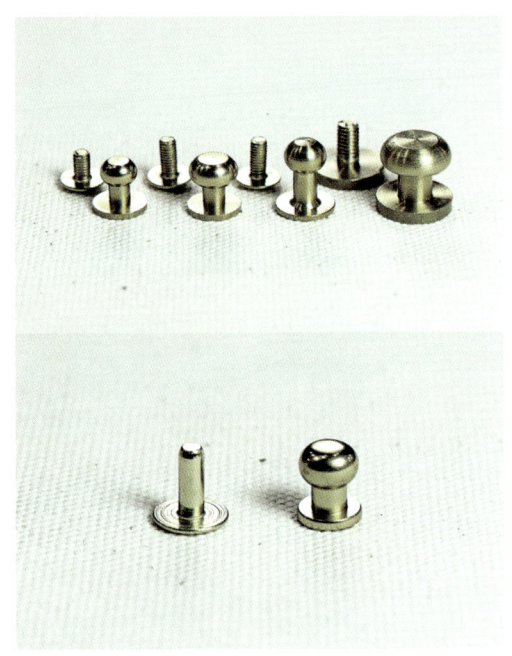

솔트레지 작업 방법

1 나사 부분 크기로 가죽에 펀칭한다.
2 아래에서 위로 나사를 통과시킨다.
3 수놈 머리를 연결하고 나사를 조인다.

4 마지막 잠금은 드라이버를 사용하여 꽉 조인다.
5 원형 펀치로 연결할 부분에 펀칭한다. 홀의 크기는 스터드 장식의 목 부분 두께다.
6 일자 펀치를 이용해 원형 구멍에 겹쳐 일자 구멍을 뚫는다. 일자 구멍의 방향은 끝단의 반대편이다.

7 솔트레지 장식 고정 완료.
8 솔트레지 장식을 이용한 결합 모습.

자석 잠금 Magnetic closure

암수와 암수를 고정하는 각각의 고정판까지 총 네 개가 한 조로 구성된 자석 잠금 방식이다. 현장에서는 '마그네틱'이라 부르고 얇은 것은 '비행접시'라고도 한다. 앞에서 설명한 잠금 장식은 모두 장식을 눌러서 잠그는데, 자석 잠금은 위치만 맞추면 잠금이 된다. 즉, 내부가 비어 있거나 유연한 소재는 자석 잠금이 더 적합할 수 있다. 제작물의 형태와 쓰임에 따라 잠금 방식을 선정해야 한다. 하지만 정확하게 위치를  잡지 않으면 고정하지 못하고 헤매는 경우가 있고 연결한 뒷면에서 발 부분이 접히기 때문에 잠금 부분이 더 울퉁불퉁하고 두꺼워진다. 뒷부분은 꼭 숨기고 뒷면이 잘 보이는 부분이라면 안감에 보강재 등을 대서 금속의 입체감이 덜하도록 디자인해야 한다.

가죽에 두 개의 '발'을 사용해 고정하며 고정시키기 위해 구멍이 뚫린 금속판을 함께 사용한다. 대칭을 맞추어 발 간격이 설정되어 있기 때문에 형지를 만드는 단계에서 장식의 위치를 정확하게 선정한 후 발 간격에 맞게 중심을 맞추고 일자 구멍을 두 개 뚫어야 한다.

자석 잠금 작업 방법 | 암놈의 연결

1 자석 잠금을 부착할 위치를 잡고 장식 발을 이용해 자국을 내어 타공 위치를 표시한다.

2 표시한 자국의 중간에 장식의 뒷면 돌기를 숨기기 위한 원형 구멍을 뚫는다.

3 장식 발로 미리 표시해놓은 위치에 일자 구멍을 두 개 뚫는다.

4 은면 쪽에서 장식의 발을 구멍에 넣는다.

5 뒷면에 튀어나온 발을 뒤 금속판의 구멍에 넣어 밀착시킨다.

6 금속판을 통과해 튀어나온 발을 양 옆으로 펼친다.

7 금속에 상처가 나지 않도록 아래쪽에 얇은 가죽이나 종이를 대고 펼친 발을 쇠망치로 두드려 뒷면에서 티가 나지 않도록 평평하게 펴준다.
- 디자인에 따라 안감이나 패치를 붙여 가려준다.

자석 잠금 작업 방법 | 수놈의 연결

1 암놈과 동일한 방법으로 펀칭 후 상면 쪽에서 장식의 발을 구멍에 넣는다.

2 뒷면에 튀어나온 발을 뒤 금속판의 구멍에 넣고 금속판을 밀착시킨다.

3 금속판을 통과해 튀어나온 발을 양 옆으로 펼쳐 상처가 나지 않게 평평하게 펴준다.

4 자석 잠금 연결 완료.

- 수놈의 경우도 반대편에 고정 부분이 드러나기 때문에 겉감을 따로 대거나 겉감과 안감이 분리되어 있다면 안감에 부착하도록 한다.

잠금장치 Lock

잠금장치는 가방처럼 크기가 큰 제작물에서 사용하는 금속 장식으로 형태가 매우 다양하고 제작물의 디자인에도 큰 영향을 미치기 때문에 신중하게 선택해야 한다. 시장에서는 브랜드 제품의 카피 장치가 많아서 잘못 선택하면 가품처럼 보이기도 한다. 이를 피하기 위해서 스위스 아미에트Amiet 같은 금속 장식 전문 브랜드의 제품을 사용하거나 홍콩이나 일본 등지에서 수입한 자체 디자인 제품을 사용하면 좋다. 몇천 원부터 몇만 원까지 다양한 가격대의 제품이 있다.

많이 사용하는 잠금장치는 스프링 장치가 있는 금속 장식을 눌러서 고리를 지나게 밀어서 고정하는 슬라이딩 방식과 회전 혹은 접히는 장식을 일자 홈에 관통한 후 장식을 다시 회전 혹은 접어서 고정하는 방식 등이 있으며 이외에도 다양한 형태의 장식이 있다.

워낙 종류가 다양해서 방식을 특정할 수 없다. 사진의 잠금장치는 암놈은 고정판을 이용한 발 고정 방식, 수놈은 나사 결합의 방식으로 연결된다. 흔히 사용하지 않는 잠금장치를 사용한다면 구매처에 장착 방법을 문의하는 편이 좋다.

리벳 Rivet

리벳은 '가시매'라고도 부르며 가죽을 연결하는 가장 간편하고도 저렴한 금속 장식이다. 스트랩 연결 부위나 강하게 고정해야 할 부위에 부가적인 고정 방식으로 사용된다. 수놈과 암놈(캡) 한 쌍으로 구성되며 수놈은 머리가 평평한 타입과 사진처럼 볼륨감 있는 타입 두 가지가 있다. 볼륨감 있는 형태는 양면의 모습이 같기 때문에 앞뒤가 모두 노출되는 디자인에 깔끔하게 작업할 수 있다. 평평한 타입은 두께가 두꺼워지지 않아서 아래쪽이 숨겨지는 형태에 사용하면 좋다.

리벳 장식의 수놈(왼쪽)과 암놈(오른쪽).

머리의 크기, 발의 길이에 따라 다양한 종류가 있으며 가죽의 두께를 고려하여 발의 길이를 선정해야 한다. 가죽의 두께에 비해 발이 짧으면 잘 고정되지 않고 금방 분리되며 발이 너무 길면 망치질을 할 때 중간의 발 부분이 휘어서 앞뒤의 위치가 지나치게 차이 나

다양한 발 길이의 리벳 수놈.

깔끔하지 않다. 리벳의 발은 길이별로 여러 가지를 준비해놓고 가죽의 두께보다 1~2mm 더 긴 크기를 사용하자. 수직 방향으로 박아야 하며 힘을 주는 방향이 잘못 되면 휘어서 박히기 쉽다. 안쪽과 바깥쪽을 구분해야 하며 수놈이 깨끗하게 박히니 수놈 머리를 제작물의 바깥쪽으로 둔다. 리벳은 불량이 나기 쉽고 힘을 계속 가하면 고정이 느슨해지기 때문에 리벳만 사용해서 고정하면 제품까지 망가질 수 있다. 리벳은 주된 고정 방식이 아니라 부가적인 수단임을 명심하자.

리벳 작업 방법

1 연결하려는 위치에 리벳의 발 굵기 크기로 구멍을 뚫는다.

2 미리 뚫어놓은 구멍에 리벳 발을 통과시킨다.

3 1~2mm 정도 발이 나오는 크기로 고른다.

4 수놈 리벳의 머리 크기에 맞는 몰드에 정확하게 자리를 잡는다.

5 암놈 캡을 씌운다.

6 같은 크기의 홈이 파인 툴을 이용해 쇠망치로 두드려 리벳을 고정한다. 납작하게 만들려면 툴 없이 망치로 두드리면 된다.

7 캡 쪽이 완료된 모습.

8 몰드 쪽이 완료된 모습. 몰드 쪽의 수놈 머리 부분이 더 깔끔하기 때문에 리벳 장식을 달 때는 아래쪽이 메인이 되게 한다.

스크루 리벳 Screw rivet · Chicago screw

스크루 리벳은 리벳처럼 두 개 이상의 파트를 포개어 고정하기 위해 사용하지만 나사선을 가진 암수 한 쌍으로 이루어져 있어 망치로 고정하는 리벳보다 더 단단하게 고정된다. 대신 풀리지 않게 주의해야 하고 리벳보다 가격대가 훨씬 높다.

스크루 리벳 작업 방법

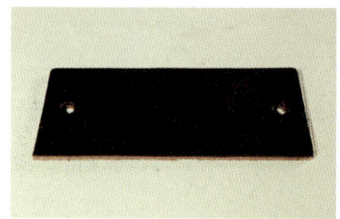

1 암놈의 기둥 두께에 맞춰 연결하려는 부위에 구멍을 만든다.

2 구멍에 암놈을 모두 통과시킨다.

3 수놈을 조여준다. 처음에는 손으로, 마지막에는 드라이버로 강하게 조인다.

4 일자 드라이버를 사용해 수놈을 꽉 조인다. 록타이트 등의 접착제를 나사 홈에 흘리면 반영구적 결합이 가능하다.

5 스크루 리벳 장식을 이용한 결합 모습.

아일렛 IIet

아일렛은 가죽에 구멍을 내고 테두리를 금속으로 두르는 장식이다. 단순한 장식의 용도로 사용하기도 하지만, 구멍 사이로 무언가 지나가야 하는 디자인에서는 구멍을 견고하게 감싸는 역할을 한다. 단면 아일렛과 양면 아일렛이 있으며, 전용 몰드와 툴이 있어야 작업이 가능하다.

단면 아일렛과 전용 세터.
암수 구분 없이 아일렛 한쪽을 휘어서 반대편을 마감하는 타입.

양면 아일렛.

아일렛 작업 방법

1 가죽에 구멍을 뚫는다.

2 크기에 맞는 아일렛 전용 몰드를 준비한다.

3 아일렛을 몰드의 위치에 올린다.

4 가죽의 은면을 아래로 두고 아일렛의 발을 구멍에 맞춘다.

5 전용 툴과 쇠망치를 이용해 아일렛을 박는다.

6 단면 아일렛의 앞면과 뒷면.

chapter.4
Lesson

· LEATHER CRAFT BASIC ·

가죽 공예 레슨

 가죽 공예의 모든 기법은 작업자의 숙련도가 필요한 작업이다. 처음에는 당연히 어렵지만 작업을 반복하면서 자연스럽게 숙련도를 높일 수 있다. 작업 하나하나 오랜 시간이 걸리기 때문에 막연하게 연습을 하기보다 하나의 결과물을 만들어내는 제작 과정이 가장 좋은 연습이 된다. 이 책에서는 연습 과정을 포함하는 도전 과제를 단계별로 제안한다.
 책에서 소개하는 레슨을 순서대로 제작하는 것만으로도 새로운 기술을 자연스럽게 배울 수 있도록 했다. 초반에는 쉬운 과제를 소개하며 자세하게 작업 과정을 설명하고 후반의 과제는 중복되는 작업이나 이전 레슨을 통해 알려준 과정은 제외하는 방식으로 균형을 맞췄다. 쉬워 보이는 과정이라도 각 장에서 제시하는 팁과 순서를 꼼꼼히 읽고 숙달시켜서 놓치지 않도록 하자.
 예쁜 디자인은 보기 좋지만 만듦새가 나쁘면 만족감이 점차 퇴색된다. 제작자는 디자이너와 다르게 기술을 통해 무형의 아이디어를 실현시키는 사람이다. 모든 분야가 그렇지만 제작자의 길로 들어섰다면 착실하게 기본부터 익히기를 권한다. 언젠가 스스로도 만족할 만한 무언가를 만들어냈을 때 느끼는 쾌감은 말로 표현할 수 없이 즐거운 일이다. 제작자가 가진 특권이기도 하다.
 취미로든 직업으로든 이 책과 함께 가죽 공예를 시작하는 당신이 풍요로운 감정을 공유할 수 있는 또 한 사람의 가죽 공예가가 되기를 바란다.

Lesson 1

가죽 코스터 만들기
: 사각·원형

- 패턴 제작 기법을 응용하여 가죽 공예의 기본이 되는 사각과 원형의 패턴을 제작해본다.
- 기본적인 직선 재단과 곡선 재단을 연습한다.
- 단면의 마감을 연습한다.

사용한 가죽

브라이들 Bridle,
J&E SEDGWICK, England

가죽 선정의 기준

모든 가죽은 물과 상극이다. 가죽은 물에 젖으면 표면에 얼룩이 생기고 가죽이 가진 연성이 경화되고 가죽의 특성까지 변화시킨다. 그래서 물에 자주 닿을 수밖에 없는 코스터를 만들 때는 두 가지 선택이 있다. 첫 번째는 오히려 얼룩이 잘 생기는 가죽을 선택해서 사용감을 적극적으로 즐기는 것이고, 두 번째는 그나마 물과 얼룩에 강한 가죽을 선택해서 변화를 늦추는 것이다. 두 가지 중 어떤 방법을 선택하든 좋다. 개인적인 취향에 따라 선택하자. 브라이들 가죽은 두 번째에 해당한다.

    브라이들 가죽은 탈로우와 오일이 표면뿐 아니라 조직 깊숙이 침투한 가죽으로 탈로우 성분은 초의 성분인 파라핀과 유사해서 약간의 발수성을 가진다. 베지터블 소가죽 중 물로 인한 변형에 강한 편이지만 영구적인 것이 아니기 때문에 물이 묻었다면 바로 닦아내는 것이 좋다. 탈로우와 유사한 성분으로 제조한 브라이들 전용 크림으로 주기적으로 관리하면 에이징이 좀 더 늦춰진다. 언젠가 얼룩이 생기고 사용감이 남겠지만 베지터블 가죽은 그것조차 자연스럽게 즐기는 가죽이다.

도구
커터, 서클 커터, 송곳, 각종 자,
가죽 칼, 사포, 비벨러, 슬리커, 마감봉

가죽
가죽 원장

패턴 제작 (8cm 정사각형 코스터 패턴의 제작)
여유 있게 자른 패턴지, 자,
디자인 커터나 커터 칼

4분할 기본 패턴지 제작

1 여유롭게 자른 패턴지에 임의로 중앙에 실금을 내어 2분할 선을 긋는다.

2 실금은 패턴지를 정확하게 접기 위한 것이다. 너무 깊으면 잘리고 너무 얕으면 대칭이 정확하지 않으므로 잘리지 않되 최대한 깊게 긋는다.

3 분할한 선을 따라 대칭이 되도록 접고 대칭으로 표시를 낼 수 있게 임의로 중간점을 잡은 후 접은 두 장의 종이를 모두 관통하도록 칼금 자국을 낸다.

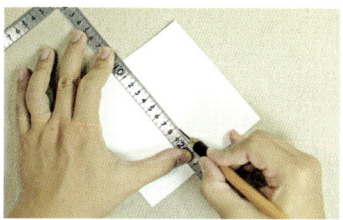

4 패턴을 펼치면 2분할 선을 기준으로 대칭하는 지점에 찍힌 칼금을 확인할 수 있다.

5 자를 대고 표시한 칼금 자국끼리 연결하는 4분할 선을 다시 칼금으로 낸다.

6 가로 방향의 2분할 선과 세로 방향의 4분할 선이 십자로 그어진 패턴지를 확인할 수 있다.

4분할 기본 패턴지를 이용한 8cm 정사각형 패턴 제작

1 4분할 패턴지를 가로로 접어 접힌 곳에서 4cm 떨어진 하단에 가로 방향으로 칼금을 낸다.

2 패턴지를 펼쳐 다시 세로로 접으면 상단과 하단에 대칭으로 표시된 칼금을 볼 수 있다.

3 표시한 칼금 자국과 같은 위치에 뒷면까지 관통하도록 다시 한 번 칼금을 위아래 모두 표시해준다.

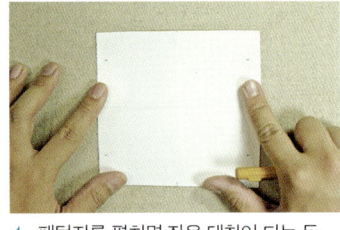

4 패턴지를 펼치면 좌우 대칭이 되는 두 쌍의 칼금 자국을 볼 수 있다.

5 칼금 자국을 가로 방향으로 연결하여 재단한다.

6 위아래 모두 커팅한다.

7 패턴지를 세로로 접고 접힌 선에서 4㎝ 떨어진 위치에 세로 방향 칼금을 넣는다.

8 패턴지를 펼치고 상하로 접어 기존 칼금에 겹쳐 칼금을 내고 다시 펼쳐 세로로 재단한다.

9 4분법을 이용한 정사각형 패턴이 완성되었다.

모서리에 사선 넣어주기

이대로는 조금 심심하기 때문에 한쪽 모서리의 가로세로 2㎝ 지점에 각각 칼금을 표시를 한다.

완성

표시한 칼금을 이어서 재단한다. 한쪽 모서리에 사선이 있는 사각 코스터 패턴이 완성되었다.

원형 코스터 패턴의 제작

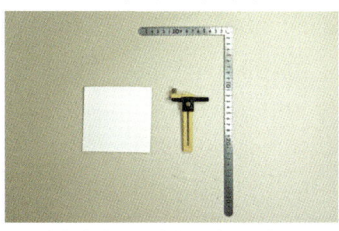  

1 원형 패턴은 분할법을 사용하지 않고 원형 커터를 이용해 재단한다. 여유 있게 자른 패턴지와 자, 원형 커터를 준비한다.

2 만들고자 하는 원형의 반지름 값으로 원형 커터의 간격을 조정한다.

3 패턴지에 임의로 중심점을 잡은 후 원형 커터의 핀을 박고 칼날을 회전시켜 패턴지를 재단한다.

완성

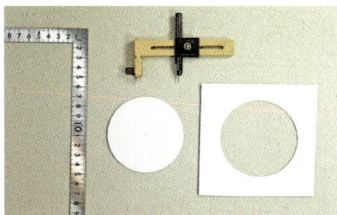

8cm 지름의 원형 패턴 제작 완료.

: 사각 코스터의 제작

부위의 선정과 가재단

상처가 없고 로스가 적은 부위를 선별하여 가재단한다.

정재단

1 가재단한 가죽 위에 패턴지를 놓고 문진으로 고정한 후 송곳으로 가죽 위에 패턴을 그린다.

2 가죽 칼의 직선 재단법을 이용해 패턴에 따라 가죽을 재단한다.

3 가죽 칼의 직선 재단법 참고(100p).

단면 정리

1 커팅한 단면을 사포 블록으로 샌딩*한다.

2 단면의 모서리를 떨어내기 위해 비벨러를 준비한다.

3 은면(가죽의 앞면)의 단면 모서리를 비벨러로 떨어낸다. 비벨러는 날을 밀착시켜 한 번에 진행한다.

4 뒤집어서 상면(가죽의 뒷면) 쪽 모서리도 모두 깎아낸다.

* **샌딩** 재단이나 바느질 후 발생한 굴곡이나 단면의 각도 차를 없애는 공정으로 매끄럽게 마감하기 위한 필수 공정이다.

단면 마감재 바르기

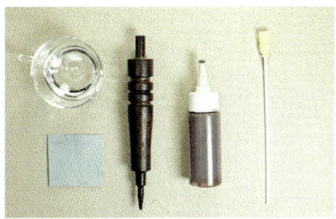

1 단면 마감재를 바르기 위한 도구를 준비한다. 준비물은 소량의 물, 천, 단면 마감재, 슬리커, 마감봉이다.

2 천을 두 번 접고 물을 충분히 흡수시킨 후 가죽의 단면에 바른다. 가죽의 단면이 젖어들며 색이 변할 정도로 바르면 된다.

3 나무 슬리커를 이용해 물을 바른 가죽의 단면을 문지른다. 단면의 표면에 광택이 돌면서 매끄럽게 될 때까지 문지른다.

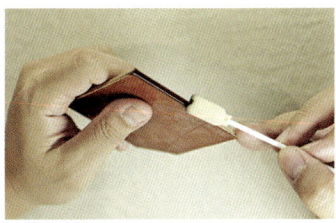

4 매끄럽게 다듬어진 표면의 물기가 사라지기 전에 단면 마감재를 마감 봉에 적셔 가죽의 단면에 발라준다.

5 단면 마감재가 완전히 마른 후 다시 슬리커로 표면을 문질러서 다듬는다.

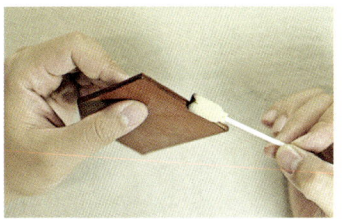

6 마감재를 다시 한 번 단면에 바른다. 단면의 마감이 마음에 들 때까지 이 과정을 반복한다.

완성

: 원형 코스터의 제작

재단

1 가재단한 가죽 위에 패턴지를 놓고 문진으로 고정한 후 송곳으로 가죽 위에 패턴을 그린다.

2 곡선 재단용 재단칼을 이용해 그려진 패턴을 따라 재단한다. 곡선의 재단법 (100p) 참고.

3 곡선은 되도록 끊어지지 않게 재단해야 결과물이 깔끔해진다.

단면의 정리

1 사포 블록으로 커팅한 단면을 샌딩한다.

2 곡선 재단은 직선 재단보다 깔끔하지 않은 경우가 많다. 샌딩으로 자연스럽게 라인을 잡아준다.

3 앞면과 뒷면의 단면 모서리를 비벨러*로 깎아낸다.

단면 마감

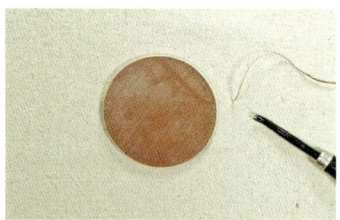

물마감 → 연마 → 마감재 1차 도포 → 연마 → 마감재 도포의 순서로 마음에 들 때까지 반복한다.

완성

* **비벨러 작업** 비벨러 작업을 통해 단면과 가죽의 경계가 다시 결정되기 때문에 완성도에 영향을 미치는 본격적인 마감의 공정으로 볼 수 있다. 곡선은 작업하기가 쉽지 않지만 시간을 두고 만족스러울 만큼 익혀가도록 하자. 이후의 마감 과정은 사각 코스터와 같다.

Detail lecture

크리징 Creasing

크리징의 방법
가장 일반적으로 사용하는 F 혹은 FN 타입 간격형 아이언을 기준으로 설명한다.

1. 크리저에 열을 올린다. 적정 온도는 가죽과 기기에 따라 다르다. 충분히 열이 오른 상태를 기준으로 여러 온도를 테스트해보자.

2. 충분히 열이 오른 크리저를 잡고 수직으로 세운 후 제작물의 단면을 가이드 삼아 밀착시킨 상태에서 아래쪽으로 힘을 주면서 몸의 먼 쪽에서 가까운 쪽으로 천천히 진행한다. 이때 팁에서 가능한 한 가까이 잡아야 움직이기 편하다. 끊이지 않고 매끄럽게 작업해야 예쁜 선을 만들 수 있다.

3. 시작점, 끝점, 각진 모서리는 크리저의 뾰족한 앞뒤 날을 이용한다. 코너 부분의 접점까지 그어서 연결한다.

가죽은 자연으로부터 얻은, 인류 역사와 함께해온 소재다. 가죽의 가공 기술 역시 그에 맞춰 발전해왔다. 크리징은 접착제의 성능이 좋지 않았을 때, 열과 압력을 이용해 접합 부분 가장자리의 접합 강도를 높이기 위해 사용한 기법이다. 지금은 접착제의 성능이 좋아져서 단순한 장식선으로 사용하는 경우가 더 많다. 크리징 자체는 필수 공정이 아니기 때문에 이 책에서 소개하는 모든 공정에서 크리징은 생략해도 무방하다. 하지만 테두리에 선이 하나 더해짐으로써 디자인에 포인트를 줄 수 있고, 기능적으로도 더 단단하게 접합할 수 있다.

이 책에서는 제작의 순서를 익히기 위해 모든 공정에 크리징을 넣었다. 크리징은 비벨러로 모서리를 정리한 후, 물로 마감하기 전에 작업한다. 비벨러 작업 전에 크리징을 하면 비벨러 작업 중에 크리징 선이 뭉개질 수 있고, 물 마감 이후에 크리징을 하면 마감 면에 상처가 날 수 있다. 도구의 차이나 마감의 레시피에 따라 제작 순서는 바뀔 수 있지만 일반적으로는 위의 순서를 따른다.

크리저의 종류
크리저는 작동 방식에 따라 크게 일반형, 전기 인두형, 고주파 인두형 정도로 구분한다. 바느질 가이드 선을 긋거나 하는 용도로 열을 올리지 않은 상태로 사용하기도 하지만, 장식선을 만들기 위한 용도라면 열을 올려 선을 그어야 선이 보다 선명하고 오랫동안 유지된다. 별도의 장치가 없는 일반형 크리저의 경우 알코올램프를 이용해 직접 크리저에 열을 올린 후 식기 전에 사용했지만 일정한 온도를 유지하기가 어려웠다. 현재는 일정 온도를 유지할 수 있는 전기 인두형, 고주파 인두형 크리저를 많이 사용한다. 전기 인두형 크리저는 저렴한 가격에 구매할 수 있지만 온도의 상승까지 시간이 걸린다는 단점이 있다. 가격 차이가 있지만 설정 온도까지 빠른 온도 상승이 가능하고 온도 조절이 간편한 고주파 인두형 크리저가 가장 편리하다. 온도 조절형 전기 크리저는 에르메스에서도 사용하고 있는 프랑스의 르가드Regad, 아데세ADECE 등이 유명하며 이를 본떠 한국이나 중국에서도 자체적으로 개발한 고주파 인두형 크리저들이 나오고 있으며 이 중 디자인이나 품질 면에서 좋은 반응을 얻고 있는 제품들이 있다. 고주파 인두형 크리저 제품은 다양한 용도와 간격의 팁을 가지고 있기 때문에 확장성이 좋다. 기기의 성능과 가격, 그리고 가장 중요한 팁의 성능이나 호환성을 기준으로 자신에게 맞는 제품을 구매하도록 하자.

Lesson 2

마우스패드 만들기

- 더 큰 크기의 직선과 곡선 재단을 연습한다.
- 직선과 완만한 곡선에서 크리징 기법을 시도해본다.

사용한 가죽

부테로 Buttero
Walpier, Italy

가죽 선정의 기준

마우스패드는 마찰이 많아 에이징 과정이 가장 빠른 아이템일 수도 있다. 그런 이유로 에이징 과정을 제대로 관찰할 수 있는 아이템이기도 하다. 마우스가 잘 움직일 수 있도록 표면이 매끄러우면서 오일 함량이 풍부하고 가죽 본연의 표면 질감과 농담의 변화를 그대로 들여다볼 수 있는 대표적인 아닐린 염색 방식의 가죽인 부테로를 선정했다. 하드한 타입의 가죽 중 이탈리아 내에서도 최고의 품질을 자랑하는 대표적인 베지터블 가죽 중 하나다.

부테로는 1973년 창업 이후 3대에 걸쳐 운영하고 있는 명가 발피에르사의 가죽으로 1등급 프랑스 원피만을 사용해 이탈리아 내에서도 유독 고집스럽게 품질 좋은 풀 베지터블 태닝 가죽만을 생산하고 있다. 부테로는 숄더 부분을 가공해 3T 정도의 두께로 생산한 아닐린 염색 가죽이다. 자연스러운 색감이 매력적이며 표면의 질감이 매우 좋다. 표면의 가공이 최소화되었기 때문에 힘줄이나 목주름이 그대로 드러나지만 원피의 등급이 높고 가공 기술 또한 훌륭하기 때문에 주름 자체가 멋스러운 무늬처럼 느껴진다. 베지터블 가죽 본연의 매력을 그대로 느낄 수 있는 최상급 베지터블 가죽이다. 흔적이 잘 남지만 오일 함량이 높아 쉽게 에이징된다. 단단하고 두께가 두꺼워 그대로 벨트로 사용해도 될 정도다.

도구
문진, 송곳, 가죽 칼, 사포, 비벨러,
장식선용 크리저, 슬리커, 마감봉

가죽
원장

패턴 제작 (패턴 별첨)
비정형 곡선을 가진 패턴이다.
직선과 곡선의 재단과 크리징의
연습에 적합한 형태다. 별도로
패턴을 첨부했지만 반드시 이 형태가
아니어도 된다. 첫 제작 후에는
4분할법을 이용해 각자 마음에 드는
형태로 만들어보는 것도 좋다.

재단(가재단, 정재단)

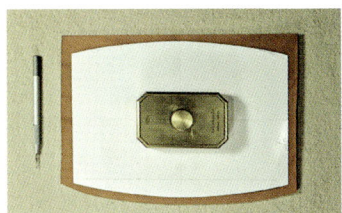

1 패턴 크기보다 약간 큰 크기로
   가재단한다.

2 가죽 위에 패턴을 놓고 문진을 올려
   움직이지 않도록 고정한 후 송곳을
   이용해 패턴을 그린다.

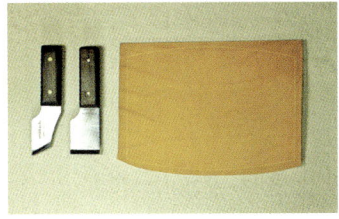

3 패턴에 맞춰 정재단한다.

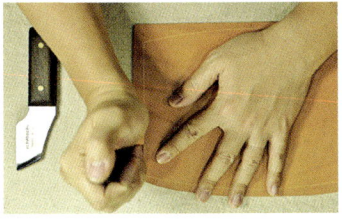

4 먼저 직선을 재단한다.

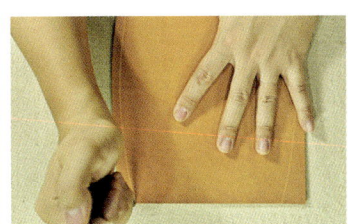

5 곡선을 재단한다.

단면 정리

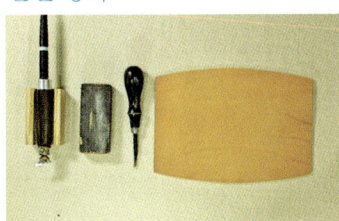

1 단면 정리를 위해 사포와 비벨러를
   준비한다.

2 어색한 부분이 없도록 단면을 사포로
   샌딩한다.

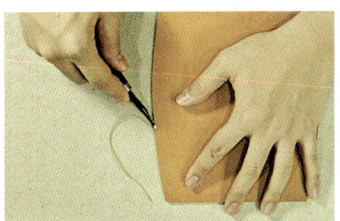

3 앞면과 뒷면의 단면 모서리를 비벨러로
   둥글게 만든다.

장식선 넣기
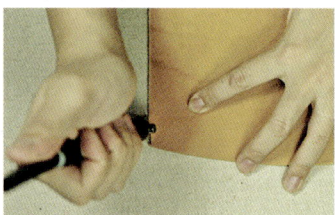
크리저를 이용해 장식선을 넣는다.

단면 마감
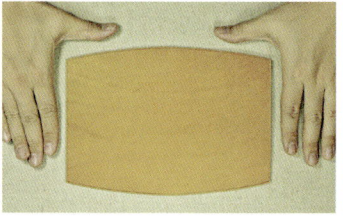
천을 이용해 단면에 물을 바르고 슬리커로 문질러준다. 단면 마감재를 바른 후 완전히 건조시킨다. 슬리커로 문질러 면을 다듬고 다시 한 번 단면 마감재를 바른다. 마음에 들 때까지 슬리커를 이용한 연마, 마감재 도포 작업을 반복한다.

완성

Chapter 4. LESSON 161

Detail lecture

스트랩 커터 Strap cutter
사용 방법

● 스트랩 커터를 사용하는 방법에는 여러 가지가 있지만 가죽 공예에서는 미국 탠디Tandy사에서 판매하는 스트랩 커터를 가장 많이 사용한다. 이것 하나만 있어도 원하는 폭의 스트랩을 대부분 작업할 수 있다.

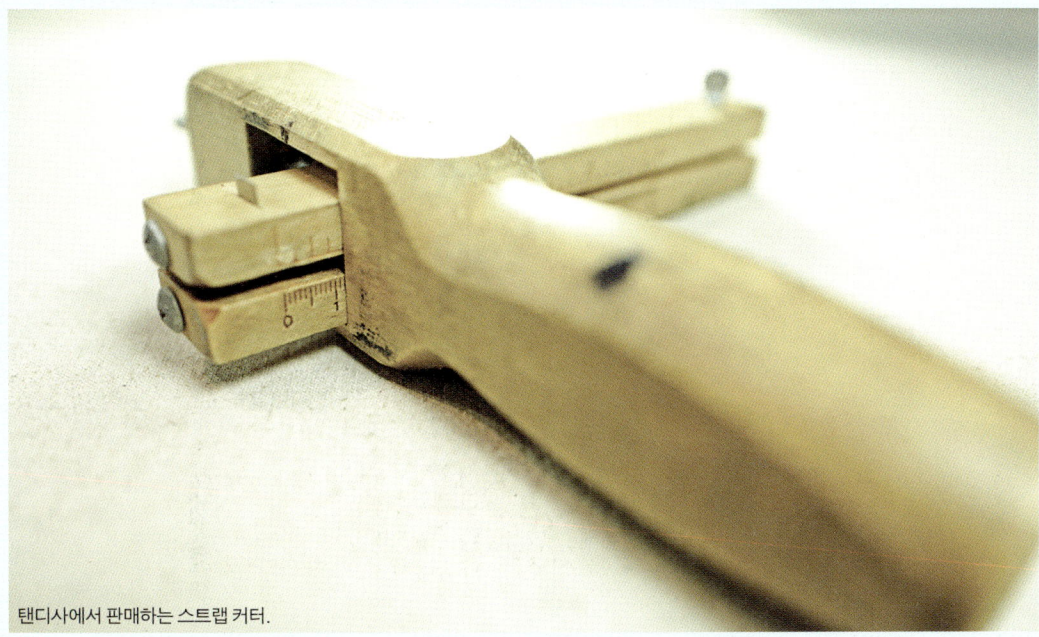

탠디사에서 판매하는 스트랩 커터.

스트랩 두께의 세팅

1 스트랩 커터 상단의 큰 손잡이를 시계 반대 방향으로 돌려 나사를 살짝 푼다.

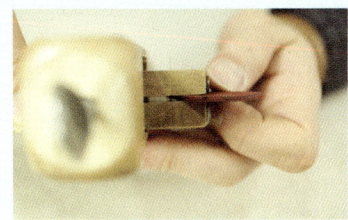

2 칼날이 있는 바깥쪽 홈에 재단하려는 가죽의 조각을 끼워 두께를 맞춘다.

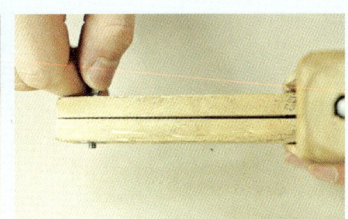

3 칼날 반대편의 작은 레버를 돌려 홈의 폭과 가죽의 두께를 맞춘다.

스트랩 폭의 세팅

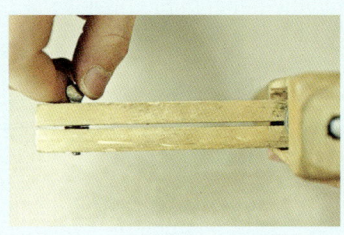  

4 전체적인 공간을 맞추어야 하며 가죽의 두께보다 0.5~1㎜ 정도 여유롭게 세팅하는 것이 좋다.

1 두께 설정을 유지한 채, 커팅 바를 가이드 바의 아래쪽 평면에 밀착한 상태에서 눈금을 참고하여 스트랩을 재단하기 위한 폭을 설정한다.

2 세팅한 값이 유지될 수 있도록 커팅 바와 가이드 바를 왼손으로 잡은 상태에서 가이드 바 상단의 레버를 돌려 꽉 잠근다.

커팅의 진행

1 준비한 가죽의 일직선 면을 가이드 바의 평평한 부분에 밀착시킨다.
- 커팅하려는 가죽의 한쪽 면을 일직선으로 재단하여 준비한다.

2 가이드 바에 밀착한 상태로 커팅 바 홈에 밀어 넣는다.
- 잘 들어가지 않으면 칼날에 가까운 곳을 잡고 조금씩 밀어 넣는다.

3 잘려져 나온 도입부 양 갈래를 왼손으로 함께 잡고 밀착된 상태에서 스트랩 커터를 잡은 오른손을 서서히 잡아당긴다.

원장의 폭이 좁은 경우의 파지법 원장의 폭이 넓은 경우의 파지법

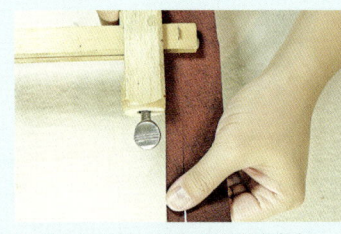  

4 왼손의 파지 위치를 칼날에 가깝게 변경해 가면서 조금씩 당겨 재단한다.
- 잘린 두 갈래를 한 번에 잡고 균일하게 당기지 않으면 폭이 얇아지거나 휠 수 있다.

Lesson 3

스터드 장식을 이용한 팔찌

- 스트랩 커터의 올바른 사용법을 익히고 일정한 두께로 재단하는 것을 연습한다.
- 환도를 이용하여 모서리를 정리해본다.
- 스터드 장식의 기본적인 사용법을 배운다.

사용한 가죽

푸에블로 Pueblo
Badalassi Carlo, Italy

가죽 선정의 기준

팔찌는 제작이 간단한 대신에 금속 장식이나 가죽이 디테일을 결정하기도 한다. 푸에블로처럼 독특한 질감의 가죽은 간단한 디자인을 더 풍성하게 해줄 것이다.

   각 장에서는 새롭게 소개하는 기술을 자세하게 설명하고 기존에 설명한 제작 기법은 간단하게 알려준다. 설명이 간단하더라도 제작 순서는 반드시 빠뜨리지 말고 따라오자. 공정이 복잡해질수록 제작 순서가 중요하며 순서가 뒤바뀌면 결과물의 품질에 영향을 미치기도 한다.

   바달라시 카를로Badalassi carlo사는 40여 년 이상의 역사를 가진 이탈리아의 태너리로 알프스 지방에서 자란 소의 원피를 사용해 10세기 이상의 전통을 가진 바케타Vacchetta 공법으로 품질 좋은 베지터블 가죽을 생산한다. 푸에블로 가죽은 바달라시사의 아트 피니시Art finish 라인업 중 하나로 미네르바Minerva 가죽 표면에 철 구슬 같은 것을 굴려 인위적으로 스크래치를 낸 가죽이다. 작은 조각을 보면 상처 입은 가죽 같지만 큰 조각은 다른 가죽과 매치해서 독특한 질감을 표현할 수 있다. 아트 피니시 가죽으로는 드물게 전 세계적으로 유명해서 점차 수요가 늘고 있다.

도구
송곳, 스트랩 커터, 가죽 칼, 환도, 원형 펀치, 일자 펀치, 사포, 비벨러, 장식선용 크리저, 슬리커, 마감봉

가죽
원장

기타 부자재
솔트레지(스터드)

패턴 제작 (패턴 별첨)
스트랩 패턴은 스트랩 커터를 이용하므로 끝 부분의 모양과 필요한 홀 정도만 표시해도 충분하다. 팔찌는 길이가 유동적이니 팔목 두께에 맞추어 길이를 잡도록 한다.

재단

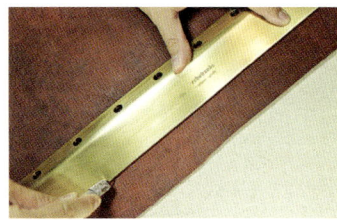

1. 가죽의 한쪽 면을 일자로 정돈한다.

2. 스트랩 커터를 이용해 12mm 폭으로 재단한다.

3. 재단된 스트랩.

4. 한쪽 끝에 패턴을 그리고, 반대편은 필요한 거리만큼 간격을 띄우고 그린다.

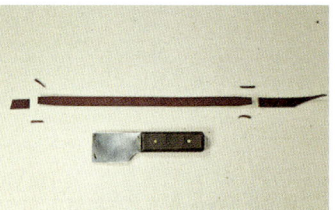

5. 가죽 칼을 이용해 도안대로 잘라낸다.

6. 각진 모서리는 작은 환도를 이용해 자연스러운 곡선으로 만든다.

단면 정리

1. 면과 모서리를 사포 블록으로 다듬는다.

2. 가죽의 은면 쪽과 상면 쪽 모서리를 모두 비벨러로 다듬어준다.

장식선 넣기

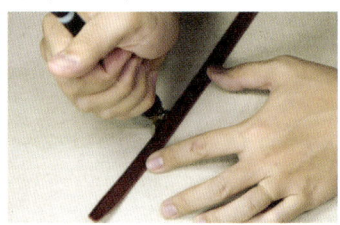

1. 크리저를 이용해 은면 쪽 테두리에 장식선을 넣어준다.

단면 마감

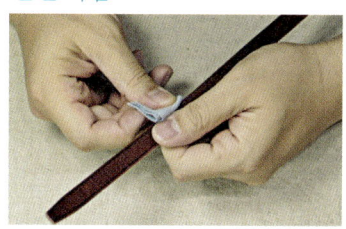  

1 천을 사용해 단면에 물을 바른다.

2 슬리커로 단면을 문질러서 매끄럽게 만든다.

3 단면 마감재를 바르고 완전히 건조한 후 만족스러울 때까지 연마, 도포 작업을 반복한다.

솔트레지 장식 연결

1 펀치의 크기가 결정되면 중심을 잡은 후 원형 펀치로 먼저 위치를 표시한다.

2 스트랩의 중심을 잡는 것은 눈대중으로도 가능하지만 정확한 위치를 위해서는 미리 패턴에 중심을 잡아둔다.

3 모든 펀칭의 기본은 수직을 맞추는 것이다.

솔트레지 연결 방법

1 솔트레지는 몸통보다 머리가 큰 연결 금속이다.

2 솔트레지 연결을 위해서는 솔트레지 장식 외에 두 가지 크기의 원형 펀치(솔트레지 목 크기, 솔트레지 고정 나사 크기), 일자 펀치, 우레탄이나 나무 망치가 필요하다.

3 솔트레지의 고정을 위해서는 수놈 나사선의 외경을 측정하여 타공한다.

4 버니어 캘리퍼스(Vernier calipers·크기 측정 도구)를 이용해 외경을 측정한다. 사진의 값은 2.4로 2.5 펀치를 이용하면 적당하다.

4 가죽의 뒷면에서 앞면 쪽으로 수놈을 구멍에 밀어 넣는다.

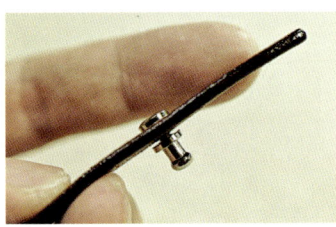

5 나사선에 솔트레지 암놈을 연결한다.

6 손으로 돌아가는 정도까지 가볍게 돌린 후 일자 드라이버로 단단히 조인다.

7 금속 장식이 연결된 모습.

반대편 연결 구멍 크기 확인하기

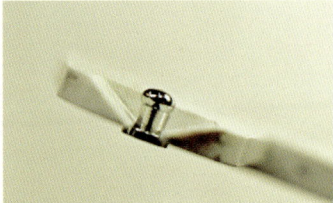

1 솔트레지와 연결은 일자 펀치와 원형 펀치가 필요하다. 원형 타공 크기는 솔트레지 머리가 아닌 목 부분의 크기다.

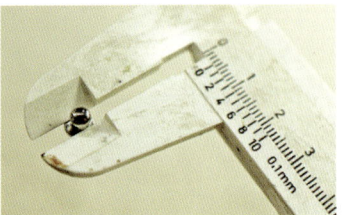

2 사진에서 버니어 캘리퍼스로 측정한 목 부분 외경은 3.5㎜로 3.5펀치가 적당하다.

반대편 연결 구멍 타공하기

1 측정한 크기의 반대편 연결될 부분에 중심을 표시한다.

2 구멍에 걸쳐서 일자 펀치를 이용해 중심에 표시한다.

3 일자 펀치 표시 방향은 끝단과 반대쪽이며, 결합 시 당겼을 때를 상상하면 기억하기가 쉽다.

4 원형 펀치를 먼저 뚫고, 일자 펀치를 나중에 뚫는다. 반대로 하면 모양이 예쁘지 않다. 일자 구멍은 솔트레지의 머리가 클수록 길어져야 한다.

5 두 개 이상의 구멍을 뚫으면 길이 조정이 가능하다.

완성

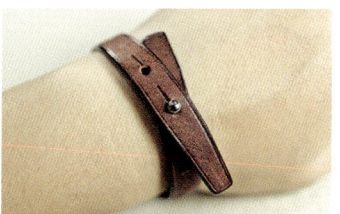

끝단이 여유로운 느낌으로 제작했다. 끝단의 스트랩이 일치하기를 원한다면 솔트레지를 위치에 맞게 두 개 연결하거나 고정 고리를 추가로 제작하면 된다.

Lesson 4

콘웨이 장식의 팔찌

- 콘웨이(Con-way) 장식의 사용법을 배운다.
- 제작할 팔찌는 투웨이(Two-way) 디자인이라 재단 길이가 길어졌을 뿐, 타공 전까지의 과정은 레슨 3과 같다.

사용한 가죽

바레니아 Barenia
HAAS, France

가죽 선정의 기준

팔찌는 살에 직접 닿는 만큼 터치감이 중요하기 때문에 고운 살결 같은 느낌을 주는 바레니아 가죽을 사용했다. 바레니아는 명품 브랜드에서 사용하는 고급 가죽이며 그 특유의 부드러운 촉감으로 시곗줄이나 팔찌 같은 제품군에도 즐겨 사용된다. 상당한 마니아를 가진 가죽이다.

    하스HAAS사는 프랑스 태너리로 에르메스에 가죽을 납품하는 태너리 중 하나로 유명하다. 에르메스의 마구용품, 가방, 액세서리 등의 라인업에서 베지터블 가죽 느낌이 나는 가죽이 있다면 하스의 바레니아Barenia라고 보면 된다. 엄밀히 말하자면 바레니아는 크롬 가죽과 베지터블 가죽의 하이브리드 타입으로 크롬 태닝한 가죽에 베지터블 피니시로 표면을 마무리한 가죽이다. 크롬 가죽의 장점인 가벼움을 유지하면서 베지터블 가죽의 장점인 자연스러운 경년의 변화를 함께 느낄 수 있는 재미있는 가죽이다. 바레니아는 최상급 카프 스킨으로 제작되기 때문에 모공이 매우 작고 은면의 부드러운 터치감이 매력적이다. 카프 스킨은 부위별로 커팅하지 않고 풀 사이즈로 가공하기 때문에 로스율이 높은 편이고 크기는 대략 25~28S/F 정도다. 소가죽 중에서도 가격대가 높은 편이다.

도구
송곳, 스트랩 커터, 가죽 칼, 환도, 원형 펀치, 사포, 비벨러, 장식선용 크리저, 슬리커, 마감봉

가죽
원장

기타 부자재
콘웨이 버클 12㎜

패턴 제작 (패턴 별첨)
패턴에 구멍의 위치를 먼저 표시하고 작업해보자. 중심을 잡는 것이 훨씬 수월해진다.

재단

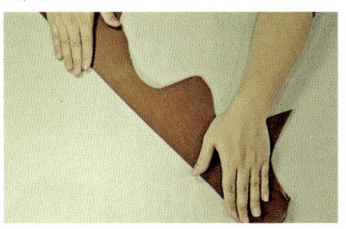

1 한쪽이 일직선으로 재단된 가죽을 준비한다.

2 스트랩 커터를 이용해 일직선인 부분을 커터에 밀착시켜 커팅한다.

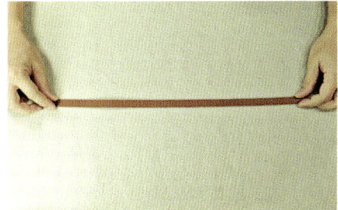

3 12㎜ 폭으로 재단했다.

4 패턴을 대고 송곳으로 스트랩의 끝단을 그리고 재단 후 반대편은 필요한 길이로 마저 재단한다.

단면의 정리

사포 블록으로 면과 모서리를 다듬는다. 비벨러로 가죽의 은면 쪽과 상면 쪽 모서리를 모두 다듬어준다.

장식선 넣기

크리저로 은면 쪽 테두리에 장식선을 넣어준다.

단면 마감

물 마감 후 연마하여 마감재를 바르고 다시 완전 건조 후 연마하여 마감재 도포를 반복하며 만족스러울 때까지 마감재를 바른다.

홀 타공

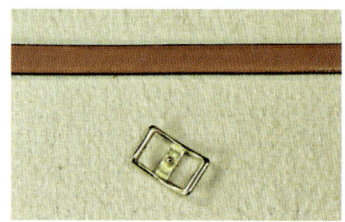

1 콘웨이 장식을 준비한다.

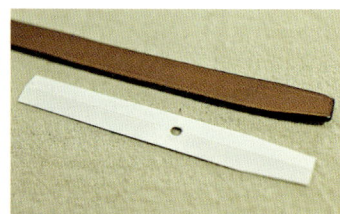

2 패턴의 중심 위치를 잡고 구멍을 표시한다.

3 패턴을 스트랩에 맞추고 패턴의 구멍에 펀치를 대고 눌러 자국을 낸다.

4 정확하게 가운데 위치임을 확인하고 우레탄 망치나 나무 망치를 이용해 양쪽 모두 펀칭한다.

5 양쪽에 모두 홀을 냈으면 준비 완료.

콘웨이 장식 연결

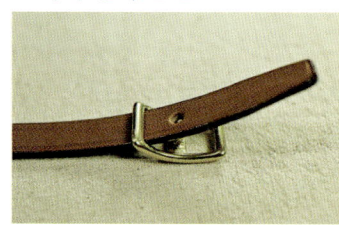

1 콘웨이 버클은 연결 방식이 간결하다는 것이 최대 장점이다. 콘웨이 버클을 연결해보자.

2 버클에 끼우듯 한쪽 구멍을 먼저 끼운다.

3 한 바퀴를 둘러 반대 방향에서 동일한 방식으로 넣어준다.

Chapter 4. LESSON 171

4 두 번째 관통할 때는 살짝 스트랩이 지나갈 길을 만들어 주면 편하다.

5 구멍의 위치를 맞추어 밀착해주면 완성이다.

콘웨이 장식의 연결 방법

❶

❷

1 콘웨이 장식은 가죽에 아무런 고정을 하지 않고 역방향 커브를 이용해 스트랩의 양쪽 끝을 눌러주면서 중앙의 돌기로 스트랩을 고정시키는, 매우 심플하면서 독특한 방식의 버클이다. 연결 방식 자체로 독특한 디자인이 된다. 아래의 측정 방법을 통해 필요한 원형 펀치의 크기를 확인할 수 있다.

2 버니어 캘리퍼스로 중앙 돌기의 외경을 측정한다. 측정값이 3.3㎜ 정도라면 깊어질수록 넓어지는 특징을 감안하여 3.5펀치를 이용한다.

완성

Lesson 5 벨트 만들기

- 스트랩 커터의 사용법을 익히고 일정한 폭으로 재단하는 것을 연습한다.
- 환도를 이용해 모서리를 정리한다.
- 시카고 스크루 장식의 기본적인 사용법을 배운다.

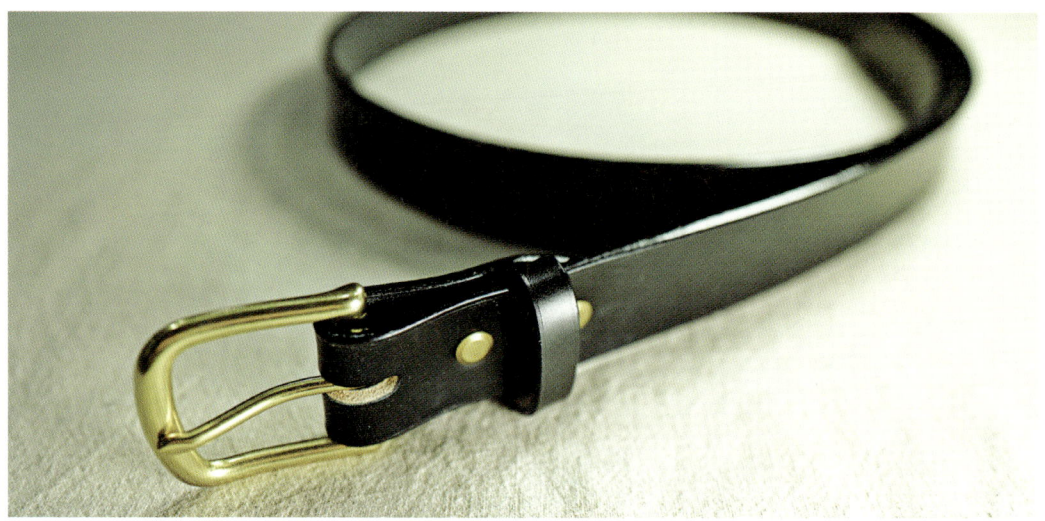

사용한 가죽

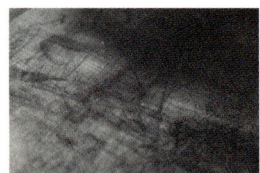

브라이들 레더 Bridle leather
J&E SEDGWICK, England

가죽 선정의 기준

원장을 그대로 사용해 통가죽 느낌의 벨트를 만들기 위해서는 가죽의 두께가 3mm 이상은 되어야 탄탄한 느낌을 준다. 국내에 들어오는 다양한 통가죽류의 가중 중에서 브라이들 가죽이 가장 밀도가 높고 표면의 단단함과 인장력이 좋아 벨트를 제작하기에 좋다.

도구
송곳, 스트랩 커터, 가죽 칼, 환도, 원형 펀치, 타원형 펀치, 사포, 비벨러, 장식선용 크리저, 슬리커, 마감봉

가죽
본판 원장 추가 가죽 링 부분 1.5t

기타 부자재
벨트 버클, 시카고 스크루
(스크루 리벳 / 아령 장식)

패턴 제작 (패턴 별첨)
벨트는 팔찌와 마찬가지로 끝단 부분에 패턴지를 만드는 것으로 충분하다. 한쪽 끝에는 버클을 연결하기 위한 구멍이 필요하며 다른 한쪽에는 벨트 길이 조정을 위한 균일한 간격의 구멍이 필요하다.

재단

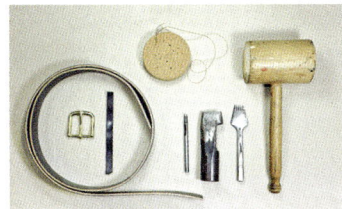 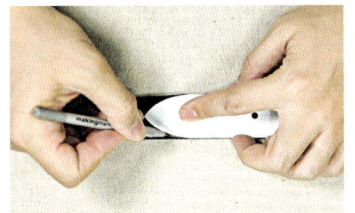 

1 스트랩 커터를 이용해 원장 두께의 가죽은 32mm 폭으로, 1.5mm 두께의 가죽은 10mm 폭으로 재단한다.

2 벨트의 길이 조정 부분 패턴을 대고 송곳과 펀치를 이용해 그린다.

3 필요한 길이를 잡고 반대편 끝단에 버클 연결부 패턴을 그린다.

4 타원형 펀치와 원형 펀치를 이용해 구멍을 뚫는다.

5 가죽 칼로 패턴에 맞게 끝단을 재단한다.

단면의 정리

장식선 넣기

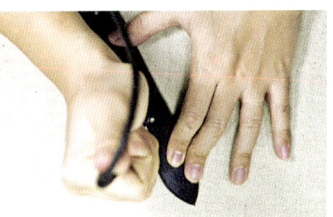

1 사포 블록으로 면과 모서리를 다듬는다.

2 비벨러로 가죽의 은면 쪽과 상면 쪽 모서리를 모두 다듬어준다.

크리저로 벨트 부분의 은면 쪽 테두리와 링 부분 은면 쪽 테두리에 장식선을 넣어준다.

단면 마감

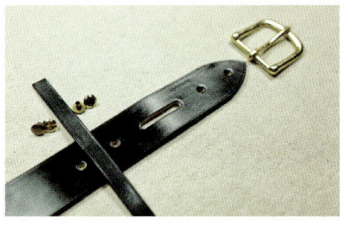

1 물 마감 후 연마하여 마감재를 바르고 다시 완전 건조 후 연마하여 마감재 도포를 반복하며 만족스러울 때까지 마감재를 바른다.

2 링 부분 역시 같은 방법으로 마감한다.

3 마음에 들 때까지 슬리커를 이용해 연마, 마감재 도포 작업을 반복한다.

고정 고리의 제작

1 벨트 메인 부분을 두 겹으로 겹치고 고정 고리를 감아서 만나는 지점을 체크하여 고정 장식의 길이를 재단한다.

2 재단된 길이 양끝에서 3mm 떨어진 지점에 원형 송곳으로 타공 위치를 표시한다.

3 원형 송곳을 이용해 바느질 구멍을 뚫는다.

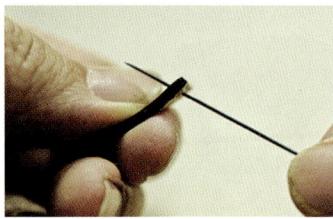

4 바늘에 실을 꿴 후 첫 구멍의 안쪽에서 바깥쪽으로 바늘을 통과시킨다.

5 실의 반대편 끝단은 가죽을 잡고 있는 왼손으로 잡아두고 바늘을 당긴다.

6 반대편 끝단을 둥글게 모아 맞대고 마주 보는 위치의 구멍에 바깥쪽에서 안쪽 방향으로 바늘을 관통한다.

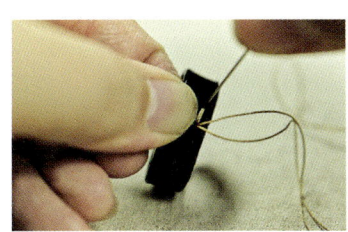

7 끝까지 팽팽하게 잡아당긴다.

8 한 바퀴 더 감아준다.

9 가죽의 상면(뒷면) 쪽에서 위쪽 구멍으로 이동한다.

10 똑같이 마주 보는 구멍에 두 번 감은 후 뒤쪽에서 나오도록 한다.

11 남은 실을 1.5~2mm 정도만 남기고 잘라낸다.

12 바느질을 마감한다.

파트의 조립

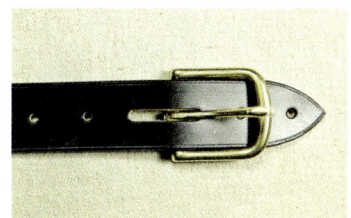

1 타원 구멍에 벨트 핀을 넣는다.

2 버클과 가까운 구멍에 시카고 스크루(아령 장식)의 암놈을 넣는다.

3 시카고 스크루 암놈을 넣은 상태에서 뒤집는다.

4 끝단을 접어 타공 구멍을 일치시킨 후 시카고 스크루의 수놈을 연결한다.

5 일자 드라이버를 사용해 단단히 조인다.

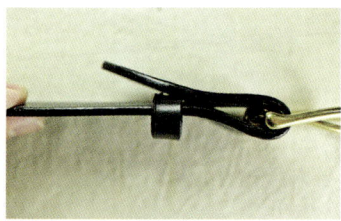

6 끝단에서 고정한 시카고 스크루의 잠금 부분까지 준비한 고정 고리를 끌고 온다.

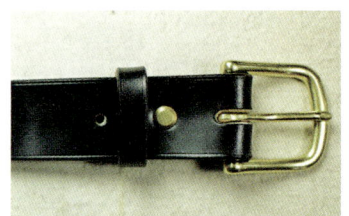

7 고정 고리를 양쪽 홀의 중간에 위치시키고 시카고 스크루를 관통시켜 연결한다.

8 드라이버를 이용하여 시카고 스크루를 꽉 조인다.

완성

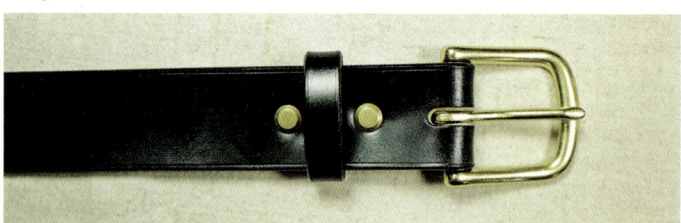

Detail lecture

헤라를 이용한 본드칠하기

● 헤라를 이용한 본드칠은 보다 섬세하게 경계를 구분하고 본드의 양을 조절할 수 있다는 점이 장점이다.

본딩의 기본 법칙
- 헤라는 항상 깨끗하게 관리한다.
- 본딩하고자 하는 면에 본드가 발리지 않은 부분이 없어야 한다.
- 본드는 균일하고 얇게 도포한다.
- 본드가 뭉쳐 두께가 생기는 면이 없어야 한다.
- 본드는 헤라에 늘 적당히 묻어 있어야 하며, 묻어 있던 본드가 다 발리기 전에 본드를 보충해야 한다.

헤라의 파지법

펜을 잡듯이 엄지, 검지, 중지의 세 손가락을 이용하여 손잡이 부분을 가볍게 잡고 약지와 새끼손가락을 바닥에 걸쳐 각도를 유지한다.

헤라에 본드 묻히기

1 헤라의 경사면이 작업자 쪽으로 기울게 잡고 오른쪽으로 기울여 본드를 가볍게 묻힌다.
- 한 번 찍고 약간 오른쪽을 살짝 터치해 여분의 본드를 끊어낸다.

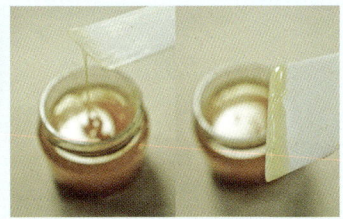

2 본드를 묻힌 오른쪽 면에 일정한 간격으로 봉긋하게 본드가 묻어 있도록 한다. 본드를 칠할 부분의 면적에 따라 양을 조절한다.

3 이때 헤라의 반대쪽 면에는 본드가 묻지 않아야만 깨끗한 본드칠이 가능하다.

재단물의 가장자리에 본드칠하기

1 재단물의 단면과 책상(혹은 두께가 있는 판)의 모서리가 일치하도록 놓는다. 이렇게 하면 바닥 면에 본드가 묻는 것을 방지해 보다 깔끔하고 빠른 작업이 가능하다.

2 본드가 발라져 있는 오른쪽으로 헤라를 기울여 약간의 텐션을 주며 왼쪽에서 오른쪽으로 당겨 칠한다.

3 몸의 먼 쪽에서 가까운 쪽으로 먼저 칠한 부분을 살짝 걸쳐서 이어 칠한다.
- 먼 쪽에서 가까운 쪽으로 칠하는 이유는 헤라의 경사 때문에 본드를 칠하고 나면 아래쪽에 본드가 뭉쳐져 칠해지기 때문이다. 다음 본딩에서 뭉친 본드를 헤라로 얇게 펴주면서 본딩을 이어나가는 것이다.

넓은 부분의 본드칠하기

1 재단물의 단면과 책상(혹은 두께가 있는 판)의 모서리를 일치시키게 놓고 왼쪽에서 오른쪽으로 칠한다.

2 이때, 본드를 칠한 하단 쪽에 여분의 본드가 뭉쳐 라인을 이루게 된다. 두 번째 본드칠에서 먼저 칠한 영역에 일정 부분 겹치게 칠해주면서 뭉쳐진 본드를 얇게 펴주고 본드가 칠해진 영역을 확장한다.

3 마찬가지로 다음 본딩에서는 이전 잔여물을 끌어가면서 전체 영역을 뭉친 부분 없이 도포한다.
- 헤라에 묻어 있는 본드가 충분치 않으면, 이전에 발려 있던 본드 층을 훼손시킬 수 있기 때문에 중간중간 헤라가 자연스럽게 미끄러질 수 있는 정도의 본드 양을 보충하여 작업하도록 한다.
- 이와 같은 방식으로 아래까지 칠한다. 재단물을 시계 반대 방향으로 회전하면서 모서리를 맞추어 발라 나간다. 바르지 않은 면이 없도록 꼼꼼히 칠해준다.

Lesson 6 휴대폰 슬리브 파우치

- 구조에 따라 제작 순서가 달라지는 것을 확인하면서 제작 순서를 익힌다.
- 올바른 본딩 방법을 익힌다.
- 단면을 깨끗하게 마감하기 위해 그 기본이 되는 가재단과 정재단을 연습한다.
- 손바느질 기법인 새들 스티치를 시작해본다.

사용한 가죽

크롬엑셀 Chromexcel
Horween, USA

크롬엑셀 브라운
Chromexel brown

가죽 선정의 기준

이번 레슨에서 제작할 휴대폰 파우치는 손바느질 기법을 이용해 간편하게 제작하는 것이 목표다. 때문에 별도로 안감을 대지 않고 균일하게 두께를 조절한 원장을 사용한다. 크롬엑셀은 미국 브랜드인 알든Alden, 태너 굿즈Tanner goods, 메이커 캐리 굿즈Makr carry goods 등의 러프한 제작물에 즐겨 사용되는 가죽으로 러프한 디자인과 투박한 멋이 잘 어울린다.

가죽의 두께 조정

가죽의 두께를 조정하는 방법은 크게 두 가지다. 하나는 전체 표면을 균일한 두께로 조정하는 스플리팅Spliting(전체 피할/와리)이며 다른 하나는 테두리 부분만 부분적으로 조정하는 스카이빙Skiving(부분 피할/스키)이다. 앞의 제작물은 두께를 조정할 필요가 없었지만 대부분의 제작물은 가죽의 특성, 부분별 쓰임, 구조, 제작 방식에 따라 각각 다른 두께가 필요하다. 두께 조정은 밴드나이프 등의 고가의 장비가 필요한 공정이므로 제작 전 미리 계획하여 피할집에 들러 두께 조정을 요청하자. 이번 제작물은 전체 두께를 1.4T(mm)로 잡았다.

도구

송곳, 가죽 칼, 환도, 그리프, 나무 망치나 우레탄 망치, 바늘, 시접용 크리저, 헤라, 망치, 사포, 비벨러, 장식선용 크리저, 슬리커, 마감봉

가죽

본판 1.4T

재단

가죽 위에 패턴을 놓고 문진을 올려 움직이지 않도록 고정한 후 송곳을 이용해 가죽 위에 패턴을 그리고 잘라낸다. 위아래는 가재단, 옆면은 정재단이다.

합포 전 선작업 : 가재단을 하지 않는 좌우 입구의 면을 먼저 마감한다.

1 사포로 재단 면을 가다듬고 비벨러로 포켓 입구 부분의 정재단한 단면 모서리를 앞뒤 모두 떨어낸다.

2 크리저를 이용해 장식선을 긋는다.

3 단면을 만족스러운 수준까지 마감한다.

합포 작업

1 본딩할 면을 오른쪽에 두고 6~7mm 폭으로 본드를 칠한다.

2 본딩은 안쪽에서 바깥쪽, 몸에서 먼 쪽에서 가까운 쪽으로 칠한다.

3 라운드로 커팅할 패턴의 중심 부분은 헤라를 45도 꺾어 삼각형 모양으로 본딩한다.

4 반대쪽도 동일한 방법으로 본딩한다.

패턴 제작 (패턴 별첨, 정재단과 가재단)

정재단 정재단은 재단한 면이 바로 마감 면이 되는 것을 말한다. 제작하고자 하는 크기 그대로 재단한다.

가재단 가재단은 제작하고자 하는 크기보다 여유를 두고 재단하는 것이다. 보통 두 겹 이상의 가죽이 본딩되거나 바느질하는 부분에 사용한다. 여유 있게 크기를 잡은 가죽을 합포한 후에 다시 정재단하면 단면이 깔끔해진다. 본딩 시 단면에 묻은 본드를 쉽게 처리할 수 있고 바느질로 생기는 단면의 울퉁거림을 잡는 데 효과적이다. 이번 제작에서는 합포되지 않는 좌우의 입구 부분은 정재단하고 합포가 필요한 위아래는 각각 3*mm*씩 여유를 두고 패턴을 제작하였다.

5 반을 접어 본딩한 면끼리 접착한다.

6 먼저 모서리를 맞추어 접착시킨다.

7 울거나 구부러지지 않도록 주의하면서 모서리부터 접힌 면까지 손으로 눌러 붙여나간다.

8 모서리는 손으로 잘 붙지 않을 수도 있으니 깨끗한 바닥에 놓고 면이 깨끗한 망치로 두드려 압착한다.

9 이때 망치질 자국이 나지 않도록 조심하며 수직으로 내리치는 것이 아니라 내리칠 때 면에 닿으면서 안쪽에서 바깥쪽으로 문지른다는 느낌으로 누르듯 치는 것이 힘을 잘 전달하고 망치 자국을 적게 남기는 방법이다.

정재단하기

  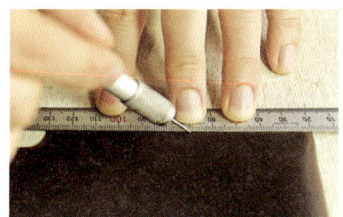

1 입구 쪽 가장자리에서 3*mm* 되는 지점을 송곳으로 표시한다.

2 접힌 쪽 가장자리에서 3*mm* 되는 지점을 송곳으로 표시한다.

3 두 선을 지나는 하나의 직선을 긋는다.

4 그은 선을 따라 정재단한다.

5 모서리를 환도로 완만하게 따준다.

6 정재단이 되었다.

손바느질 구멍 만들기

1 바느질 간격용 크리저로 손바느질을 위한 시접 선을 그린다.

2 그리프를 이용해 시접 선에 맞춰 바느질 구멍을 타공한다. 이때 첫 땀은 마감된 윗면 가장자리로부터 한 땀 정도 떨어진 지점에서 시작한다.

3 직선 구간은 10날, 곡선 구간은 2날짜리 그리프로 타공한다. 반대편도 대칭이 되도록 신경 써서 타공한다.

손바느질하기

1 처음 두 땀에 바늘을 넣는다.
- 입구 부분은 자주 사용하기 때문에 더 견고하게 만들기 위해 바깥으로 두 번 감기로 시작한다.

2 완전히 잡아당겨 실의 길이를 맞춘다.

3 오른손으로 첫 땀의 실이 풀리지 않도록 두 가닥 모두 팽팽하게 잡고, 첫 땀을 지난 바늘을 입구 부분의 바깥쪽으로 둘러 다시 첫 땀으로 넣는다.

Chapter 4. **LESSON** 183

4 관통한 바늘을 잡아당긴 후 미리 마감한 입구 바깥쪽으로 한 땀을 감는다.

5 다른 실을 관통하지 않도록 모든 실을 팽팽하게 잡은 상태에서 첫 땀의 빈틈을 찾아 다시 한 번 바늘을 찔러 넣는다.

6 실이 평행하게 감기도록 주의하면서 관통한 바늘을 잡아당긴다. 바깥으로 두 번 감기가 완성되었다.

7 이제 일반적인 바느질의 시작과 마찬가지로 바느질을 이어 끝까지 진행한다.

8 반대쪽도 바느질한다. 반대쪽은 바느질 끝에서 바깥으로 두 번 감기를 먼저 한 후 되돌아오며 세 땀을 겹쳐 마감한다.

9 손바느질 완료.

단면을 다듬어 마감한다

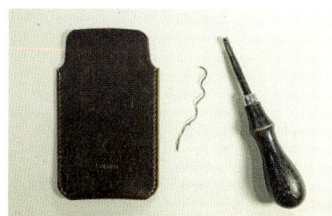

사포로 면을 다듬고 비벨러로 단면 모서리를 다듬는다. 크리징으로 장식선을 넣고 마감 기법을 사용해 마감재로 단면을 마감한다.

완성

Detail lecture

손바느질 시 주의해야 할 사항들

1 모서리가 있는 패턴의 타공법

곡선이 있으면 각도를 따라가면서 자연스럽게 펀칭하면 되지만 모서리가 있으면 급격히 방향을 전환해야 한다. 이때는 각 면의 바느질 모양이 모두 일정한 각도로 나와야 자연스럽다. 실의 모양은 두 구멍의 최단 거리로 이루어진다. 초·중급 단계에서 범하는 흔한 실수는 바느질 구멍만 보는 것이다. 바느질 구멍이 아닌 실의 모양을 예측하며 모서리 부분의 펀칭을 결정하도록 한다. 모서리에 위치한 바느질 타공 홀의 방향을 결정하는 가장 간단한 규칙은 타공된 사선이 모서리를 향하지 않는 것이다.

2 단차나 경계가 있는 제작물의 타공법

단차나 경계가 있는 제작물을 타공할 때는 견고성을 고려하여 안전하게 펀칭하는 것이 중요하다. 특히 손바느질은 바느질 구멍이 길고 단차는 힘을 자주 받는 포켓 부분에서 발생하기 때문에 잘못된 펀칭은 견고성의 문제로 이어질 수 있다. 견고성을 확보하기 위해서는 덧붙는 파트의 가장자리와 첫 땀의 사이를 최대한 확보해야 한다. 다시 말하자면 단차의 경계 바로 앞에 단차가 낮은 쪽의 스티치 구멍이 바짝 붙어 위치하도록 해주면 된다.

포켓 부분의 단면에서부터 첫 땀까지의 거리를 최대한 확보해주는 것이 중요하기 때문에 아래쪽에 단차가 있으면 이 경계를 맞추는 것이 좀 더 어렵다. 이 경우는 사진처럼 옆면에서 위치를 확인하면서 두 날로 단차의 경계에 가까운 곳에 펀칭을 하거나 사선의 방향이 반대로 된 두 날짜리 역날 그리프를 이용하여 뒤집은 상태에서 단차에 바짝 붙여 스티치 구멍을 타공한다. 두 경우 모두 다음 구멍부터는 한 날을 걸치고 다음 펀칭으로 이어간다.

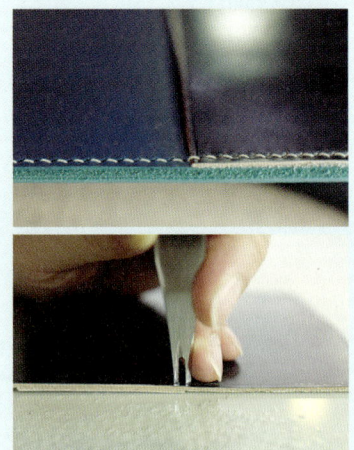

3 견고성을 높이는 바깥으로 두 번 감기

바깥으로 두 번 감기는 합포된 제작물에서도 특히 잘 늘어나고 힘을 자주 받는 입구 부위 등에 사용된다. 재단한 가죽 바깥 부분으로 돌려 잡아줘서 제작물의 견고성을 높이기 위해 자주 사용되는 기법이다.

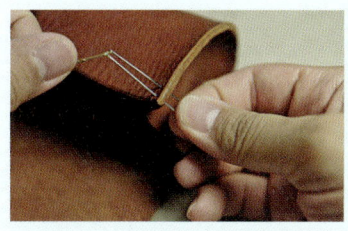

1 일반적인 바느질의 시작처럼 첫 번째 땀과 두 번째 땀에 바늘을 꽂는다.

2 꽂은 바늘을 끝까지 당긴다.

3 첫 번째 바늘구멍의 뒤로 나온 바늘을 첫 번째 바늘구멍에 다시 넣는다. 이때 양쪽 실을 팽팽하게 당긴 상태에서 실을 관통하지 않도록 유의하며 바늘을 넣도록 한다.

4 실을 당겨 바깥쪽으로 한 바퀴 감기도록 한다. 이때 실이 감기는 방향은 마감이 안 된 면이 아니라 미리 마감해놓은 쪽이다. 반대의 경우 마감이 곤란해지니 작업 순서에 유의하자.

5 마찬가지로 양쪽 실을 팽팽하게 당긴 상태에서 실을 관통하지 않도록 주의하며 첫 번째 구멍의 남은 공간으로 바늘을 넣는다.

6 실을 팽팽하게 당겨 두 번째 땀을 감아준다. 이때 당기면서 두 땀의 실이 서로 교차하거나 관통하지 않고 나란하도록 신경 써야 한다. 바느질의 시작점과 동일한 위치이므로, 나머지는 일반 바느질과 같다.

4 정확한 바느질을 판단하는 방법

잘된 바느질은 전면은 사선, 뒷면은 직선(첫 땀과 끝 마감 부위 제외)이 정확하게 나온 것으로 확인할 수 있다. 전면의 사선이 어느 정도 정갈하더라도 뒷면의 직선이 끊겨 있다면 그 부근에서 바느질 진행이 잘못 되었음을 의미한다. 이런 일이 계속 발생한다면, 바느질 습관에 문제가 있는 것이기 때문에 중간중간 체크하여 완벽하게 바느질할 수 있도록 연습하자.

Lesson 7

명함 지갑 만들기

- 공간을 나누는 기법을 배우고 구조에 따라 제작 순서가 어떻게 달라지는지를 파악한다.
- 단차가 생기는 부분이나 카드 칸의 입구 부분에 그리프를 뚫는 방법을 익힌다.

사용한 가죽

부테로 Buttero
Walpier, Italy

푸에블로 Pueblo
Badalassi carlo, Italy

가죽 선정의 기준

이번 레슨에서 만들 명함 지갑은 안감을 대지 않는 간단한 구조의 포켓 형태이기 때문에 두께가 얇아도 단단한 가죽으로 선택했다. 가죽을 접어서 공간을 마련하는 명함 지갑의 특성상 급격하게 꺾이는 부위가 발생하기 때문에 가죽이 부드럽지 않으면 크랙 등이 발생하는데 부테로는 하드 타입이지만 오일 함량이 높아 단단함과 유연함 모두 만족시키는 가죽이다. 카드 구분 판으로 사용한 푸에블로 가죽은 표면의 질감이 매우 독특하기 때문에 밋밋한 표면 질감을 가진 부테로와 매칭했을 때 잘 어울린다. 물론 같은 부테로로 진행해도 훌륭하게 매칭될 것이다.

낱장으로 제작하는 것이 기본이기 때문에 오래 사용해도 내구성에 문제가 없는 안전한 두께인 1.4㎜로 두 부분 모두 두께를 조정한다.

도구
송곳, 가죽 칼, 그리프, 나무 망치나 우레탄 망치, 바늘, 시접용 크리저, 헤라, 망치, 사포, 비벨러, 장식선용 크리저, 슬리커, 마감봉

가죽
본판 1.4T   카드 구분 칸 1.4T

패턴 제작 (패턴 별첨)
가재단, 정재단 기법을 사용하기 위해 명함 지갑의 옆면에 3*mm*의 여유를 두었다.

재단

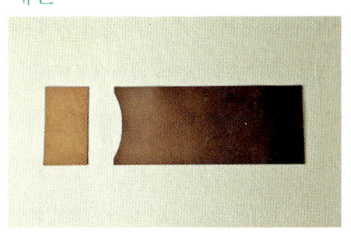

가죽 위에 패턴을 놓고 문진을 올려 움직이지 않도록 고정한 후 송곳을 이용해 패턴을 그리고 잘라낸다.

선 작업

1 조립 전 카드 칸의 입구에 해당하는 본판의 짧은 면 양쪽, 카드 구분 칸의 한쪽을 먼저 마감한다.

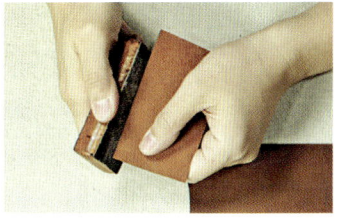

2 사포질을 한다.

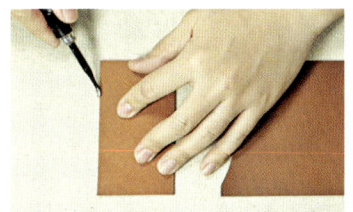

3 비벨러를 한다.

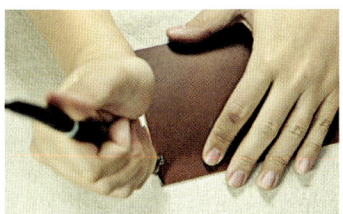

4 크리징을 한다.

5 물 마감을 하고 슬리커, 단면 마감재를 이용해 단면 마감 작업을 진행한다.

합포할 위치를 표시한다

1 재단된 가죽에 패턴을 정확하게 맞춘다.

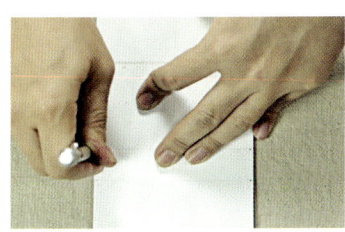

2 송곳으로 각 지점에 위치를 표시해준다.

본딩한다

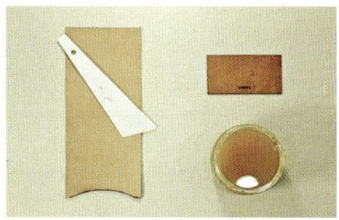

1 본드와 헤라를 준비한다.

2 헤라의 오른쪽 면에 본드를 찍어 묻힌다.

3 본판의 곡선 부분 쪽 양쪽 가장자리에서 송곳으로 표시한 위치까지 본드를 바른다.

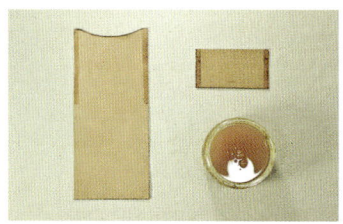

4 카드 구분 칸 파트의 양쪽 가장자리 역시 본딩해준다.

5 송곳으로 표시한 위치에 카드 구분 칸의 마감된 면이 위치하도록 자리를 잡는다.

6 망치로 두드려 압착한다.

7 아랫면을 구분 칸의 하단 단차에 맞추어 접어 올린다.

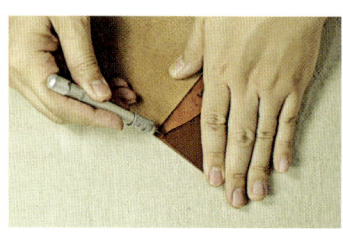

8 바짝 접어 올린 상태에서 본딩할 위치를 가늠하여 카드 구분 칸 위에 송곳으로 표시한다.

9 접착력을 높이기 위해 본딩할 카드 구분 칸의 표시된 부분까지 가죽 칼로 긁어준다.

10 반대편도 긁어준다.

11 긁은 면에 본드를 칠한다.

12 본딩한 면을 기준으로 붙인다.

13 망치로 두드려 압착한다.

14 반대쪽 포켓의 가장자리부터 표시한 위치까지 본드를 바른다.

15 본드의 접착면을 기준으로 접어서 공간을 만든다.

정재단한다

16 망치로 접합면을 두드려 압착한다.

1 정재단을 하기 위해 양쪽 옆면 가장자리에서 3mm 떨어진 위치에 자와 송곳으로 정재단 선을 긋는다.

2 직선 칼을 이용해 정재단한다.

손바느질하기

3 정재단한 상태.

4 정재단하면 단면이 깔끔해진다.

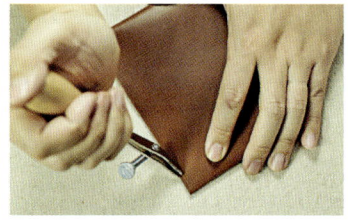

1 가죽을 뒤집고 크리저로 바느질 시접 선을 긋는다.

2 그리프로 바느질 구멍을 뚫는다. 제품의 겉면이 되는 부분에서 뚫는 것이 원칙이다.

3 타공 시 단차가 있는 부분에서는 끝단이 찢어지지 않도록 주의해서 타공한다. 패턴은 3.38mm 간격 그리프에 적합하게 디자인되었으나, 그리프의 날 길이나 기울기에 따라 달라질 수 있다.

4 올바른 타공 모습.

5 타공한 마지막 구멍에 그리프의 첫 날을 걸쳐서 진행하며 끝까지 타공한다.

6 타공 시 바느질 시접 선에 그리프의 바깥쪽 끝 날이 일치하도록 신경 쓰고, 타공 후 손바느질한다.

단면 정리하기

1 단면을 정리한다.

2 비벨러로 모서리를 떨어낸다.

3 크리징한다.

단면을 마감한다

초벌 물 마감 후 단면 마감재를 바른다.
슬리커로 다듬고 단면 마감재를 바르는
과정을 단면의 마감 상태가 만족스러울
때까지 반복한다.

완성

Detail lecture

부분 피할 Skiving

부분 피할은 가장자리의 두께를 줄이거나 연결 부위를 유연하게 할 때, 혹은 경계 부위의 단차를 없애기 위해 자주 사용하는 제작 기법이다. 이때 스카이빙 머신 Skiving machine 등을 사용하면 완성도가 높아지지만 비용적·공간적 측면에서 제약이 많기 때문에 정확도가 다소 떨어지더라도 개인 제작자는 손피할 기법을 사용하는 경우가 많다. 나중에 기계를 사용하게 되더라도 손피할 기법은 기계와는 다른 이유로 즐겨 사용된다. 어떤 면에서는 기계와 다른 섬세함을 지니고 또 여러 가지로 응용할 수 있다. 손에 익은 도구를 정해 충분히 숙련하도록 하자.

1 손피할 도구들

대리석판이나 유리판 표면이 단단하고 매끈한 판 위에서 피할을 해야 칼의 손상을 방지하고 미세한 두께까지 피할이 가능하다.

패링 나이프 피할용으로 사용하는 유럽식 칼로 일자형, 사선형, 곡선형 등이 있다. 기본적으로 손잡이는 납작하고 날의 기장이 길어 낮은 각도를 확보하는 데 유리하다.

콘 커터 발뒤꿈치 각질을 제거하는 콘 커터와 흡사한 형태와 원리를 가진 피할용 도구다.

직선 칼 일반적인 재단에 사용하는 전천후 칼이다. 필자가 주로 사용하는 도구로, 손에 익은 도구는 여기저기 활용할 수 있다. 역시 손잡이가 납작한 쪽이 편하다. 누구나 무리 없이 사용할 수 있지만 패링 나이프보다 날 기장이 짧기 때문에 피할 가능한 각도에 제약이 있다.

미니 대패 콘 커터와 비슷한 방식으로 사용 가능한 작은 크기의 대패다. 쓰임에 더불어 도구의 형태까지 신경 쓰는 사람들에게 적당하다.

2 피할 도구의 날 관리

대부분의 작업에서 잘 관리된 도구는 더 좋은 효율을 보여주지만 특히 피할 도구는 날이 잘 관리되어 있지 않으면 작업 자체가 곤란하다. 효율적인 피할을 위해 도구의 날을 최상의 상태로 관리해주어야 한다.

3 피할의 방법

패링 나이프를 이용한 피할

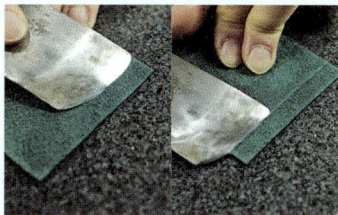

1 피할을 원하는 경사로 날의 각도를 낮추고 피할하려는 시작 선을 긋는다.

2 오른손 검지로 가죽에 칼날을 밀착시키면서 오른손 손목을 축으로 칼날을 좌우로 넓게 회전하듯 그으며 칼날을 진행시킨다. 이때 왼손의 엄지를 함께 이용해도 좋다.

3 이대로 끝까지 진행한다.

재단칼을 이용한 피할

1 사용법은 패링 나이프와 동일하다. 시작 선을 긋고 좌우로 그으며 파고들듯 칼날을 진행한다. 이때 손잡이를 최대한 낮춰 경사를 확보하는 것이 중요하다.

2 원하는 각도가 나오지 않거나 '칼스키'라고도 하는, 끝단을 매우 얇게 피할하는 기법에서는 칼날을 뒤집는 것이 더 유리하다.

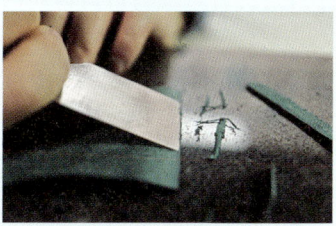

3 칼날을 뒤집으면 같은 각도로 파지하더라도 실제 칼날과 재단물의 경사는 좀 더 완만해진다.

콘 커터를 이용한 피할

1 피할하려는 가죽의 모서리에 콘 커터를 놓는다.

2 원하는 경사각으로 기울이면서 당겨 진행한다.

3 작업은 좀 더 쉽지만 경계나 두께를 섬세하게 조정하기는 어렵다. 두께 조정에 민감하지 않은 러프한 작업에 어울린다.

Lesson 8

카드홀더 만들기

- 두 개 이상의 카드 칸을 만드는 기법을 익힌다.
- 부분 피할(스카이빙) 기법을 활용하여 노출되는 단면의 두께를 줄인다.

사용한 가죽

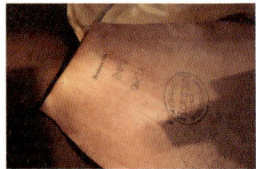

셸 코도반 shell cordovan
Horween, USA

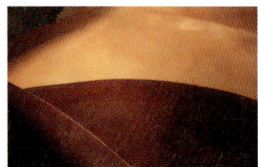

홀원의 대표 색상은 'Color 8'이라 불리는 다크 버건디 색상이다.

가죽 선정의 기준

셸 코도반 Shell cordovan은 구두에 관심이 있는 남자라면 혹하지 않을 수 없는 매력적인 가죽이다. 말의 엉덩이 부분에는 특히 조직이 치밀한 글로시 레이어 Glossy layer라고 불리는 특정한 층이 있는데, 이것을 셸 Shell이라고 한다. 이 치밀한 층의 두께가 1㎜ 이상으로, 비슷한 조직 밀도를 가진 진피층이 0.3~0.5㎜ 정도인 소가죽에 비해 그 층이 훨씬 두꺼워 생산된 가죽의 전체 층이 진피층이라 봐도 무방하다. 코도반의 가공 방식에는 크게 안료(피그먼트) 타입과 염료(아닐린) 타입이 있는데 안료 타입은 두꺼운 코팅막을 입혀 매우 매끄러운 표면을 얻을 수 있지만, 코도반의 가장 큰 장점인 표면의 복원력은 포기하는 것이기 때문에 반투명하게 염료를 올려 가죽의 표면을 자연스럽게 드러내는 아닐린 타입이 더 인기가 많다. 홀원에서 제작하는 셸 코도반은 전통적인 무두질 기법 그대로 풀 베지터블 태닝으로 생산하며, 표면에 피그먼트 가공을 올리지 않고 아닐린 염색을 한 후 글레이징(유리봉으로 문지르는 기계를 이용하여 표면을 눌러 광을 올리는 작업)으로 표면을 매끄럽게 한다. 알든의 신발이나 메이커 캐리 굿즈 같은 러프한 미국 감성의 가죽 소품을 좋아한다면 한 번쯤 경험해볼 만한 가죽이다.

도구
송곳, 가죽 칼, 그리프, 나무 망치나 우레탄 망치, 바늘, 크리저 등, 헤라, 망치, 사포, 비벨러, 슬리커, 마감봉

가죽
1.2~1.4T로 원장 피할(가죽의 강성에 따라 달라짐)

패턴 제작 (형지 별첨)
본판(앞뒤 공용), 카드 앞칸, 카드 뒤칸, 여러 개의 파트가 합쳐지는 제작물이기 때문에 가재단과 정재단을 모두 사용한다. 좌우, 하단 방향에 각각 3mm씩 여유를 두었다.

재단

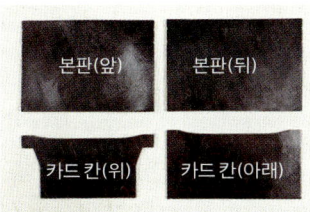

본판 두 장(앞뒤), 카드 칸 두 장(위아래)을 패턴대로 재단하여 준비한다.

선 작업

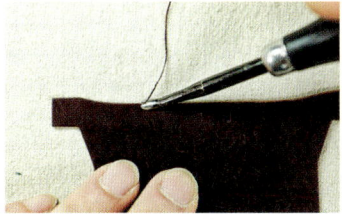

1 각 파트의 상단을 먼저 마감한다. 비벨러를 이용해 앞뒤 모서리를 떨어낸다.

2 크리징한다.

부분 피할

3 물 마감 후 마감재를 발라 마감한다. 같은 방식으로 모든 파트의 상단을 마감한다.

1 마감한 상단을 제외한 나머지 세 면의 뒷부분을 테두리에서 8mm 정도의 간격을 준 자연스러운 경사로 부분 피할* 한다.

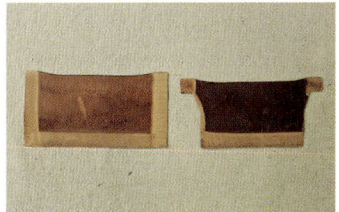

2 카드 칸의 테두리 부분 피할.

3 본판의 테두리 부분 피할.

*부분 피할 부분 피할은 가죽이 중첩되는 부분의 단면 두께를 줄이기 위해서 필요한 작업이다. 이때 카드 칸(위)의 하단은 외부로 드러나지 않지만 카드 칸(아래)으로 덮이기 때문에 완성물에 턱이 생길 수 있다. 때문에 함께 피할해야 보다 자연스러운 결과물을 얻을 수 있다.

가죽의 두께 조정

이번 레슨에서 사용하는 홀윈의 셸 코도반은 두께 1.2~1.6T 정도로 편차가 있다. 오일 태닝이 되어 있고 뒷면에 가루가 많아 고무 계열 본드의 접착성이 떨어지며 두께 조정이 까다롭다. 그런 이유로 안감을 대지 않고 한 겹의 원장으로 제작하는 경우가 많고 심지어 두께 조정 없이 제작하기도 한다. 접착제는 더 나은 접착성을 위해 가능하면 인터콤 같은 수성본드 계열을 준비하도록 한다. 재료를 준비할 때 1.2~1.4T 정도로 가이드를 제시하였으나 두께 편차가 있는 홀윈의 코도반은 별도의 두께 조정 없이 원장에서 가죽의 두께를 고려하여 사용 부위를 선별하기를 추천한다.

합포하기

1 본판(앞) 패턴에 표시된 카드 칸(위아래) 판과의 접합 부위를 가죽 칼을 이용해 긁어준다.

2 테두리 부분을 긁는다.

3 본판(앞)의 하단부에 카드 칸(위)의 밑단이 연결될 부분을 긁는다.

4 가죽 표면은 대체로 매끄럽게 가공되어 있어서 본딩을 해도 본드 면이 통째로 떨어져 나갈 수 있다. 표면을 긁어 본드와 가죽 표면의 결합력을 높여야 한다.

5 긁은 부분에 모두 본드를 칠한다.

6 카드 칸(위)의 뒷면 하단의 피할한 부분에 본드를 칠한다.

손바느질하기

7 정확한 위치에 맞춰 카드 칸(위)을 본판(앞)에 붙인다.

8 면이 깨끗한 쇠망치를 이용해 본딩한 부분을 두드린다. 망치 자국이 남지 않도록 주의한다.

1 카드 칸(위)의 하단에 바느질 선을 긋는다.

2 그리프로 타공한다.

3 바늘과 실을 준비한다.

4 바느질한다.

5 카드 칸(아래)과 본판(앞)을 본딩하여 붙인다. 카드 앞판의 세 면 테두리 피할 부위에 본드를 칠한다.

6 카드 뒤칸의 옆면 부분과 딱 맞춰 위치를 잡아 붙인다.

7 망치를 이용해 접착 부위를 압착한다.

본판 앞뒤 판을 합포한다

1 본판 앞판과 뒤판의 세 면에 본드를 칠한다.

2 본판 앞뒤 면의 위치를 맞추어 붙인다. 정재단을 하므로 가장 잘 맞아야 하는 기준 위치는 마감이 완료된 상단이다.

3 망치로 접착면을 압착해준다.

정재단한다

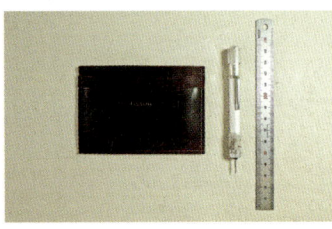

1 상단을 제외한 나머지 세 면을 단면에서 3mm 안쪽으로 재단선을 그린다. 정재단을 위한 재단선의 기준은 카드 칸이 있는 본판 앞판으로 잡는다.

2 재단선에 맞춰 정재단한다.

테두리를 바느질한다

1 바느질 선을 긋고 그리프를 이용해 구멍을 타공한다.

2 카드 칸은 계속 카드를 넣고 빼는 부분이기 때문에 그에 맞는 내구성을 확보해야 한다. 단차가 있는 경우의 타공법을 참고해 타공할 때 주의하자.

바느질한다

휴대폰 파우치와 마찬가지로 내구성을 높이기 위해 시작과 끝에서 바깥 방향으로 두 바퀴를 감아 바느질을 시작하고 끝낸다. 감는 방향은 마감이 먼저 완료된 상단 쪽이다.

단면을 마감한다

단면을 사포로 평평하게 해준다. 비벨러로 단면의 모서리를 떨어준다. 크리저로 장식선을 넣어준다. 물 마감하고 마감봉을 이용하여 단면 마감재를 바른다. 슬리커로 다듬고 단면 마감재를 바른다. 단면의 마감 상태가 만족스러울 때까지 반복한다.

완성

Lesson 9   키홀더 만들기

- 안감을 대는 구조의 본딩 기법과 작업 순서를 익힌다.
- 키홀더 장식을 달아본다.

사용한 가죽

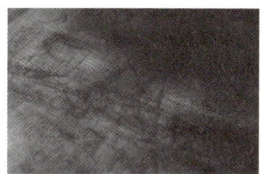

겉감 브라이들 레더
Bridle leather,
J&E SEDGWICK, *England*

안감 고트 스킨 체브레 셜리
Goat skin Chevere Sully,
Alran, France

가죽 선정의 기준

외부 가죽보다 내부 가죽에 더 신경을 썼다. 키홀더의 특성상 많은 금속의 돌기가 가죽 표면에 닿는데 흔적이 쉽게 남는 베지터블 가죽을 사용하면 자국이 너무 많이 남는다. 그래서 사용감이 적게 남는 알란사의 크롬 태닝된 고트 가죽을 사용했다.

알란Alran사는 세계적인 명품 브랜드에 납품하는 가죽을 만드는 프랑스 태너리로 일관성 있는 좋은 품질로 프랑스 내에서도 명성이 높다. 베지터블 태닝 가죽과 크롬 태닝 가죽 모두 수입되고 있으며 체브레 셜리는 크롬 태닝된 가죽이다. 베지터블 타입에 비해 단단하여 표면의 강성을 살려서 지갑 등 얇지만 어느 정도 강도가 필요한 제작물에 잘 어울린다. 또한 사용하면서 표면이 에이징되는 베지터블 가죽과 달리 스크래치에 강하고 원래의 색상이 오래 지속된다. 베지터블에서는 나오기 어려운 크롬 가죽 특유의 비비드한 색상도 취향에 따라서는 큰 장점이 된다.

도구
송곳, 가죽 칼, 그리프, 나무 망치나 우레탄 망치, 바늘, 시접용 크리저, 헤라, 롤러, 망치, 2.5mm·4mm 원형 펀치, 6mm 일자 펀치, 사포, 장식선용 크리저, 비벨러, 슬리커, 마감봉

가죽
본판(겉) 1.1T(브라이들)
본판(안) 0.6T(고트)
중간판 1.3T(브라이들)

패턴 제작 (패턴 별첨)
합포가 이루어지는 상하 방향으로 3mm씩 여유를 두었다.

기타 부자재
본드, 실, 스냅(암수 세트), 키홀더 장식(앞판, 뒤판), 에지코트

재단

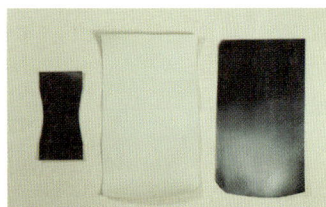

패턴보다 여유 있는 크기로 본판의 앞뒤 판을 재단한 후 두께를 조정한다. 중간 파트는 송곳으로 패턴을 그리고 재단한다.

선 작업

1 겉감 가죽에 본 패턴을 댄 후 표시한 스프링 스냅 수놈의 원형 구멍을 2.5mm 펀치로 표시한다.

2 2.5mm 원형 구멍을 타공한다.

3 스프링 스냅의 수놈 아래 장식을 구멍의 아래에서 위로 통과시켜 위의 장식을 씌운다.

4 전용 툴과 쇠망치를 이용해 스프링 스냅을 두 구멍 모두 결합한다.

겉감과 안감을 합포한다

1 겉감의 안쪽 전체에 본드를 칠한다.

2 스냅 부분을 모서리에 걸쳐서 돌리며 본드를 칠하면 더 수월하다. 본딩의 타이밍에 자신이 있다면 본딩 후에 타공하면 간편하다.

3 안감의 뒷면 전체에도 본드를 칠한다.

4 위치를 잘 맞춰 합포한다. 안감을 좀 더 크게 하면 합포가 수월하다.

5 손날로 쳐서 전체적으로 가볍게 붙여준다. 롤러 작업 전에 전체적으로 붙여주지 않으면 가죽이 밀려 표면이 울 수 있다.

6 롤러를 이용해 전체적으로 압착한다. 넓은 면적을 압착할 때는 롤러가 편하다.

재단하기

선 작업/중간 파트 선 작업하기

7 망치를 이용해 롤러가 닿지 않는 스냅 주변과 강한 압착이 필요한 테두리 부분을 두드려 압착한다.

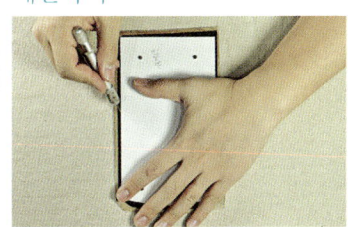

패턴을 스냅 구멍에 맞추어 끼우고 송곳으로 그리고 재단한다.

1 중간 파트의 옆면을 마감한다.

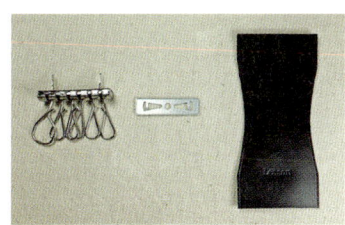

2 중간 파트에 키홀더 장식을 달아준다.

3 6mm 일자 펀치로 키홀더 장식 연결 구멍을 펀칭한다.

4 키홀더 장식의 발을 가죽의 은면 쪽에서 홈에 관통시킨다.

5 뒤집으면 튀어나오는 금속 발을 볼 수 있다.

6 뒷면으로 나온 발에 고정 장식을 연결한다.

7 망치 등을 이용하여 발을 안쪽으로 구부린다.

중간 파트 합포하기

8 연결 시 튀어나오지 않도록 납작하게 접어준다.

1 중간 파트가 달릴 위치를 표시한다.

2 본판 안쪽의 접착 부위를 칼로 긁어준다.

3 양쪽 접착면 모두에 본드를 칠한다.

4 위치에 맞게 합포해준다.

5 망치로 두드려 압착한다.

상단과 하단을 정재단한다

1. 정재단하기 위해 상단과 하단에 3mm 간격으로 표시를 한다.

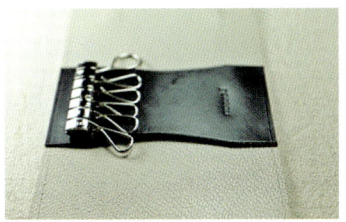

2. 정재단 선을 긋는다.

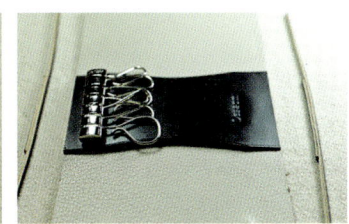

3. 정재단한다.

테두리를 바느질한다

4. 모서리를 환도로 굴려준다.

1. 바느질 간격 표시용 크리저로 바느질 선을 긋는다.

2. 금속이 있는 부분은 두께가 있는 턱에 걸쳐서 평탄하게 만들어 표시한다. 바느질 구멍을 타공할 때도 금속이 있는 부분은 위의 방법을 이용한다.

3. 바느질 구멍을 뚫는다. 패턴을 제작하는 시점부터 간격을 고려해 패턴의 크기를 정하고 특히 단차 경계 지점에서의 타공에 주의한다.

4. 바느질한다.

단면을 마감한다

1 사포를 이용해 단면을 샌딩한다.

2 비벨러를 이용해 앞면과 뒷면의 단면 모서리를 모두 둥글게 만든다.

3 크리저를 이용해 장식선을 넣는다.

4 단면을 물 마감한다. 슬리커로 다듬고 마감봉을 이용하여 단면 마감재를 바른다.

5 단면의 마감 상태가 만족스러울 때까지 마감 과정을 반복한다. 마감이 완료된 모습.

스냅 암놈을 연결한다

1 4mm 펀치를 이용해 구멍을 뚫는다.

2 미리 뚫어둔 구멍에 스냅 장식을 끼운다.

3 크기에 맞는 몰드에 스냅 캡을 뒤집어 놓는다.

4 스냅 캡의 다리 부분이 스냅 암놈의 구멍에 정확히 통과하도록 끝까지 밀착시킨다. 이때 아래쪽 스냅 캡이 몰드에서 움직이지 않도록 조심한다.

5 암놈용 스냅 세터와 쇠망치를 이용하여 암놈 스냅을 고정한다.

6 암놈용 스냅 세터를 사용할 때는 구멍 양쪽의 일자로 된 스프링 바를 함께 누르지 않도록 조심한다.

완성

필요한 키의 개수에 맞게 금속 장식을 변경하면 다양한 크기로 변형이 가능하다.

Lesson 10

두루마리 필통 만들기

- 제작물의 가장자리가 아닌 중간 영역에 섹션을 나누어 바느질하는 방법을 익힌다.
- 여밈 방식 중 가장 클래식한 방식인 끈 여밈을 익힌다.

사용한 가죽

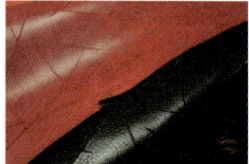

아하브 Achab
Badalassi Carlo, Italy

가죽 선정의 기준

두루마리 필통은 클래식한 디자인이기 때문에 전통적인 형태인 끈 여밈 방식을 사용하였다. 말려 있는 경우가 많아 디자인의 디테일보다 가죽 자체의 질감 표현이 가장 눈에 띄기 때문에 빈티지하면서도 과감한 피니시가 돋보이는 아하브를 선택했다.

아하브Achab는 푸에블로Pueblo와 마찬가지로 바달라시 카를로사의 아트 피니시 라인에 있는 가죽으로 푸에블로보다 더 과격하고 거친 모습을 가지고 있다. 밀링 타입 가죽인 미네르바 복스Minerva box를 베이스로 생산자가 일일이 칼로 비스듬히 얕게 칼집을 낸 후 일종의 버니싱 작업을 거치면서 표면의 자연스러운 광택과 질감 표현이 나타나고 부분적(특히 칼로 낸 무늬 부분)인 농담의 변화가 특징이다. 임의로 낸 칼질의 결과물이기 때문에 품질 관리를 위해 태너리 내에서도 오직 한 명의 기술자만이 마지막 작업을 진행할 수 있다. 호불호가 극명한 패턴이지만, 가죽 자체만으로도 충분한 임팩트를 가지고 있기 때문에 복잡한 제작물보다 깔끔한 형태의 제작물에서 더욱 빛을 발한다.

도구

송곳, 가죽 칼, 그리프, 나무 망치나 우레탄 망치, 바늘, 시접용 크리저, *본 폴더, 헤라, 망치, 사포, 비벨러, 슬리커, 마감봉

*본 폴더 뼈를 매끈하고 납작하게 가공한 도구로, 이번 레슨에서는 내부 공간을 확보하는 데 사용한다. 플라스틱 폴더나 납작하게 가공한 나무 슬리커 등으로 대체 가능하다.

패턴 제작 (패턴 별첨)

본판, 상단 덮개, 하단 포켓, 우측 포켓 등 여러 개의 파트가 합쳐지는 제작물이기 때문에 가재단과 정재단을 염두에 두고 제작했다. 합포가 이루어지는 상하, 우측 방향에 각각 3mm씩 여유를 두었다.

재단

본판, 상단 덮개, 하단 포켓, 우측 포켓을 패턴대로 재단하여 준비한다. 끈 부분은 폭 5mm, 길이 420mm로 스트랩 커터를 이용해 재단한다.

선 작업

1 전체의 테두리가 되는 가장자리 면을 제외한 모든 면을(끈 부분 포함) 미리 마감한다.

2 미리 각 파트의 자리를 잡아보면 전체적인 테두리가 되는 면을 알 수 있다. 테두리를 제외한 모든 부위가 마감의 대상이다.

하단 포켓에 가이드 선 긋기

1 하단 포켓의 상단과 하단에 전체를 4등분하는 지점을 각각 표시한다.

2 표시된 상하단의 점을 본 폴더 등을 이용하여 파티션 바느질을 위한 가이드 선을 긋는다.

3 가이드 선은 바느질용 시접 선처럼 제작 후에는 표시가 남지 않아야 하므로 일반 펜이나 송곳 등 날카로운 것으로 그으면 안 된다.

본판에 각 파트의 접합 위치 표시

1 끈 부분이 결합될 타원형 구멍을 타공한다.

2 패턴을 이용해 본판 안쪽에 각 파트의 위치를 표시한다. 안쪽은 송곳으로 표시가 어려우므로 합포되는 경계 안쪽(가려지는 부분)에 볼펜으로 표시한다.

3 중간 부분의 위치는 합포 후 보이지 않도록 안쪽으로 살짝만 표시하면 된다.

가죽의 두께 조정

본판은 원장 두께를 그대로 사용했다. 가죽의 안쪽 면이 그대로 드러나기 때문에 바인딩이 되어 있는 가죽보다는 약간 기모가 있는 쪽이 더 자연스럽다. 내부 파트는 1.4T 정도로 아하브의 특성상 칼집이 나 있는 부분이 매우 얇아질 수 있기 때문에 약간의 여유를 두고 두께를 잡았다.

가죽

본판·끈 부분 원장 약 2.0~2.3T
추가 파트 1.4T(가죽의 강성에 따라 달라짐)

본판과 각 파트의 합포 부위를 본딩한다

가재단하는 가장자리 부분은 8mm 폭으로 본딩하고 중간 파티션 부분은 좌우 양측은 5mm, 중간은 3mm 정도로 얇게 본딩한다. 각 파트도 동일하게 진행한다.

합포하여 정재단한다

1 위치에 맞춰 손으로 붙인다.
2 망치로 두드려 압착한다.
3 상하, 우측 방향을 정재단하고 환도를 이용하여 모서리를 곡선 재단해준다.

바느질 구멍을 타공한다

4 그리프를 이용해 테두리의 바느질 구멍을 타공한다.
5 내부 파트의 파티션 부분 바느질 구멍을 안쪽에서 타공한다.
6 이때, 포켓의 입구 부분은 견고함을 위해 바깥쪽으로 걸쳐서 구멍을 하나 더 뚫어준다.

바느질한다

1 내부 하단 포켓 부분을 바느질한다. 입구 쪽은 견고하게 만들기 위해 두 번 감기로 진행한다.

2 포켓 부분의 바느질은 외부에서도 노출이 되기 때문에 가죽과 비슷한 색상의 실을 사용했다.

3 테두리 부분을 바느질한다.

테두리를 마감한다

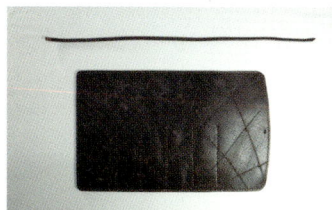

단면을 정리하고 크리징한다. 단면을 마감한다.

끈 부분을 연결한다

1 끈의 반대편 끝단 연결 부위에 단차를 줄이기 위해 경사지게 칼피할다.

2 미리 뚫어 놓은 구멍에 관통하여 합포하므로 본판의 겹쳐지는 위치에도 마찬가지로 본딩해 합포한다.

3 원형 송곳을 이용해 끈의 합포 부위에 일직선상으로 바느질을 위한 두 개의 구멍을 뚫는다.

4 한 손 바느질로 끈 부분을 고정한다.

완성

Lesson 11

지퍼 필통 만들기

- 패턴의 중간에 구멍을 뚫는 기법을 익힌다.
- 지퍼의 사용법을 익힌다.

사용한 가죽

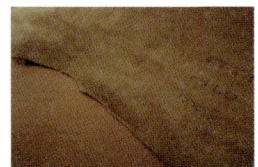

바레니아 Barenia,
HAAS, France

가죽 선정의 기준

소품을 제작할 때는 가죽 표면의 터치가 중요하다. 베이직하지만 클래식해서 멋스러운 갈색의 바레니아는 특유의 터치감이 어우러져 독특한 분위기를 연출한다. 필통을 제작하기에 사치스러운 느낌도 있지만 이런 차분한 분위기는 바레니아만이 가진 특성이기에 바레니아를 선택했다.

도구
송곳, 가죽 칼, 원형 펀치, 그리프, 나무 망치나 우레탄 망치, 바늘, 시접용 크리저, 헤라, 망치, 사포, 비벨러, 장식선용 크리저, 슬리커, 마감봉

가죽
본판 원장 1.4T

패턴 제작 (패턴 별첨)
가재단과 정재단 기법을 사용하기 위해 패턴의 모든 면에 3mm의 여유를 두었다.

재단

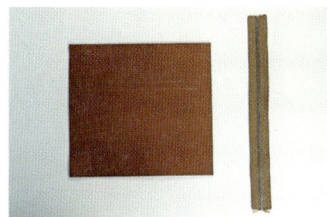

1 가죽 위에 패턴을 놓고 문진을 올려 움직이지 않도록 고정한 뒤 송곳을 이용해 패턴을 그리고 잘라낸다.

2 내부 지퍼 홀 패턴은 양쪽을 10mm 원형 펀치로 따내고 직선 칼을 이용해 사이를 재단한다.

3 지퍼를 위한 모서리가 둥근 직사각형 홀이 완성되었다.

내부 지퍼 홀을 먼저 마감한다.

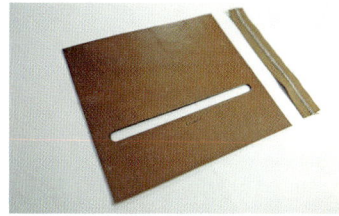

1 재단된 홀의 내부는 지퍼 장식 연결 전에 마감되어야 한다.

지퍼를 준비한다

1 지퍼 천 부분의 길이는 지퍼 홀을 기준으로 바느질 시접보다 길게 잡는다. 양쪽 가재단(3mm)과 바느질 시접(3~4mm) 안쪽으로 잡는다.

2 지퍼 천이 더 이상 짧아지면 안 되므로 지퍼 날을 뽑는 과정에서 올이 풀리지 않게 라이터로 살짝 마감해준다.

3 양날 지퍼는 방향을 맞추지 않아도 된다. 외날 지퍼는 금속의 돌출된 방향이 슬라이더의 진행 방향 (잠기는 방향)이다.

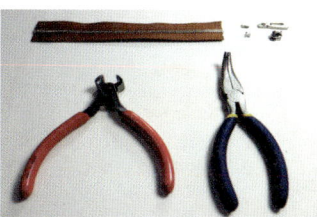

4 지퍼 작업을 위해 부품과 도구를 준비한다. 지퍼, 슬라이드, 스토퍼 (상지/하지), 손잡이가 필요하며 공구는 방울집게와 롱노우즈로 충분하다.

5 슬라이더를 넣기 위해 지퍼를 살짝 벌린다.

6 지퍼에 슬라이더를 넣고 다시 날을 벌린다.

7 스토퍼를 달기 위해 여분의 날을 제거해야 한다. 지퍼 이빨의 허리 부분을 방울집게로 잡고 당기면 손쉽게 날을 뺄 수 있다.

8 지퍼 날의 구조상 허리 부분을 누르면 천에 물려 있는 부분이 살짝 벌어진다.

9 여러 개의 날을 한 번에 잡는 경우. 방울집게가 잡는 날의 위치에 유의한다.

10 익숙해지면 한 번에 여러 날을 빼는 것도 가능하다.

11 스토퍼(하지)를 장착하고 시접이 확보되는 정도까지 날을 빼준다.

12 스토퍼(하지)는 날을 뺀 곳까지 바짝 붙이고 쇠 몰드를 깔고 쇠망치로 살살 쳐주면 깔끔하게 장착할 수 있다.

13 납작하게 만들면 빠지지 않는다.

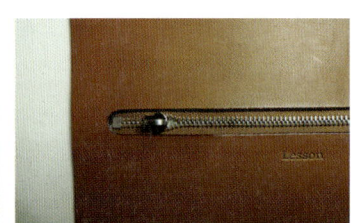

14 스토퍼를 바짝 당겨 자리 잡은 길이를 기준으로 반대쪽 지퍼 날을 어디까지 뺄 것인지를 결정한다.

15 스토퍼까지 고려하여 꼭 차게 길이를 세팅한다.

16 지퍼의 반대편에 스토퍼(상지)를 마감해준다. 상지를 다는 방법은 제각각이나 기본적으로 눌러서 고정한다.

17 이 책에서 소개하는 방법은 다음과 같다. 스토퍼를 하나씩 세워 잡고 사진처럼 지퍼 천 부분을 통과시켜 바짝 붙여 꽉 조여준다.

지퍼를 조립한다

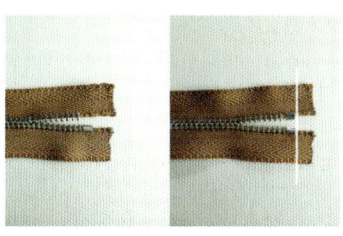

18 지퍼를 닫을 때 깔끔하게 보이기 위해서는 지퍼 날이 더 튀어나온 쪽을 최대한 날에 바짝 붙여서 달고 맞은편은 앞서 단 상지에 위치를 맞추어 단다.

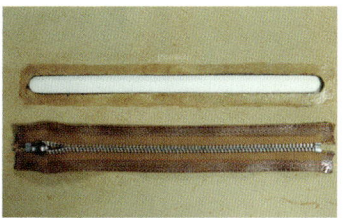

1 가죽 부분을 뒤집어 지퍼 홀의 입구 주변과 지퍼의 천 가장자리(홀 부분에 드러날 부분을 제외한 영역)에 본드를 칠해준다.

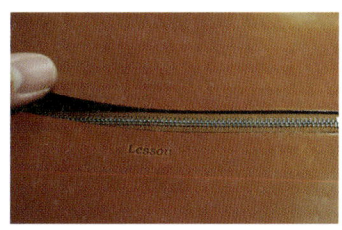

2 지퍼 홀의 중심에 위치하도록 지퍼의 자리를 잡아 붙여준다. 슬라이더가 없는 부분을 먼저 붙인다.

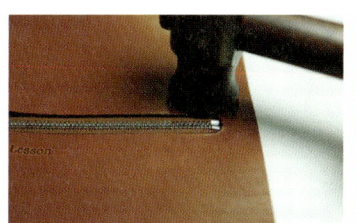

3 먼저 붙인 부분을 망치로 압착하여 완전히 붙인다.

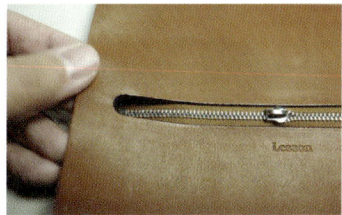

4 슬라이더를 압착한 쪽으로 밀고 나머지 부분을 붙이고 망치로 압착해준다.

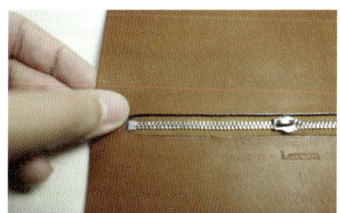

5 슬라이더가 있는 부분을 그대로 붙이면, 슬라이더가 다른 위치에 있을 때 이 부분이 뜬다.

6 지퍼 주변부로 스티칭 홀을 타공해준다.

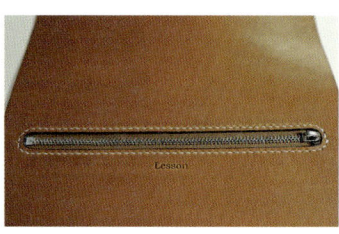

7 지퍼 부분을 바느질한다.

전체 합포 후 정재단한다

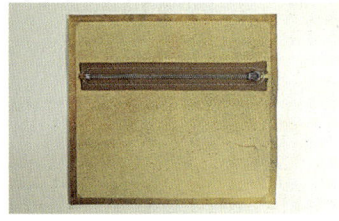

1 정재단할 예정이므로 7~8mm 간격으로 모든 면에 본드를 칠하고 반을 접어 망치로 압착한다.

2 3mm 간격으로 정재단해주고 모서리를 환도로 커팅한다.

3 삼면 타공 후 바느질한다

단면 정리 후 단면을 마감한다.

1 샌딩하고 비벨러로 정리하고 크리징한 후 단면을 마감한다.

2 손잡이를 슬라이더에 넣고 슬라이더를 꽉 눌러 고정해준다.

완성

Lesson 12

파우치 필통 만들기

- 입체적인 구조를 만들어본다.
- 입체적인 구조를 만들 때의 제작 순서를 익힌다.
- 가재단이 불가능한 상황에서 정재단으로 맞닿은 단면을 사포로 다듬어 마감하는 법을 익힌다.

사용한 가죽

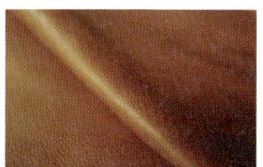

미네르바 복스 Minerva box
Badallasi carlo, Italy

가죽 선정의 기준

파우치는 어느 정도 유연성을 가진 가죽을 사용해 자연스러운 형태의 공간을 구현하므로 소프트 타입 중 질감이 있고 품질이 좋은 미네르바 복스를 사용했다.

바달라시 카를로사의 미네르바 복스 Minerva box는 알프스 지방에서 자란 1등급 소의 원피를 사용한 풀 베지터블 Full vegetable 가죽이다. 질 좋은 가죽을 10세기 이상의 전통을 가진 바케타 공법으로 수작업 태닝 염색하고 다시 태고에서 밀링 Milling 작업을 거쳐 표면에 자연스러운 질감의 무늬를 가지게 되었다. 처음에는 매트한 느낌이 있지만 사용하면서 자연스러운 광택이 점점 올라온다. 전 세계적으로 즐겨 사용하지만 국내에서는 소프트한 베지터블 가죽을 대표하는 고급 가죽으로 평가 받을 만큼 풍미가 있는 가죽이다. 또한 오일감이 풍부해 미네르바 복스 가죽만의 부드럽고 매력적인 터치감을 가진다.

도구

송곳, 가죽 칼, 그리프, 나무 망치나 우레탄 망치, 바늘, 시접용 크리저, 헤라, 플라이어나 파라플루이, 2.5㎜·4㎜ 펀치, 사포, 장식선용 크리저, 비벨러, 슬리커, 마감봉

가죽

본판 원장 2.0T 옆판 원장 2.0T

기타 부자재

스냅(암수 세트), 플라이어, 파라플루이

패턴 제작 (패턴 별첨)

입체 구조의 특성상 가재단을 하기 어렵기 때문에 모든 파트는 정재단 크기로 바로 제작한다.

재단

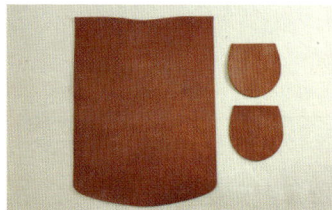

1 각 파트를 재단한다. 본판의 원형 펀치 구멍도 미리 자국을 내고 톱니 형태로 도안된 옆판은 톱니를 잘라내지 않고 재단한다.

2 본판의 은면 쪽만 비벨러로 단면의 모서리를 떨어낸다. 뒷면은 아직 작업하지 않는다. 전면을 먼저 작업해야 입체 형태가 되었을 때 작업이 더 편하다.

타공

1 본판 재단물의 상면(뒷면)에 형지를 대고 볼펜을 이용하여 접합 부위의 기준점을 표시한다.

2 은면에 송곳으로 접합 부위 기준점을 찍고 기준점의 위쪽에 크리저를 이용해 바느질을 위한 시접 선을 긋는다.

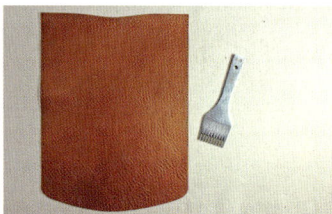

3 끝단과 경계의 타공 규칙을 지키며 그리프로 타공한다.

4 위쪽 단면에서 첫 번째 땀은 내구성을 위해 반드시 한 땀 간격 정도는 띄우도록 한다.

5 바느질이 끝나는 경계의 타공은 경계 부분을 찍지 않으며 송곳으로 표시한 경계가 끝나는 바로 다음 위치에 마지막 땀이 위치하도록 한다.

• 입체 상태에서는 그리프를 뚫을 수 없기 때문에 미리 평면에서 펀칭하고 합포 후 송곳으로 뚫는다.

6 본판 전체에 크리징을 넣는다. 크리징 역시 입체 상태에서는 작업이 어렵기 때문에 바느질 구멍 타공 후 입체 합포 전에 작업한다.

7 본판의 상단 부분 뒷면만 비벨러로 모서리를 떨어낸 뒤 마감한다.

옆판을 준비한다

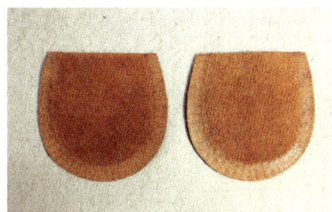

1 옆판의 상단을 제외한 나머지 테두리를 부분 피할한다.

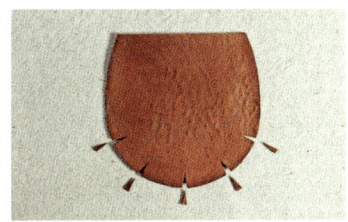

2 옆판을 톱니 형태로 재단한다. 피할을 먼저 하는 것은 재단 후 피할을 하면 가죽이 밀려 크기나 형태가 변형될 수 있기 때문이다.

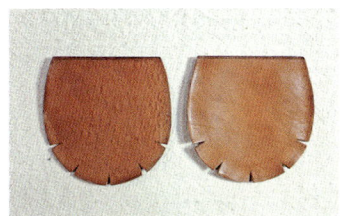

3 옆판의 상단을 비벨러로 정리하고 크리징 후 마감한다.

본판에 스냅 장식을 달아준다

1 4mm·2.5mm 펀치를 이용하여 각각 암수 고정 위치에 타공한다.

2 스냅용 세터와 몰드를 이용하여 암수 스냅 장식을 고정한다.

앞판과 옆판을 합포한다

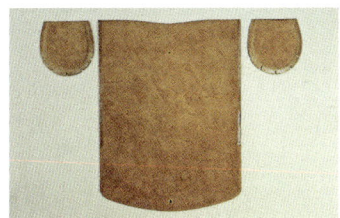

1 앞판의 부착 면에 8mm 폭으로 본드를 칠한다.

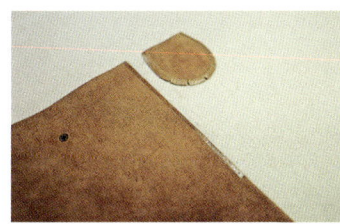

2 옆면의 부착 면에 8mm 폭으로 본드를 칠한다.

3 옆판의 상단 끝단을 앞판의 상단 끝단에 맞추어 붙인다.

4 가장자리를 따라 옆판과 본판을 붙여간다.

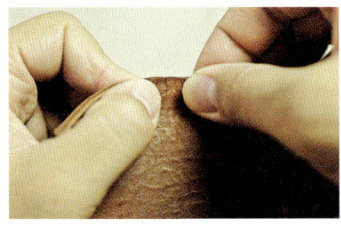

5 톱니 부분을 밀착시켜 붙인다.

6 톱니 부분은 사진처럼 간격 없이 이어서 붙여야 한다.

7 끝선을 조금 앞두고 앞판 본딩 부위의 경계 지점을 고려해 옆판의 끝단과 본판의 경계선 부분을 먼저 붙인 후 정확한 위치에서 끝나도록 신경 써서 합포한다.

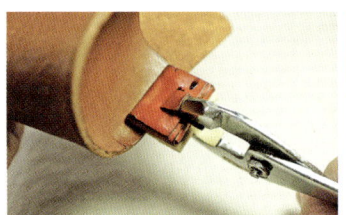

8 합포한 부위를 파라플루이나 앞이 넓은 가죽용 플라이어 등의 집게 모양 공구를 사용하여 압착한다. 입체 부분에서 망치보다 사용성이 좋다.

9 이때 본판과 옆판 중 바느질 구멍이 타공된 앞판을 더 신경 써야 한다. 옆판 부분이 본판에 정확히 맞거나 더 튀어나오는 쪽이 좋다.

10 마름 송곳을 이용해 미리 타공한 바느질 구멍을 따라 하나하나 뒷면으로 관통시킨다. 뒤쪽에 코르크 등을 대주어야 결과물이 좋다.

바느질한다

11 이때 송곳 날의 사선 각도를 미리 뚫은 그립 각도와 일치시키고 가죽 면과의 각도 역시 수직 방향으로 유지하며 뚫어야 한다.

12 송곳의 각도를 주의하여 작업한 예. 각도가 틀어지면 뒷면의 구멍 위치가 달라져 내구성과 외관에 영향을 줄 수 있다.

- 안쪽 면이 부분적으로 조금 더 튀어나오게 기준을 잡아 시각적 오차는 있을 수 있다. 이 부분은 마감에서 잡는다.

13 견고하게 바느질하기 위해 시작 지점에서 바깥으로 두 번 감기하여 작업한다.

단면을 마감한다

1 사포를 이용해 단면을 매끄럽게 샌딩한다.

2 가재단을 하지 않은 단면이라 거친 사포로 단차를 없애고 신경 써서 매끄럽게 다듬어야 한다.

3 비벨러를 이용해 뒷면의 단면 모서리를 모두 떨어낸다.

4 단면을 물 마감한다. 마감봉을 이용해 단면 마감재를 바른다. 슬리커로 다듬고 단면 마감재를 바른다. 단면의 마감 상태가 만족스러울 때까지 이 과정을 반복한다.

완성

Lesson 13

노트 커버 만들기

- 칼금을 이용한 카드 수납 방식을 익힌다.
- 다양하게 응용 가능한 노트 커버 형태의 구조를 익힌다.

사용한 가죽

겉감 왁스 Wax
Badalassi Carlo, Italy

안감 부테로 Buttero
Walpier, Italy

가죽 선정의 기준

노트 커버는 면적이 넓고 입체감이 없는 제작물이기 때문에 평면에서도 투 톤의 질감이 두드러지는 풀업Pull-up 가죽인 왁스Wax를 선택했다. 내부의 날개 부분은 칼금을 이용한 카드 수납을 염두에 두었기 때문에 얇은 두께여도 단단하고 왁스의 나폴리Napoli 색상과 잘 어울리는 부테로의 옐로Yellow 색상을 매칭했다.

왁스는 바달라시 카를로에서 생산하는 풀업 가죽이다. 풀업 가죽은 오일 함유가 높은 가죽의 표면에 왁스를 올려 표면의 톤을 어둡게 하고, 꺾어지는 부위에서는 본래의 밝은 자연색이 나게 함으로써 빈티지한 투 톤 느낌을 극대화한 가죽을 뜻하는데 촉감이 매우 매끈하고 촉촉한 편이다. 왁스 아티클은 밀링을 돌려 표면에 자연스러운 질감이 더해져 더욱 빈티지한 멋을 더했다.

도구

송곳, 가죽 칼, 그리프, 나무 망치나 우레탄 망치, 바늘, 시접용 크리저, 헤라, 망치, 사포, 장식선용 크리저, 비벨러, 슬리커, 마감봉

가죽

본판(Wax) 원장
안감(Buttero) 1.3T
펜 홀더(Buttero) 0.8T

패턴 제작 (패턴 별첨)

합포할 본판의 네 면과 날개 부분의 바깥쪽 삼 면은 3mm씩 가재단을 위한 여유를 두었다.

재단

본판, 양쪽 날개, 왼쪽 포켓, 펜 홀더 파트를 재단한다. 날개 부분의 라인은 심미적 목적 외에 겉장을 끼우기에 좀 더 편하게 해준다.

선 작업

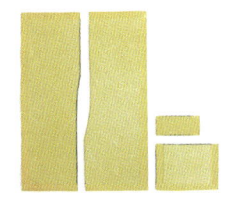

본판을 제외한 날개와 포켓, 펜 홀더 파트를 부분 피할한다. 양쪽 날개는 본판과 연결되는 세 면, 사각 포켓은 상단을 제외한 세 면, 펜 홀더는 양쪽 두 면을 부분 피할한다.

왼쪽 날개 파트 부분 조립

1 왼쪽 포켓의 상단부를 먼저 마감한 후 왼쪽 날개 파트 하단의 포켓과 합포될 세 면을 본딩을 위해 긁는다.

2 왼쪽 날개와 사각 포켓을 합포하고 오른쪽 면만 3mm 정재단한다. 나머지 두 면은 본판과 전체 합포 후 작업할 예정이다.

3 정재단한 포켓의 오른쪽을 타공하여 바느질한다. 하단은 정재단(3mm), 시접(3~4mm)을 고려하여 10mm 정도 바느질을 비워둔다.

조립 전 부분 마감

본판과 합포될 부위를 제외하고 양쪽 날개의 안쪽을 향하는 면과 펜 홀더의 상하단을 마감한다.

칼금 카드 칸 만들기

1 양쪽의 원형 구멍을 먼저 타공한다.

2 두 개의 구멍의 중심을 잇는 직선을 재단한다. 직선 재단을 먼저하고 원형 타공을 하면 구멍의 모양이 지저분하다.

본판과 부속을 합포하고 정재단

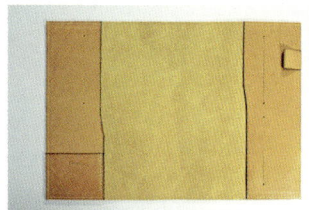

1 날개와 펜 홀더를 합포한 후 가장자리에서 3mm 간격으로 정재단 선을 긋는다.

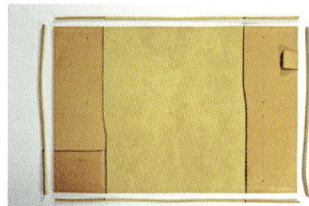

2 정재단한다. 모서리는 환도를 이용해 굴려준다.

바느질한다

1 바느질 구멍을 타공한다. 전체 스티치는 너무 길어지고 합포가 없는 본판 부분에서는 불필요하기 때문에 날개 부분만 스티치한다.

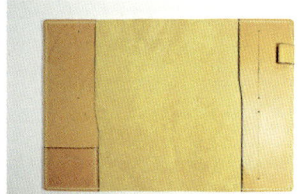

2 스티치한다.

완성

단면을 정리하고 마감

사포와 비벨러로 정리하고 크리징한 후 단면을 마감한다.

Lesson 14

장지갑 만들기

- 기본적인 장지갑의 내부 구성을 익힌다.
- 장지갑에서 병렬 배치의 카드 칸을 만드는 방법을 익힌다.

사용한 가죽

이탈리안 셸 코도반
Italian shell cordovan,
Rocado s.r.l, Italy

가죽 선정의 기준

외부 가죽은 이탈리안 셸 코도반을 사용했다. 이 염료 타입의 매끈한 코도반은 말 엉덩이 부분의 가죽으로 조직이 치밀하고 진피층이 매우 두꺼워 표면 복원력이 우수하다. 고급스러운 광택과 찰진 촉감으로 구두나 지갑류에서 무척 매력적이다. 특히 이탈리안 셸 코도반은 깔끔한 표면과 다양한 색상으로 활용도가 높다.

가죽의 두께 조정

이탈리안 셸 코도반의 두께는 소품에 적당한 1.5T 정도로, 이 정도 두께에서 조정 없이 본판을 제작하는 경우 탄탄한 느낌의 제작물을 제작할 수 있다. 카드 칸 역시 탄탄한 느낌을 주기 위해 1.3T로 조정했다. 이탈리안 코도반이나 홀윈 코도반으로 제작 시 원장으로 제작하는 레시피가 많다. 파트의 합포되는 테두리는 자연스러운 형태와 두께 감소를 위해 부분 피할하였으나 작업 환경에 따라 생략 가능하다.

도구

송곳, 가죽 칼, 그리프, 나무 망치나 우레탄 망치, 바늘, 시접용 크리저, 본 폴더, 가죽 칼 등, 헤라, 망치, 사포, 비벨러, 슬리커, 마감봉

가죽

본판 1.5T
내부 파트 1.3T(가죽의 강성에 따라 달라짐)

패턴 제작 (패턴 별첨)

전체적으로 펼쳤을 때 사각의 형태로 가운데 간격이 짧은 노트 커버와 유사하다. 여러 개의 파트가 합쳐지는 제작물이기 때문에 가재단과 정재단을 염두에 두고 제작했다. 합포되는 상하좌우, 네 면의 방향에 각각 3㎜씩 여유를 두었다.

재단

본판과 카드 칸 부분을 재단한다.

선 작업

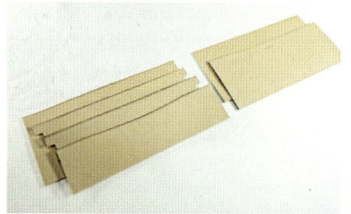

1 카드 칸의 입구 부분을 모두 마감한다.

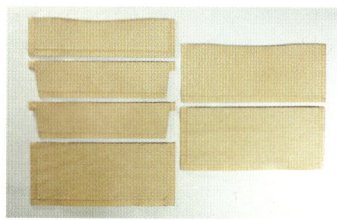

2 마감한 입구 부분을 제외한 각 파트의 세 면을 부분 피할한다.

왼쪽 포켓을 조립한다

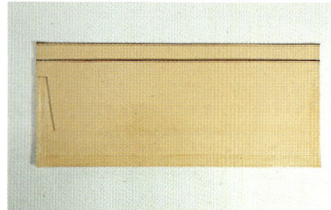

1 왼쪽 내부 본판에 첫 번째 포켓을 본딩하여 합포한다. 본딩 폭은 테두리 부위 7~8㎜, 포켓의 하단이 붙는 중간 영역은 3~4㎜ 정도로 잡는다.

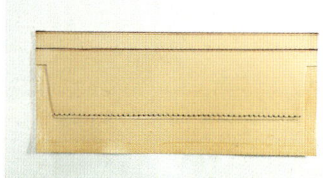

2 하단 접합부를 바느질한다.

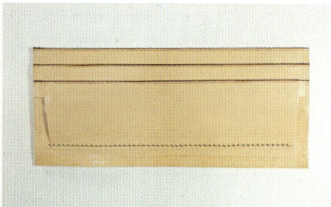

3 두 번째 포켓도 동일하게 접착하여 바느질한다.

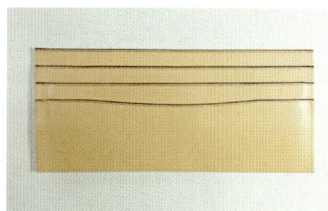

4 전면 포켓도 합포한다.

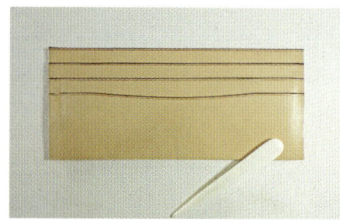

5 패턴에 표시된 중간 기준점을 살짝 표시한다. 스크래치를 남기지 않는 본 폴더의 뾰족한 부분 등으로 바느질 구멍을 만들기 위한 가이드 선을 표시한다.

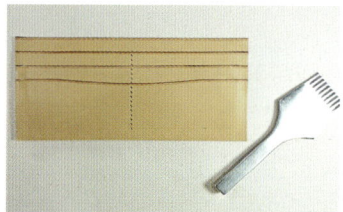

6 바느질 구멍을 타공하고 스티치한다.

오른쪽 포켓을 조립한다

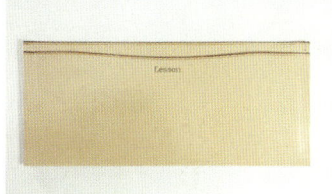

1 세 면을 본딩하여 합포한다.

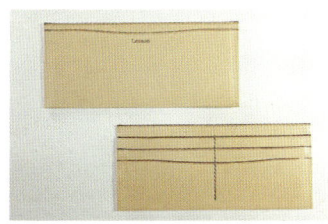

2 양쪽 파트 모두 준비되었다.

본판과 카드 칸을 조립한다

1 합포 부위에 본딩한다. 가재단 상태이므로 7~8㎜ 정도 폭으로 본딩한다.

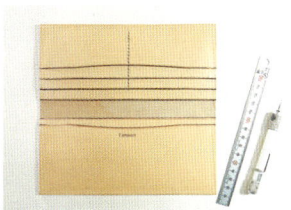

2 합포하고 압착한 후 3㎜ 간격으로 정재단을 위한 선을 표시한다.

3 정재단한다.

4 모서리를 살짝 굴리고 바느질한다.

단면을 마무리하고 마감한다

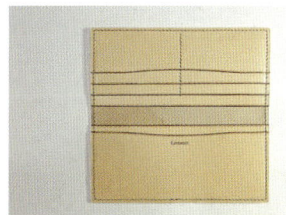

샌딩, 크리징, 단면 마감 작업을 마음에 들 때까지 반복한다.

완성

Lesson 15

사각 연필꽂이 만들기

- 사각 형태의 입체 구조를 만드는 방법을 익힌다.
- 입체 구조에서 바느질 구멍을 뚫는 것을 연습한다.

사용한 가죽

부테로 Buttero,
Walpier, Italy

가죽 선정의 기준

형태가 힘 있게 유지되어야 하기 때문에 단단한 부테로 가죽을 선택했다. 원장이 3.0T 내외로 별도의 보강 없이 하드한 형태를 구현하기에 적합하다. 다만 부테로는 다른 하드 타입 가죽에 비해서도 상당히 단단하기 때문에 사이드 부분은 충분히 부분 피할하고 꺾이는 부분에 홈을 넣어 꺾어서 접는 기법도 함께 소개하였다. 이번 레슨을 통해 배우는 사각의 입체 구조는 가방을 제작하는 데도 가장 기초적으로 이용되는 구조이므로 충분히 익혀두도록 하자.

가죽의 두께 조정

사각 형태가 힘 있게 유지되어야 하기 때문에 모두 원장 두께 그대로 제작한다.

도구

송곳, 가죽 칼, 그리프, 나무 망치나 우레탄 망치, 바늘, 시접용 크리저, 본 폴더, V자 그루버, 헤라, 망치, 사포, 비벨러, 슬리커, 마감봉

가죽

앞판, 뒤판, 옆판 겸 밑판 모두 원장

패턴 제작 (패턴 별첨)

입체 구조는 가재단이 오히려 번거롭기 때문에 정재단 크기로 작업한다.

재단

앞판, 뒤판, 옆판 겸 밑판을 재단한다. 옆판 겸 밑판 중간에 위치한 절개부는 아직 자르지 않는다.

선 작업

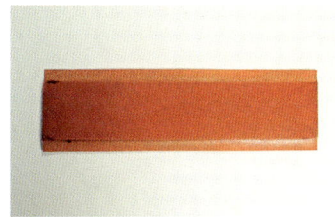

1 옆판 겸 밑판의 장측 테두리 부분을 모두 부분 피할한다.

2 부분 피할한 모습.

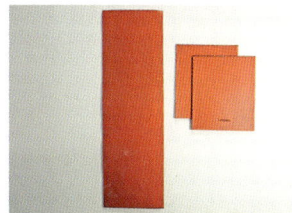

3 연필꽂이의 윗부분이 되는 앞판과 뒤판의 상단부, 옆판 겸 밑판의 상하단부를 먼저 마감한다.

4 옆판 겸 밑판의 중간에 있는 절개부를 절개한다. 절개를 먼저 하고 부분 피할하면 균일하게 피할하기 어렵다.
- 경사 피할된 경우 절개 부위 끝단은 두께를 균일하게 다시 한 번 피할해야 한다.

앞판·뒤판의 준비

앞판과 뒤판은 미리 스티칭 구멍을 타공해준다.

옆판·밑판의 준비

1 꺾이는 부분에 V자나 U자 그루버로 홈을 파준다. 제작상의 편의를 위해 옆판과 밑판을 한 패턴으로 작업했기 때문에 홈을 파준다.

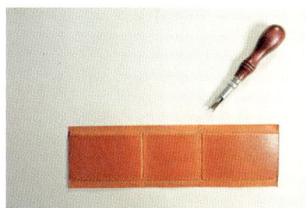

2 그루버는 자에 날이 아닌 가이드 부분을 대고 길을 얇게 내주고 여러 번에 걸쳐 판다. 깊이를 조정해서 너무 얇아지지 않게 한다.

앞판·뒤판·옆판 겸 밑판의 조립

1 앞판과 뒤판의 세 면과 옆판 겸 밑판의 양옆에 본드를 칠한다. 이때 옆판 겸 밑판의 절개부는 합포되는 면을 꼼꼼히 발라준다.

1~6 : 절개 시 발생하는 각 면의 번호
☐ : 본드칠해야 하는 영역

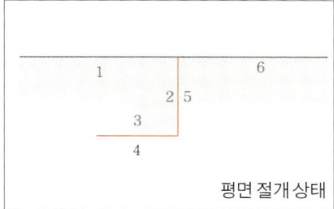

평면 절개 상태

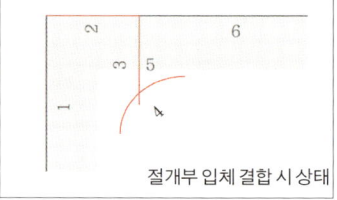

절개부 입체 결합 시 상태

2 옆판과 밑판이 이어지는 상단 왼쪽 첫 번째 절개부를 확대하면 그림과 같다. 접합되는 면을 잘 확인하여 합포한다.

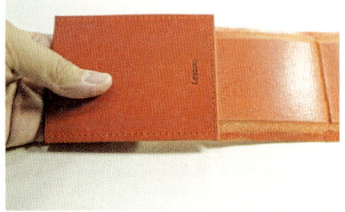

3 앞판의 사이드부터 붙여 나간다. 평면에서 붙일 수 있다면 망치를 사용하여 압착해준다.

4 앞서 첨부한 그림과 같이 모서리를 연결하여 붙인다.

5 평면이 아닌 입체 부분의 압착은 파라플루이 혹은 플라이어 등의 공구를 이용하여 압착한다. 뒤판도 동일하게 합포한다.

6 송곳을 이용해 미리 내둔 앞판, 뒤판의 바느질 구멍을 다시 한 번 관통하여 뒷면까지 구멍을 낸다. 이때 각도를 일정하게 유지한다.

바느질과 단면 마감

완성

7 송곳으로 뒷면까지 관통한 모습.

상단 부분은 바깥쪽으로 두 번 감기를 하고 바느질한다. 샌딩, 크리징, 단면 마감 작업을 진행한다. 가재단이 없는 제작 형태이기 때문에 샌딩에 좀 더 신경을 쓴다.

Lesson 16 포트폴리오백 만들기

- 가장 기본적인 평면 구조의 가방을 만들어본다.
- 기본 형태의 직선형 손잡이를 만들어본다.
- 솔트레지를 이용한 가방 잠금 방식을 익힌다.

사용한 가죽

칸사스 Kansas
Walpier, Italy

가죽 선정의 기준

낱장으로 제작되는 가방 손잡이 부분이 안정적이려면 3.0T 이상의 가죽이 적합한데 칸사스는 3.0T의 두께임에도 부드러워서 매력적인 그립감을 선사한다. 별도의 옆면이 없는 포트폴리오백은 테두리 부위에 적용하는 경사 피할이 자연스럽게 내부 공간을 만들기 때문에 두께감 있는 원장을 그대로 사용했다. 칸사스는 베지터블 태닝 가죽으로 태닝의 전체 공정 중 염색 이후, 표면 마무리 작업 이전의 단계인 크러스트 상태에서 밀링을 돌려 부드럽게 가공한 다음, 표면에 오일을 발라서 마무리한 가죽이다. 태너리가 같은 만큼 부테로와 같은 색상의 염색을 하지만 마무리 작업이 달라 한 톤 빠진 느낌의 차분한 컬러를 가지고 있다. 만 3년 이상 자란 번식용 수소 가죽인 불하이드Bull-hide 가죽으로 두툼한 두께감과 밀링을 통한 굵직한 무늬가 특징이다.

가죽의 두께 조정

두께감이 있으면서 탄탄한 평면 형태의 가방을 제작하기 위해 모든 파트는 원장으로 제작한다.

도구
가죽 칼, 그리프, 나무 망치나 우레탄 망치, 바늘, 시접용 크리저, 헤라, 플라이어나 파라플루이, 2.5㎜·5㎜ 펀치, 일자 펀치, 사포, 장식선용 크리저, 비벨러, 슬리커, 마감봉, 일자 드라이버

가죽
본판, 손잡이, 고정부 원장 3.0T

기타 부자재
솔트레지 장식

패턴 제작 (패턴 별첨)
경사 피할로 가장자리 부분을 가재단하기 어렵기 때문에 모든 파트를 정재단으로 제작한다.

재단

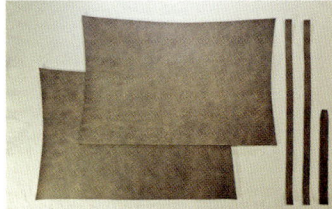

기준 위치 표시

1 가죽 위에 패턴을 놓고 문진을 올려 움직이지 않도록 고정한 뒤 송곳을 이용해 패턴을 그리고 정재단한다.

2 손잡이와 잠금 파트의 모서리는 환도를 이용하여 자연스럽게 굴려준다.

1 본판 앞판에 손잡이와 스터드 장착부의 기준 위치를 표시해준다.

선 작업

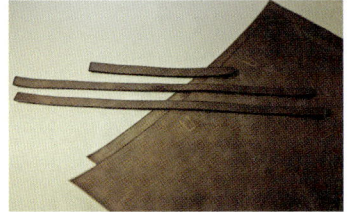

2 본판 뒤판의 손잡이와 잠금 파트 연결 부위를 표시해준다.

1 본판의 합포가 진행될 좌우, 하단의 가장자리 부분을 자연스러운 각도로 경사 피할한다.

2 합포가 진행될 본판의 세 면(좌우, 하단)을 제외한 본판 앞판, 뒤판의 상단과 나머지 파트(손잡이, 잠금부)를 모두 단면 마감한다.

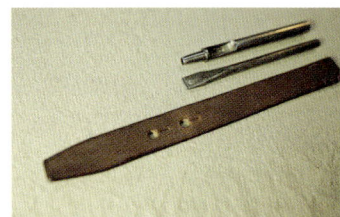
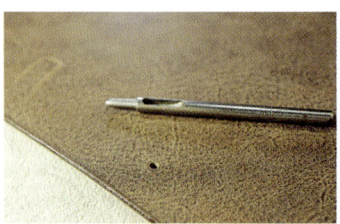

3 표시되어 있는 타공 부분들을 각종 펀치를 이용하여 모두 타공한다. 스터드 장식을 고정하기 위해 일자 펀치와 원형 펀치를 이용해 고정부를 만든다.

4 본판 전면에 솔트레지 장식 연결을 위해 구멍을 뚫는다.

손잡이 조립

1 앞판의 손잡이 합포 부분을 양쪽 모두 긁는다.

2 뒤판의 손잡이와 잠금 파트의 합포 부분을 양쪽 모두 긁는다.

3 작은 헤라를 이용해 접합 부위에 모두 본드를 칠한다.

4 위치에 맞추어 재단한 가죽을 합포한다.

5 망치로 압착한다.

6 모든 파트가 합포된 모습.

7 손잡이와 잠금 부분에 바느질 간격 선을 긋는다.

8 그리프로 타공한다.

9 원형 송곳을 이용해 잠금 부분의 포인트 스티치를 위한 바느질 구멍을 낸다.

10 스티칭 홀을 모두 뚫은 모습.

11 모두 스티치한다.

12 스티치가 짧게 끝나는 손잡이 부분은 처음 두 땀을 모두 두 바퀴씩 감고 전체 다섯 땀이 모두 두 땀으로 끝나도록 하면 더 자연스럽다.

솔트레지 장착

1 솔트레지 장식을 준비한다.

2 일자 드라이버를 이용해 솔트레지 금속을 달아준다.

본판 조립

1 본판을 본딩하여 합포한다. 본판의 앞면과 뒷면의 합포가 진행될 세 면에 5mm 폭으로 본딩한다.

2 가장자리를 맞춰 합포한다.

3 망치를 이용해 압착한다.

본판을 바느질한다

1 합포한 면을 사포를 이용해 조금 다듬어준다.

2   크리저를 이용해 바느질 간격 선을 긋는다.

3   바느질 구멍을 뚫는다.

4   바느질한다.

단면 마감

가재단 작업이 없는 형태이므로 마감 면의 품질은 얼마나 잘 다듬느냐에 달려 있다. 충분히 시간을 들여 마감 면을 샌딩한다.

완성

Lesson 17

쇼퍼백 만들기

- 사각 연필꽂이와 유사한 형태의 입체적인 구조로 쇼퍼백을 제작해본다.
- 가방 제작의 전반적인 순서를 익힌다.

사용한 가죽

부테로 Buttero,
Walpier, Italy

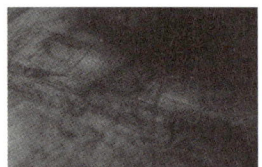

브라이들 레더 Bridle leather,
J&E SEDGWICK, England

가죽 선정의 기준

품질 좋은 매트 타입 통가죽의 대명사인 부테로를 사용했다. 부테로는 3.0T 정도의 두께이고 뒷면의 바인딩 상태가 매우 좋기 때문에 원장을 그대로 사용하는 가방 제작에 적합하다. 핸드 브러싱으로 염색해서 가방 같은 큰 작업물에서 오히려 자연스러운 색감의 농담을 즐기기에 좋다. 전면 포켓은 재미를 주기 위해 같은 색상 계열의 브라이들 가죽을 사용했으나 부테로로 통일해도 무방하다. 포켓의 크기가 크기 때문에 잘 늘어나지 않고 강성이 있는 브라이들 가죽도 파트에 필요한 특성에는 적합하다.

가죽의 두께 조정

본판은 원장 두께 그대로 사용하고, 옆판은 2.0T로 조정해서 앞판과 옆판이 결합되면 자연스럽게 강성이 약한 옆판 쪽이 안쪽으로 휘고 앞판은 형태를 유지하도록 하였다. 구조나 형태가 달라지더라도 가방을 제작할 때 이러한 방식으로 강성의 차이를 두는 것은 앞판의 형태를 유지하기 위한 가장 기본적인 설계 방법이다.

도구
송곳, 가죽 칼, 그리프, 나무 망치나 우레탄 망치, 바늘, 시접용 크리저, 헤라, 망치, 플라이어나 파라플루이 등, 사포, 장식선용 크리저, 비벨러, 슬리커, 마감봉

패턴 제작 (패턴 별첨)
모든 파트는 정재단으로 제작한다.

가죽
본판 앞뒤 3.0T
손잡이 2개 3.0T 앞 포켓 1.5T
옆판 2개 2.0T 밑판 3.0T

재단

가죽 위에 패턴을 놓고 문진을 올려 움직이지 않도록 고정한 뒤 송곳을 이용해 패턴을 그리고 정재단한다.

선 작업

1 포켓, 옆판, 밑판은 포켓의 상단과 옆판의 상단을 제외하고 모두 부분 경사 피할한다.

2 부분 피할한 부분을 확인한다.

3 본판의 앞판과 뒤판 패턴에 표시된 기준 위치를 모두 표시해준다.

4 합포할 부분을 제외한 부분인 본판의 앞판과 뒤판 상단, 핸들, 옆판 상단, 포켓 상단, 밑판 좌우를 먼저 마감한다.

5 마감한 모습. 합포 전 마감해야 할 부위를 파악하는 것을 연습하도록 하자.

핸들과 포켓을 조립한다

1 핸들이 부착될 접합 부분의 양쪽 면(본판 앞판과 뒤판, 핸들 뒷면)을 모두 긁어준다.

2 긁는 부분은 겉으로 드러나지 않게 합포될 파트보다 살짝 작은 쪽이 좋다.

3 가방의 앞판은 포켓이 부착될 접합 부분까지 모두 긁어준다. 포켓 파트의 뒷면 가장자리처럼 피할된 부분은 별도로 본딩을 위한 스크래치 작업을 할 필요는 없다.

4 합포 부분에 본드를 칠한다. 폭이 좁은 헤라 등을 이용하면 좁은 영역을 정교하게 본딩할 수 있다.

5 위치를 정확하게 맞춰 합포한 후 망치를 이용해 압착한다.

6 그리프를 이용해 바느질 구멍을 타공한다.

7 바느질한다.

8 뒤판까지 바느질한다.

9 포켓을 합포하여 망치로 압착한다.

옆판과 밑판을 조립한다

10 포켓을 합포한 모습.

1 옆판 하단의 합포 부위를 긁어준다.

2 본딩 후 최대한 밀착하여 합포하고 압착한다. 반대편도 동일하게 진행한다.

3 합포된 모습.

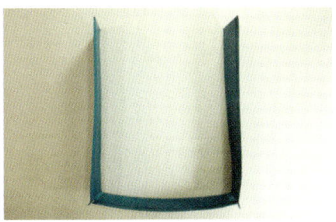

4 밑판의 결합 부분을 바느질한다.

5 본판과 합포할 때의 편의를 위해 미리 형태를 잡아두면 좋다.

본판 앞면과 옆면과 밑면을 조립한다

1 합포할 앞뒤 본판의 뒷면 가장자리를 긁어낸다.

2 본판에 미리 스티치 홀을 타공한다.

3 숙련된 경우 사전 타공 없이 합포 후에 한 번에 타공할 수도 있지만 입체 패턴의 타공은 연습이 필요하므로 실수를 줄이기 위해 미리 타공한다.

4 본판(앞)의 뒷면 가장자리와 사이드 파트의 합포 부위에 본드를 칠한다. 본판(앞) 옆면과 사이드 파트의 옆판 부위를 먼저 합포하여 압착한다.

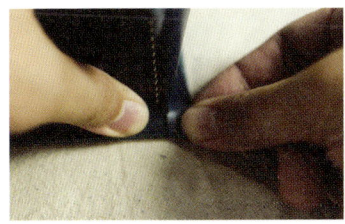

5 본판 하단과 사이드 파트의 밑판 부위를 합포하고 압착한다. 미리 붙어 있는 사이드 파트의 옆판 부위 경계에 최대한 밀착하도록 당겨 붙인다.

6 당겨서 붙인 모습. 사이에 공간이 없도록 밀착시키는 것이 중요하다.

7 세 면을 모두 합포한 모습.

8 미리 작업한 스티치 홀을 따라 다시 한 번 타공한다. 합포된 사이드 파트까지 구멍을 뚫는다.

9 모서리나 밑판처럼 평면에서 작업이 불가능한 부분은 작업대의 턱에 걸쳐 작업한다.

스티치한다

10 턱에 걸쳐 펀칭하는 모습. 그리프를 이용해 다시 펀칭할 때 스티치 구멍이 커질 수 있다. 송곳으로 뚫거나 더 길고 얇은 그리프를 사용하면 이를 피할 수 있다.

1 시작과 끝 부분은 바깥으로 두 번 감기로 작업한다.

2 뒤판을 연결하기 전에 앞판과 옆판, 밑판이 결합된 단면을 먼저 마감한다. 조금이라도 평면 상태일 때 작업하는 편이 편하다.

작업된 파트와 본판 뒷면을 조립한다

1 사이드 파트와 본판 뒷면을 합포하여 파라플루이나 플라이어를 이용해 압착한다.

2 작업대의 턱에 걸쳐 그리프를 사용하거나 송곳을 이용해 뒷면까지 스티칭 홀을 관통해서 뚫는다.

3 바느질한다.

완성

Lesson 18

새들백 만들기

- 옆판과 밑판이 일체인 새들백의 구조를 익힌다.
- 스트랩이 달린 가방의 전반적인 제작 순서를 익힌다.

사용한 가죽

부테로 Buttero,
Walpier, Italy

가죽 선정의 기준

새들백Saddle bag은 이름 그대로 말 안장Saddle에서 영감을 받아 제작된 가방의 종류를 뜻한다. 일반적으로 덮개가 앞판 전체를 덮거나 긴 편이고, 상단에 비해 하단의 폭이 넓고 아래쪽 모서리가 라운드인 경우가 많다. 말 안장에서 영감을 얻은 만큼 스트랩이나 금속 장식이 늘어지듯 디자인한 모습도 많다. 보강재를 사용한다면 달라지겠지만 원장 그대로 이런 형태의 잠금과 덮개를 만든다면 형태가 견고하게 유지되는 가장 적당한 가죽은 역시 부테로다. 전체를 한 종류의 가죽으로 제작했다.

가죽의 두께 조정

본판의 앞판과 뒤판, 덮개는 원장 두께 그대로 사용하고 옆판은 2.0T로 조정해서 앞판과 옆판이 결합되면 자연스럽게 강성이 약한 옆판이 안쪽으로 휘면서 앞판은 형태를 유지하도록 하였다. 옆판은 합포되는 사이드를 부분 피할할 예정이고 덮개 역시 뒤판과 결합 부분에 경사 피할이 들어간다. 전체적으로 원장의 단단한 느낌을 살리는 디자인이다.

도구

송곳, 가죽 칼, 스트랩 커터, 12㎜×4㎜ 타원 펀치, 그리프, 나무 망치나 우레탄 망치, 바늘, 시접용 크리저, 헤라, 망치, 플라이어나 파라플루이, 사포, 장식선용 크리저, 비벨러, 슬리커, 마감봉

기타 부자재

D링 3개, 개고리 2개, 파이프 버클 1개, 스크루 리벳 3개

재단

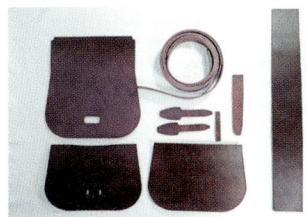

가죽 위에 패턴을 놓고 문진을 올려 움직이지 않도록 고정한 뒤 송곳을 이용해 패턴을 그리고 정재단한다.

앞판의 제작

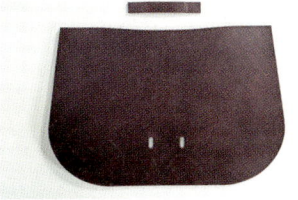

1 앞판의 상단 입구와 타공 홀, 잠금용 고리 상하단을 모두 마감한다.

2 준비된 앞판과 잠금용 고리.

3 잠금용 고리의 양쪽 끝단은 은면 쪽에서 칼피할하고, 잠금용 스트랩 폭에 맞게 형태를 잡아준다.

4 부착 높이를 정하기 위해 본판 앞판의 타원 홀에 넣어본다.

5 잠금 고리 위로 덮개를 덮은 후 고리 안쪽으로 스트랩이 여유롭게 들어갈 정도로 높이를 맞춘다.

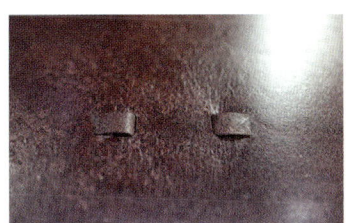

6 위치와 높이를 잡았으면 뒷면의 합포 부위를 긁어 본딩하여 압착한다.

7 합포된 잠금용 고리.

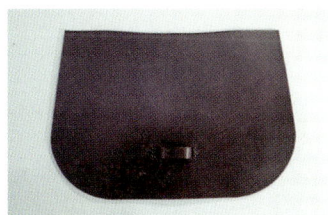

8 잠금 부분 양쪽을 스티치로 고정한다.

가죽

앞판, 뒤판, 덮개, 스트랩, 잠금용 스트랩, 잠금용 고리 3.0T
옆판 2.0T   스트랩 연결부 2.0T

패턴 제작 (패턴 별첨)

모든 파트는 정재단 크기로 제작한다. 스트랩은 스트랩 커터로 재단하기 때문에 구멍 위치와 끝 부분의 형태가 있는 짧은 패턴만으로 충분하다.

덮개와 뒤판의 제작

1 뒤판의 상단, 덮개 전체 단면과 잠금 스트랩을 미리 마감한다.

2 앞판과 뒤판은 미리 옆쪽과 아래쪽의 테두리에 스티칭 홀을 타공해둔다.

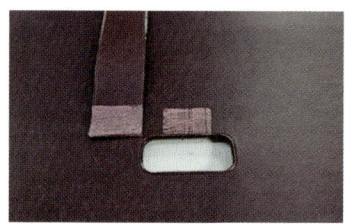

3 잠금 스트랩의 위쪽 1.5cm를 경사 피할하고 덮개에 부착 부분을 긁어 합포하고 압착한다.

4 바느질로 잠금 스트랩을 고정한다. 스트랩이 다른 방향으로 휘지 않게 한 줄이 아닌 사각 스티치로 작업한다. 합포된 크기 이상 바느질한다.

옆판의 제작

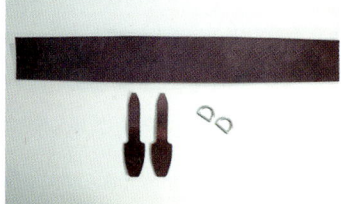

1 옆판과 스트랩 연결 파트, D링을 준비한다.

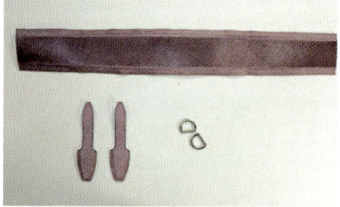

2 옆판의 양쪽 가장자리와 스트랩 연결 파트의 넓은 쪽 세 면을 모두 경사 피할해준다.

3 D링을 끼우고 접합면을 본딩하여 합포 후 압착한다. 이때 좁은 쪽과 넓은 쪽의 편차 간격이 일정하도록 위치를 잡아 붙인다.

4 사이드 파트의 정위치에 자리를 잡고 양면을 긁어 본딩해 붙인다. 연결 파트의 접힌 부분이 자연스러운 볼륨감을 만들어준다.

5 사이드 파트에 표시된 위치에 자리 잡고 양면을 긁어 본딩하여 붙인다. 안쪽으로 접힌 좁은 쪽의 스트랩이 자연스럽게 볼륨감을 만들어 고급스러운 느낌을 낸다.

덮개와 뒤판의 조립

6 한 바퀴를 돌려 바느질한다. 상단을 돌면서 접혀 있는 부분까지 튼튼하게 잡아주게 된다.

1 덮개의 윗부분은 경사 피할해주고 뒤판과 합포될 부분을 긁어 합포하고 압착한다.

2 바느질하여 연결해준다.

앞판과 옆판의 조립

1 옆판의 사이드와 앞판의 세 면을 본딩하여 합포 후 파라플루이나 플라이어로 압착한다.

2 옆판의 중앙과 앞판 중앙에 기준점을 표시해 먼저 중심을 맞춰 붙이고 라운드를 따라 붙이며 끝단의 높이는 정확하게 잡아 붙인다.

3 책상의 턱에 걸치고 그리프를 사용해 관통시키거나, 마름 송곳으로 뒷면에 코르크 등을 대고 하나하나 관통시켜서 옆판 파트까지 모두 바느질 구멍을 뚫는다.

앞판·옆판과 덮개·뒤판의 조립

3 바느질하여 마감한다.

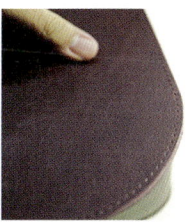

1 앞판과 동일한 공정이다. 가운데를 기준으로 붙여 좌우로 끝까지 붙인다.

2 마름 송곳으로 미리 내둔 구멍을 관통하며 뚫어준 뒤 바느질한다.

스트랩 만들기

3 단면을 다듬어 마감한다.

4 정재단하여 붙였기 때문에 단면 마감 시 특히 샌딩 과정에서 단차를 최대한 잡아주어야 한다.

1 스트랩 커터를 이용해 폭 24mm로 재단한 스트랩을 100cm, 52cm로 자르고 끝단을 패턴에 맞게 잘라낸다. 길이는 본인에게 맞게 수정할 수 있다.

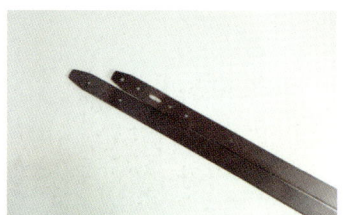

2 단면을 마감하고 패턴의 표시 위치에 맞춰 구멍을 모두 타공해준다.

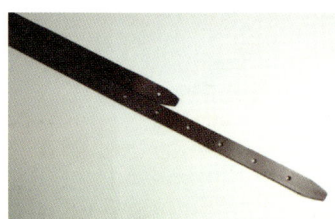

3 길이 조정부도 타공해준다.

4 두 스트랩의 한쪽에 스크루 리벳을 이용해 개고리 장식을 달아준다.

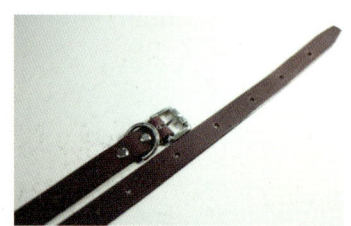

5 반대 쪽은 파이프 버클과 D링을 달아준다. D링 부분은 여분 스트랩의 고정을 도와주는 부분으로 레슨 5의 가죽 고리로 대체할 수 있다.

완성

책을 마치며

가죽 공예의 전망

가죽 공예는 유럽에서는 몇 세기에 걸쳐 이어져 내려온 기술이고 바로 옆 나라 일본도 한 세대 이전부터 시작된 하나의 문화였다. 가죽 공예의 역사가 똑같이 반복되는 것은 아니겠지만 일본을 보면 한 세대 후의 가죽 공예를, 유럽을 보면 먼 미래의 가죽 공예를 미루어 짐작해볼 수 있다.

    일본은 실력 있는 개인 제작자뿐 아니라 수업을 전문으로 하는 공방, 이미 상업화를 통해 안정을 찾은 브랜드까지 다양한 포지션에 가죽 공예 공방 혹은 브랜드가 포진되어 있다. 디자인학과나 공예학과에서는 가죽 공예를 세부 전공으로 포함시키는 경우가 있고 전문기술 교육학원에서도 가죽 가방이나 소품 제작과 관련한 커리큘럼을 운영한다. 도구도 대형화된 프랜차이즈에서 판매하는 저렴한 공구부터 장인이 만드는 주문 제작 공구에 이르기까지 다양한 등급의 상품들이 준비되어 있다. 부자재의 국산화가 상당수 이루어졌고 품질 좋은 부자재는 우리나라에 수입되기도 한다. 일본에서 즐겨 사용하는 유럽산 자재들이 우리나라의 가죽 공예에 영향을 미치기도 한다.

    유럽은 이미 공방 단위로 시작해서 브랜드가 된 업체들이 거대 패션 산업을 이끌고 있으며 공구도 이미 산업화를 이루어 제품 생산을 위한 전문적인 도구나 공구들이 생산되고 있다. 수공구는 값싼 제품보다 긴 역사를 가진 고가의 제품들이 인기가 높다. 그들의 브랜드 파워는 결국 유럽의 가죽 산업, 무엇보다도 명품 브랜드와 깊은 연관을 맺고 확고한 위치를 지니게 되었다. 도구뿐 아니라 가죽과 부자재도 마찬가지다. 그들의 브랜드 산업은 유럽 내에서 생산된 가죽과 부자재, 공구에 대한 충분한 수요를 이끌고, 그 수요 덕분에 관련 산업 역시 지속된다. 또한 대형 명품 브랜드뿐 아니라 소규모 공방 역시 곳곳에 있다. 그중 몇몇은 로컬 브랜드로 유명세를 떨치거나 그 기세를 타고 브랜드화되기도 하고, 유럽의 기술을 찾는 이들을 위한 다국적 교육 서비스가 이루어지기도 한다. 가죽 제품의 디자인, 제작뿐 아니라 가죽의 제조에 관한 것 역시 부분적으로 학문화되어 전문학교나 디자인 학교에서 가죽 기술에 대한 전반적인 교육 과정을 운영하는 경우가 있다.

일본이나 유럽의 가죽 공예 업계는 기술이나 지식들이 어느 정도 정리되고 체계화되었다. 그만큼 저력 있는 업체들이 이미 시장의 상당 부분을 차지하고 있으며 업체들 역시 치열한 경쟁 속에서 저마다의 역량을 가다듬을 수밖에 없다. 충분히 성숙한 분야이기 때문에 일반적인 산업 분야와 마찬가지로 특출 나지 않은 이상 눈에 띄는 것이 쉽지 않고 눈에 띄지 않는다면 운영 자체가 쉽지 않은 것이 현실이다.

이에 비하면 한국의 상황은 여유로운 부분이 있다. 한국의 가죽 공예는 이제 막 시작 단계이지만 우리의 다른 분야가 그렇듯 짧은 시간 동안 많은 발전을 이루었다. 관련 정보는 이미 충분히 진보했고 예전과는 비교할 수 없는 질 좋은 가죽들이 한국으로 수입되고 있다. 해외에서 명성을 떨치는 부자재들은 이제 한국에서도 어렵지 않게 구할 수 있다. 이건 매우 중요한 의미가 있다. 그만큼 높은 품질을 지향하는 제작자와 소비자의 수요들이 생겨났고 이 수요에는 가죽 공예의 확산과 발전이 큰 영향을 끼쳤다 해도 과언이 아니다. 이제 국산화된 도구 브랜드들도 하나둘씩 생겨나고 있으며 기존에 있던 가죽 산업이나 목공, 금속 분야와 맞물려 보다 전문적인 기계나 공구들(MTL, KS blade 등)도 생기고 있다. 또 한국인 특유의 정서적 특성과 손재주 덕분인지 기술적인 부분에서도 한국의 일부 제작자들은 이미 유럽이나 일본의 유명 제작자들의 역량을 상회하거나 세계 시장에서 브랜드 가치를 인정받은 경우도 더러 있다. 한국의 가죽 공예는 무한한 가능성을 가지고 확장 중이다. 다만 이 확장의 시대에서 축적된 정보는 한 번쯤 정리될 필요가 있고 확장의 끝에서는 본인만의 색깔과 경쟁력이 필요한 시점이 온다. 그때를 대비해 탄탄한 기초를 기반으로 충분한 실력과 경험을 쌓아간다면 분명 좋아하는 일을 오래도록 할 수 있는 행복한 가죽 공예인이 될 수 있다.

당부의 말

업으로 가죽 공예를 고려하는 분들에게 당부하고 싶은 말이 있다. 한국의 가죽 공예계는 한 차례의 확장 시기를 거쳐 차별화된 전략이 필요한 시기가 되었다. 우리는 모두 재능이 다르고 강점과 단점을 가지고 있다. 그렇기에 본인이 가진 남들과 다른 경험과 재능을 최대한 작업에 녹여내는 것이 필요하다. 많은 가죽 공방이 생기고 있지만 탄탄한 기반을 갖춘 곳은 아직 많지 않다. 포화 상태인 듯하지만 모든 산업이 그러하듯 여지가 있고 오히려 다른 산업군에 비해 여유롭다. 그렇다면 지금의 경쟁 속에서 어떻게 살아남을지, 나아가 자신만의 강점을 이용해 또 다른 형태의 블루오션을 만들어낼 수는 없을지 지속적인 고민이 필요하다.

좋아하는 경제 용어 중에 미국의 사업가이자 투자자인 워런 버핏이 회사의 가치를 평가할 때 중요시 여기는 항목으로 제시한 '경제적 해자'라는 개념이 있다. 해자는 원래 침입을 막기 위해 성 둘레에 파놓은 깊은 구덩이를 의미한다. 워런 버핏은 그것을 기업에 적용하여 '경쟁사로부터 기업을 보호해주는 높은 진입 장벽과 확고한 구조적 경쟁 우위'를 경제적 해자라고 정의했다. 이는 결국 남들과는 다른 차이점을 만들어내고 이 깊이를 더하는 것이 시장에서의 입지를 다지는 중요한 요인이라는 점을 시사한다.

가죽 공예는 분명 낭만적인 작업이지만 업으로의 가죽 공예는 지극히 현실적이고 반복적인 작업과 절대적인 시간 투자가 필요한 직업이다. 그리고 그에 합당한 보상을 동반하지 못한다면 결국 작업을 지속하는 데 현실적 어려움을 동반할 수밖에 없다. 좋아하는 일을 오래 하기 위해서는 지속 가능한 형태의 운영을 위한 현실적 고민이 반드시 필요하다.

가죽 공예 관련 정보

이 책에서 사용된 가죽 및 가방 부자재 판매처

가죽

에쩨르 레더　브라이들 Bridle, 부테로 Buttero, 푸에블로 Pueblo, 바레니아 Barenia, 미네르바 복스 Minerva box, 알란 고트 Alran Goat, 아하브 Achab, 왁스 Wax, 칸사스 Kansas

JnK 공방　이탈리안 셸 코도반 Italian shell cordovan, 호윈 코도반 Horween cordovan

공구

Echohands　수공구 일부

MTL　수공구 일부

Sympa　바늘, 베르제 블랑샤르 공구

부자재

Sympa　리넨사

제연무역·다양상사　세라필사

와이에스상사　YKK지퍼

영동금속, 레더비　금속 장식 등

책의 이해를 도와줄 사이트, 레더비

책에 소개된 부자재 대부분은 금속 장식이라 쉽게 구할 수 있는 종류들이다. 다만 벨트 버클이나 시카고 스크루 리벳, 팔찌에 사용된 콘웨이 장식 등 몇 가지 황동 금속 장식이나 마감재는 자체적으로 수입하여 사용하는 것들이 있다. 다른 것으로 대체해도 좋지만, 미세한 크기나 디테일에서 조정이 필요하기 때문에, 직접적인 도움을 위해 레더비 www.Leatherbe.com 홈페이지를 통해 책에 사용된 것과 동일한 금속 장식과 마감재, DIY KIT 정도를 개발하여 책의 이해를 돕고자 한다.

업체 정보

가죽 판매 업체

신설동

에쩨르 레더 브라이들, 부테로, 미네르바, 푸에블로, 바레니아, 슈렁큰 카프, 노블레사, 알란코트 등 고급 수입산 베지터블 가죽 위주로 취급. 가죽의 질이 좋고, 동일한 아티클이 지속적으로 러닝되기 때문에 고급 브랜드에서도 많이 사용함.

윈포트 레더 다보스, 토이아노, 클레망스, 토고, 엡송 등 고급 수입산 가죽 취급.

반도피혁 베지터블 위주의 수입산 가죽을 전문적으로 취급. 대형 유통을 많이 하는 곳이라 다른 곳에 비해 저렴한 편.

황소피혁·장안피혁·대한피혁 국산 가죽 판매.

대한피혁·명진피혁·바른레더·공방가죽·공방피혁·가죽동아리 가죽 소량(평당, 자투리) 판매.

성수동

SB 트레이딩 다양한 가죽들 판매. 주로 구두 쪽에 적합한 가죽이 많음.

레더필 국내외 가죽 취급. 온라인 구입 가능.

쿠치레 레더샵 수입 가죽, 부자재 등 취급.

대원특피 악어, 타조, 파이톤 등 기타 특수피혁 판매.

기타 지역

미주교역 가산동 정규적으로 러닝되는 가죽의 수는 적지만 다양한 수입산 가죽 취급. 창고 규모가 커서 잘 찾으면 질 좋은 가죽을 저렴하게 구입 가능.

솅빠 경복궁 오아시스, 크리스페 고트 가죽 등 판매, 프랑스 공구인 베르제 블랑샤르의 공식 딜러로 도구 및 부자재도 판매.

JnK 공방 성북동 이탈리안 셀 코도반의 국내 공식 딜러로 이탈리안 셀 코도반과 호원 코도반 판매.

RK 무역 구로동 악어, 타조, 파이톤 등 특수피혁 판매.

라니엘 숍 통의동 라니엘 아틀리에에서 운영하는 숍으로 국내에서 보기 드문 매우 화려한 가죽과 핸들, 금속 장식 등 부자재 판매.

골든피혁상가 동대문 한 건물에 다양한 가죽 업체가 모여 있음. 크롬 가죽 위주.

마랭고레더 남대문 수입 가죽 및 특수피와 귀터만 실, 공구 등 취급.

레더애 부산 수입 가죽과 특수피 등 가죽뿐 아니라 공구, 금속 장식, 보강재 등 거의 서울에 집중된 가죽 시장에서 지방의 수요를 해소할 수 있는 곳.

금속 장식 및 업체

영동금속 신설동   금속 장식, 체인 등 금속 부자재.
세미상사 신설동   금속 장식, 체인 등 금속 부자재.
동일금속 신설동   금속 장식, 체인 등 금속 부자재.
버클리 장식 신설동   금속 장식, 체인 등 금속 부자재.
아미에트 남대문   고급 스위스 금속 장식 공식 딜러.

도구 및 부자재 판매처

만물상사 신설동   공구, 펀치, 국산 단면 마감재, 본드 등 매우 다양한 관련 부자재 판매.
다양상사 신설동   공구, 실(비니모, 세라필, 린카블레), 수입 단면 마감재, 보강재 등 부자재 판매.
와이에스상사 신설동   YKK지퍼, 이탈리아 실, 각종 보강재 판매.
제일상사 신설동   YKK지퍼, 세라필, 각종 보강재 판매.
태흥재단 신설동   패턴지 및 보강용 판재 판매.
만물상사 남대문   공구, 펀치, 금속 장식 등 다양한 부자재 판매.
잭크래프트   일본산 도구와 황동 장식 등.
성신아트컬렉션 성수동   구두용 장식, 붙박필름, 초사 등 판매.

온라인 가죽 공예 관련 종합 쇼핑몰

마이레더툴 www.myleathertool.com
레더노리 www.leathernori.com
굿앤레더 www.goodnleather.com
레더크래프트툴 www.leathercrafttool.co.kr
레더스타일 www.leatherstyle.co.kr
성안상사 www.campnews.co.kr

특정 제품군 전문 몰

셍빠(베르제 블랑샤르 공식 딜러, 프랑스 실 등) www.sympa.co.kr

레더비(셀 코도반, 책에 소개된 금속 부자재, 마감재, DIY킷 등) www.Leatherbe.com

에코핸즈(수제작 나이프, 스트랩 커터 등) www.echohands.co.kr

케이에스블레이드(프로페셔널 펀치, 그리프 등) www.ksblade.modoo.at

엘피타(자체 제작 공구 등) www.elfita.co.kr

페니체·안료 전문 몰(페니체 마감재 등) www.edgecoat.co.kr

비니모닷컴(일본산 실, 일본 도구 등) www.vinymo.com

수공구 제작자

돌도끼 개인 제작자로 그리프, 비벨러, 나이프 등 다양한 품목의 제품군이 있고 독특한 디자인과 퀄리티를 바탕으로 국내뿐 아니라 해외에서도 프로페셔널 공구로 인기가 높음.

에코핸즈 본업은 금속 공예가. 수제작 나이프, 스트랩 커터, 각종 자, 문진 등 아름다운 공구를 제작하는 것을 목표로 하는 개인 제작자.

MTL 가죽 산업 기계의 노하우를 가진 신광기계의 기술력으로 공예용 수공구부터 전동 기계까지 제작.

태화철형 철형이 주된 작업이나 제작자들의 의견을 반영한 가죽 공예용 공구를 제작함. 디자인적 요소보다 제작자들의 피드백을 바탕으로 한 기능적인 면에 좀 더 초점을 맞춤.

솔 아틀리에 그리프, 망치, 문진, 롤러 등 제작 부문에서의 오랜 경험을 바탕으로 실용성과 심미성을 겸해 제작된 공구류로 공구뿐 아니라 금속 장식 등도 계속 개발 중.

피할 업체

나래피할·신영피할 신설동

하늘스키 성수동

장보기 유의사항

시장에 직접 나갈 계획이 있다면, 계획을 잘 세워서 되도록 여러 곳을 방문하여 취급하는 물품과 시세를 파악하도록 하자. 온라인 혹은 특정 업체에서만 구할 수 있는 물품이 아니라면 보통은 시장의 오프라인 숍이 좀 더 저렴하다. 시장에서 구입하여 마진을 붙여 되파는 물품이 많기 때문이다. 하지만 오프라인 구매는 시간과 체력을 소모하는 일이기 때문에 온라인과 병행하여 충분히 정보를 탐색할 것을 추천한다.

오프라인에서 구매할 때는 한 곳을 들를 때마다 부피와 무게가 더해진다. 물품 중에는 가죽이나 보강재처럼 부피가 크거나, 금속 장식이나 본드처럼 특히 무거운 것들이 있다. 경우에 따라서 함께 들기 어려운 것들도 있기 때문에 계획 단계에서 고려하여 가볍고 부피가 작은 것부터 시작해 무겁고 부피가 큰 것 순으로 구매하는 것이 좋다. 가죽은 보통 두께를 조정해야 하는 경우가 대부분이므로 구입 후 그 자리에서 재단하여 피할 집으로 이동하도록 한다. 가죽 판매처에서 커터 칼 등을 빌릴 수 있다. 차량을 가지고 이동한다면 주차 위치를 잘 생각해서 거점으로 삼거나 친분 있는 업체가 있다면 잠시 짐을 맡겨놓는 등의 방법을 사용해도 좋다. 주차 공간에 여유가 있는 업체라면 장 보는 동안 잠시 주차를 부탁할 수도 있다.

기본적으로 가죽 관련 시장은 가죽 산업과 맞물려 발전했기 때문에 대량 구매나 샘플만 비치하고 주문 제작 형태로 구매해야 하는 곳들이 많아 개인 작업자나 취미인 경우 구매하기 어려웠다. 하지만 몇 년 사이 공방이 많아지면서 공방의 수요를 수용하는 형태로 많은 부분 변해가고 있다. 위에 소개한 업체들은 공방이나 개인 구매자에게 원만하게 대응하는 곳이기에 편하게 문의하고 구매해도 좋다. 다만 시장은 늘 분주하게 돌아가는 곳으로 바쁜 시간대의 무리한 응대 요구는 싸늘한 반응으로 이어질 수도 있다. 특히나 가죽 등을 구매할 때 지나치게 많은 양의 가죽을 비교하거나 만지면서 상처를 내는 등의 일은 주의하도록 하자. 물론 따질 것은 따져야겠지만 상거래 역시 결국 사람 사이의 일이기 때문에 좋은 인상을 풍겨 좋은 관계를 형성한다면 득 보는 것은 소비자인 경우가 많다.

일부 매장에서는 카드 구매가 가능하지만 시장에서는 현금 거래가 기본이기 때문에, 현금을 준비하거나 인터넷 뱅킹 등 현장에서 입금할 수 있는 수단을 마련해야 한다. 업체에서 알려주는 가격은 보통 부가세가 불포함된 가격으로, 카드 결제나 현금영수증 혹은 세금계산서를 요청하는 경우 10% 추가된 금액으로 계산된다. 매입 자료로 증빙해야 하는 경우가 아니라면 현금 구매가 유리하다.

공방 정보

라니엘 아틀리에 경복궁 본점, 청와대점, 부산점 blog.naver.com/oryoma

우노스 가죽 공방 군자 bananamk18.blog.me

비아마피아 서촌 viamaffia.com

펠리즈 공방 중곡동 artfeliz.com

솔 아틀리에 중화동 blog.naver.com/777ami

라삐에스 망우동 spcjjblogme.modoo.at

문워크 성수동 blog.naver.com/moonwork_p

오뜨 가죽공방 목동 ooitw.modoo.at

마니에고 합정 maniego.modoo.at

게으른 농부들 회기동 blog.naver.com/lazy_farmers

블로꼬 동소문동 blocco.co.kr

가죽공방 집 해방촌 blog.naver.com/00lallalla

w레더 삼성동 instagram.com/w_leather

니들워크숍 분당 needleworkshop.co.kr

누노 가죽공방 수원 blog.nunoworkroom.com

로이훈 레더 인천 loihoonleathers.com

벨루어 광주 blog.naver.com/miknimus

나다의 오늘 광주 blog.naver.com/nadartisan

가죽공방9525 대구 cuoio9525.modoo.at

로비니 대구 robini.co.kr

쑴스레더 경주 facebook.com/SSUMsleather

마이레더 부산 www.myleather.co.kr

소란공방 제주도 blog.naver.com/rain1978

나에게 맞는 가죽 공방을 고르는 팁

해가 다르게 가죽 공방의 수가 늘어나고 있다. 가죽 공예의 초창기에는 전국에서도 손에 꼽을 숫자였던 공방이 이제 서울에서는 동네마다 한두 개씩은 생기고 있다. 그만큼 관심도 교육의 기회도 늘어났다는 이야기지만 교육의 질에 관해서 조금 조심스러워지기도 한다. 가죽 공예와 관련한 정규 교육 과정은 존재하지 않기 때문에, 결국 대부분 저마다의 방법으로 가르치게 된다. 한참을 배웠는데 알고 보니 다른 공방에서 6개월 배우고 바로 창업한 사람이었더라 하는 괴담이 돌 정도로 지금의 가죽 공예계는 뜨겁기도 하지만 한편으로는 걱정스럽다. 또한 정상적으로 교육이 운영되는 형태라도 스타일은 천차만별이다. 이렇게 많은 공방들 중에서 나와 맞는 공방을 찾아보는 몇 가지 팁을 소개한다.

1 결과물을 본다

가죽 공예에는 다양한 기법들이 존재하고 작업 스타일이 특화되어 있는 경우가 많다. 홈페이지나 블로그의 결과물이 소품 위주인가 가방 위주인가, 베지터블 가죽 위주인가 크롬 가죽 위주인가, 어떤 마감 기법을 주로 쓰는지, 어떤 구조의 제작물을 만드는지 등을 살펴보면서 내가 원하는 느낌과 가장 가까운 결과물을 보여주는 공방에 관심을 가져보자. 결국 그 결과물이 내가 배우면서 만들어보게 될 결과물일 가능성이 크다.

2 교육 과정을 살핀다

교육 과정을 보면, 이 공방이 간단한 키트나 일일 체험 위주의 초심자를 대상으로 하는 공방인지, 손바느질 위주의 공방인지, 미싱 작업 위주의 공방인지, 유명 브랜드의 제품을 따라서 제작하는 형태인지, 순수한 창작의 과정을 이끌어 주는 공방인지를 살펴볼 수 있다. 무엇이 옳고 그른지가 아니라 무엇이 내가 찾는 것인지에 따라 선택은 달라진다.

3 수업료가 어디까지 포함한 것인지 확인한다

가죽 공예는 다른 공예에 비해 공구나 재료의 범위가 넓고 대체로 비싼 편이다. 공구나 가죽 혹은 부자재 어디까지가 수업료에 포함된 것인지, 이외의 지출이 어느 정도 예상되는지를 먼저 확인하고 예상 밖의 지출로 고민하는 일이 없도록 하자.

4 **얼마나 운영되었는지 확인한다**
물론 운영 기간은 실력이나 수업의 질과는 상관없는 경우가 많지만 적어도 같은 돈으로 시험 케이스가 되지 않기 위해서는 1~2년 이상 정상적으로 운영된 공방을 선택하는 것이 좋다. 처음 연 공방이라고 가격이 저렴하지는 않다.

5 **카페 등을 통해 정보를 모은다**
문제없이 잘 운영된 공방은 오히려 소문이 적을 수도 있지만 어떤 이유로든 사람들의 입에 자주 오르내리는 공방들도 분명 있다. 공방이 많이 늘어났지만 가죽 공예 업계는 아직 좁은 편이라 이런 소문들은 금세 구설에 오르곤 한다. 이유가 있다면 피하라. 다만 카페 자체가 특정한 주체의 영리나 친분을 이유로 정보가 관리되는 경우도 있으니 주의하도록 한다.

마지막으로, 어느 곳에서 배우든 결국 가죽 공예도 기술에 관한 분야다. 기본적인 이론이 탄탄한 곳에서 시작했다면 이후는 스스로의 노력과 숙련의 문제다. 속성반에 다닌다고 해서 순식간에 기술을 손에 익힐 수 있는 것도 아니고 독학을 한다고 남보다 늦는 것도 아니다. 타고난 감각과 안목에 따라 시간의 차이는 있겠지만 정확한 기본을 바탕으로 꾸준히 숙련한다면 노력한 만큼 정직하게 손에 익는 것이 기술이다. 이 즐거운 창작 과정에 관심을 가지게 되었다면 과정 자체를 즐길 수 있기를 바란다.

이 책이 완성되기까지 도움 주신 분들

가죽 설명 부분 검수·자료 제공 | EZER LEATHER 이희섭 대표님
특수피혁 부분 검수 | RK무역 한석천 대표님
태너리 관련 사진 자료 제공 | Raniel atelier 김란경 대표님
수공구 제작 | Echohands 김동규 대표님
태너리·가죽 태닝 관련 자료 제공 | Conceria WALPIER s.r.l Ciampalini Michele, Rocado s.r.l Maxim Bobrikov
촬영 협조 | JnK 공방 지대근, 이치승, 하효정, 정건, 조혜진

가죽 공예 베이직

초판 1쇄 2018년 11월 1일
　　6쇄 2023년 11월 25일

지은이 | 김세준

발행인 | 박장희
부문대표 | 정철근
제작총괄 | 이정아
편집장 | 조한별

표지디자인 | 로테의 책
내지디자인 | 최수정

발행처 | 중앙일보에스(주)
주소 | (03909) 서울시 마포구 상암산로 48-6
등록 | 2008년 1월 25일 제2014-000178호
문의 | jbooks@joongang.co.kr
홈페이지 | jbooks.joins.com
네이버 포스트 | post.naver.com/joongangbooks
인스타그램 | @j_books

ⓒ 김세준, 2018
ISBN 978-89-278-0969-2 13630

※ 이 책은 저작권법에 따라 보호받는 저작물이므로 무단 전재와 무단 복제를 금하며
　책 내용의 전부 또는 일부를 이용하려면 반드시 저작권자와 중앙일보에스(주)의 서면 동의를 받아야 합니다.
※ 책값은 뒤표지에 있습니다.
※ 잘못된 책은 구입처에서 바꿔 드립니다.

중앙북스는 중앙일보에스(주)의 단행본 출판 브랜드입니다.